JN297784

Minerva Shobo Librairie

乳幼児期の
ことばの発達とその遅れ

保育・発達を学ぶ人のための基礎知識

小椋たみ子/小山 正/水野久美
［著］

ミネルヴァ書房

はじめに

　ことばは人間だけが獲得できる進化の過程での最高の産物です。生後数年の間に子どもはことばを獲得し，ことばを使ってコミュニケーションし，ことばで自己を表現し，ことばでいろいろなことを考えます。ことばは私たちの生活になくてはならないものです。人間は生まれながらに言語能力を付与されていることは確かですが，養育者の働きかけがないとことばは発達してきません。

　本書の第Ⅰ部ではことばの獲得過程について学術的なデータに基づき概説します。最近，医療や看護，心理臨床，教育の分野でエビデンスベイスドプラクティス（Evidence-based practice）ということが提唱されています。エビデンスベイスドとは，近代科学における理念の一つで，実験データや事例など具体的な根拠（Evidence）に基づいた理論や議論の構築とその実践ということです。これは保育や療育の領域においてもあてはまることです。保育や療育の実践において，保育者や療育に携わる人は長年の経験に基づいて子どもにかかわっていることが多いと思います。この経験に基づく実践は非常に重要ですが，この経験を意識化してエビデンスとしていくことが日常の実践を豊かにさせていきます。保育の分野においては，保育者の経験や体験に基づき個々の事例を記述したエピソード記録としてのエビデンスに基づいた書物の出版が多いのですが，一方，発達の道筋を客観的なデータから集積し，保育の中で，何が子どもの発達について重要であるかを考える書物も必要です。最近ふえている保育所や幼稚園での「気になる子ども」には，コミュニケーション・ことばに関して気になる点が多い子どもが多数います。ことばの遅れやことばの障がいにおいては，その子どもの実態を多角的に評価し，支援していくことが重要です。このような子どもたちの理解を深めるためには，ことばの発達についての基礎知識が必要です。第Ⅰ部ではいままでの研究成果をふまえて，誕生から就学前までの子どものことばの発達過程とその評価方法について概説します。

第Ⅱ部においては保育所保育指針「言葉」や幼稚園教育要領「言葉」について概説し，豊かなことばを育てる環境や保育の質とことばの発達についての研究結果を紹介します。また，第Ⅰ部，第Ⅱ部で解説することばの発達を育てるための理論的な背景に基づいた「豊かなことばを育てる保育実践」について，現場の保育者が紹介します。

　第Ⅲ部においてはことばの発達支援について概説します。ことばの発達支援において重要な基本的な視点，発達障がいの子どものことばの問題，ことばの障がいへの支援について論じます。

　本書は保育や発達について学んでいる学生や保育者，発達の遅れ，とくにことばの発達に障がいをもつ子どもの教育，療育，治療にあたっている人々，さらに，ことばの発達に関心をもつ人々にも役立つような内容にしています。

　一人一人の子どものもつ力，可能性をのばしていくためにはどのようなかかわりが重要でどんな環境を子どもたちに準備したらよいかを考える契機となり，保育や発達を学んでいる人や実践されている方に本書が一助となることを願っております。

小椋たみ子

目　次

はじめに

第Ⅰ部　ことばの発達についての基礎知識

第1章　ことばとは何か？
　　　　　──ことばの役割・領域・獲得理論……3
1　ことばの特徴……3
2　ことばの役割……4
3　ことばの領域……4
4　ことばの獲得の理論……5
5　ことばの発達には人からの働きかけが必須！
　　　──ルーマニアの孤児研究から……8

第2章　ことばの発達の準備期（前言語期）……15
1　赤ちゃんは音声を区別して聞いているか？──音声知覚の発達……15
2　赤ちゃんが発する音声──音声表出の発達……20
3　赤ちゃんはことばがでる前に養育者とどんなやりとりをしているか？──コミュニケーション能力の発達……23
4　赤ちゃんがことばを発するために必要な能力
　　　──ことばの獲得の認知的基盤……27

第3章　ことばの発達の道筋……41
1　語の獲得の道筋……41

iii

2　文法の発達の道筋……57
　　3　ことばを場面や人に合わせて使えるようになる──語用の発達……74
　　4　ことばの発達における個人差……83

第4章　養育者はどんな語りかけをしているか？……91
　　1　育児語とは？……91
　　2　養育者の語りかけはことばの発達へ影響するか？……94
　　3　養育者の語りかけは文化により違っているか？……97

第5章　文字の読み・書き（書きことば）の発達……101
　　1　文字が読めるようになるにはどんな能力が必要か？
　　　　──メタ言語能力の発達……101
　　2　いつごろに文字を読めるようになるか？……103
　　3　いつごろに文字を書けるようになるか？……105
　　4　一次的ことばと二次的ことば……107

第6章　ことばの発達を評価する方法……109
　　1　どのようなポイントをどのように評価するか？……109
　　2　ことばの発達や遅れを評価する方法……111

第Ⅱ部　保育所・幼稚園における支援

第7章　豊かなことばをはぐくむ保育活動……133
　　1　幼稚園教育要領，保育所保育指針にみる「言葉」の領域……133
　　2　3歳未満児への豊かなことばをはぐくむ保育内容……139
　　3　保育の質とことばの発達……150

目　次

第8章　豊かなことばをはぐくむ保育実践
　　　　──事例をとおして学ぶ ……………………………………… 161
　1　0歳児のコミュニケーションを豊かにする実践……161
　2　保育の中ではぐくまれることばの発達の基礎能力……165
　3　豊かなことばをはぐくむ実践……169

第Ⅲ部　ことばの発達の遅れと支援

第9章　ことばの発達支援における基本的視点 ………………… 185
　1　ことばの発達の基盤……185
　2　行為の論理から思考の論理への移行……192
　3　会話・対話の問題……194

第10章　発達障がいの子どものことばの問題 …………………… 197
　1　自閉スペクトラム症におけることばの問題……198
　2　ADHD（注意欠如・多動症）におけることばの問題……202
　3　特異的言語発達障がい（SLI）におけることばの問題……204

第11章　ことばの遅れがある子どもへの支援 …………………… 211
　1　ことばの遅れがある子どもへの支援の実際……211
　2　言語発達支援における発達論的アプローチ……222

おわりに
引用・参考文献
人名索引
事項索引

第Ⅰ部

ことばの発達についての基礎知識

子どもは1歳前後から2歳半ごろまでの非常に短い期間に有意味語を獲得し，語と語を一定のルールにしたがって結合し，構造化された発話をするようになります。3‐4歳までには世界中のどこの子どもも，どんなに文法や音韻体系が複雑でも，彼らのまわりで話されている言語の主な要素を獲得し，話しことばを駆使できるようになります。また，個人差はありますが，子どもは5歳ごろになると文字を読み，書くことを開始し，書きことばの世界にはいっていきます。
　第I部においては，子どもがことばを獲得する過程，ことばの発達を支える環境（モノや人），書きことばの発達について概説し，ことばの発達を評価する方法を紹介します。

第1章
ことばとは何か？
——ことばの役割・領域・獲得理論——

1　ことばの特徴

　鳥の言語を長く研究している岡ノ谷（2006）は，以下の3つの特徴をもつものが言語であるとしています。
　①記号と意味の必然性はないが社会的に規定された結びつきを単位としている。これは恣意性とよばれています。
　②文法による記号の組み替えが行えることで無限の表現を生成できる。これは生産性とよばれています。
　③時間や空間を超え，さらには実在しないことさえも伝えることができる。これは超越性とよばれています。
　人間の言語はこの3つの特徴をそなえています。目の前にないりんごを思い浮かべて，「りんごを食べたい」と言うとします。「りんご」ということばは英語では apple であり，「食べたい」は want to eat で，「りんご」や「食べる」「たい」という記号と意味の間には必然性はなく，社会の約束事により規定されています。また，「りんご」はいま，目の前になくても意味を伝えることができ，時間，空間を超え，さらには実在しないことさえも伝えることができます。さらに，「りんご」ということばは他の語と組み合わされて，他の表現を行うことができます。たとえば，「りんごがおいしい」「りんごは赤い」「りんごがなっている」など無限の表現ができます。
　このような特徴をもつことばを，子どもはどのようなプロセスを経て獲得し

ていくのでしょうか。また，これを可能にする要因は何でしょうか。

2　ことばの役割

次にことばの役割について考えてみましょう。

ことばを獲得することにより，第一に子どもは他者とことばでコミュニュケーションする（伝え合う）能力を獲得します。欲求，要求，感情，考え，経験や知識を他者に伝え，また，反対に他者の欲求，要求，感情，考え，経験や知識を理解する能力を獲得します。

第二に，子どもはことばでいろいろなことを考えられるようになります。

第三に，自分の行動をコントロールすることができるようになります。それまではお母さんや保育士からのことばかけで，「やってはだめ」などと言われ，自分の行動をコントロールしていましたが，この場面ではこうしてはいけないのだと自分で考え，行動を自分からコントロールできるようになります。

第四に，自分の思いや要求を示す自己表現の手段としてのことばを使えるようになります。

第五に，ことばは「私が私である」という自我の形成に中心的な役割を果たします。

ことばは人間だけが獲得できる進化の産物です。

3　ことばの領域

ことばにはどんな領域があるでしょうか？

第一の側面は音声です。音声には韻律面と音韻面があり，韻律とは音声の強さ・長さ・高さ，さらにそれらの反復により作り出されることばのリズムのことです。音韻とはことばを組み立てている母音（a, i, u, e, o）と子音（たとえば，p, b, k, t）のことです。それぞれの環境で話されることばを子どもは生まれたときから聞いて，それぞれの音韻体系の音を知覚し，表出していきます。

第二の側面は語彙です。マンマ，ワンワン，イヌといった語の表出（言う）と理解（わかる）の2つの側面の発達があります。

第三の側面は語と語をつなげる文法の側面です。子どもが「パン」と言ったとき，子どもは「パンがほしい」「パンがおいしい」「パンがあるよ」といったように一語でいろいろな意味を表現します。子どもがお腹がすいていて，パンを指さすなど，場面の手がかりにより，子どもが「パン」と言ったとき，「パンがほしい」という意味だということがまわりの大人はわかります。しかし「パンちょうだい」と語をつなげて言うことができれば，子どもが言いたいことの意味はより明確に相手に伝えることができます。語と語を一定のルールに従って結合し，構造化された発話をすることは人間言語のもっとも重要な特徴です。「ネコにあげる」と「ネコをあげる」の2つの文で，「に」と「を」の一つの語だけで意味がちがってきます。日本語では助詞，助動詞の獲得がとくに重要な文法の発達です。

第四の側面は語用です。相手や状況やその他の社会的条件によることばの使い方の違いを子どもが学んでいくことの発達です。

子どもがどのように音声面，語彙面，文法面，語用面で発達していくかを第2章から第3章でみていきます。

4　ことばの獲得の理論

ことばの獲得についてのどんな理論でも，生得要因（生物学的な賦与）と環境要因（我々が経験する世界）の両方がことばの獲得において重要な役割を果たしていることを認めています。

（1）チョムスキーの言語獲得モデル

文法を言語の本質と考える言語学者のチョムスキー（Chomsky, N.）は，人間には生まれつきことばを獲得する言語獲得装置（Language Acquisition Devise: LAD）が備わり，誰でもことばを使いこなせるようになると考えていま

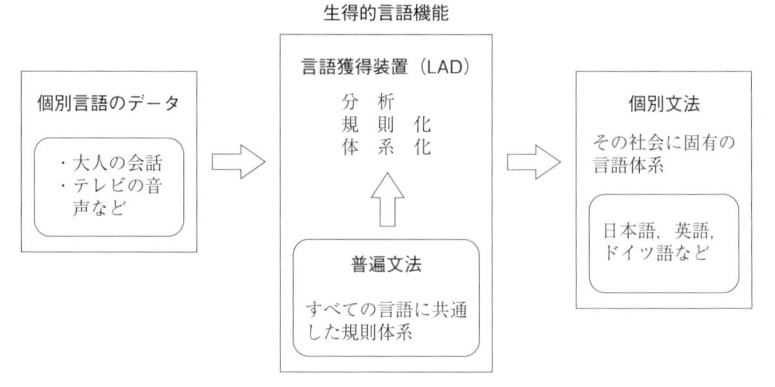

```
                    生得的言語機能
                 ┌──────────────────┐
                 │ 言語獲得装置（LAD） │
┌───────────┐    │    分　析        │    ┌───────────┐
│個別言語のデータ│    │    規則化        │    │  個別文法   │
│           │ ⇒ │    体系化        │ ⇒ │その社会に固有の│
│・大人の会話 │    │       ↑          │    │言語体系     │
│・テレビの音 │    │                  │    │           │
│　声など    │    │ ┌──────────────┐ │    │日本語，英語， │
│           │    │ │   普遍文法    │ │    │ドイツ語など  │
└───────────┘    │ │すべての言語に共通│ │    └───────────┘
                 │ │した規則体系    │ │
                 │ └──────────────┘ │
                 └──────────────────┘
```

図1-1　チョムスキーの言語獲得モデル

（出所）　石田ほか（1995）p.112.

す。図1-1に示すように，乳児は世界中のことばのすべてに共通する普遍的な原理である普遍文法（Universal Grammar）と彼らの母語を獲得するための特殊化された言語学習メカニズム（言語獲得関数）をもって誕生するとチョムスキーは考えています。言語資料（経験）が言語獲得装置を介して言語獲得関数を起動させ，個別言語の文法が出現します。たとえば言語獲得装置が日本語を入力として受け取ると日本語の語順にあわせた関数が設定され，日本語の文法が出現します。子どもに与えられる言語資料は不完全で断片的であるにもかかわらず，子どもは生得的にこの言語獲得装置を装備しており，正しい文法を獲得できるとチョムスキーは考えます。

（2）相互作用アプローチ

　一方，ことばの獲得での生得的な基盤は認めますが，ことばを獲得するためには，多くの要因（成熟／生物学的要因，社会的要因，認知的要因，言語的要因）が相互に作用し，お互いを変容させると仮定しているのは相互作用アプローチです。ここでは2つの基本的な相互作用アプローチを紹介します。

　第一はピアジェ（Piaget, J.）の認知理論です。ピアジェ理論では認知発達をことばの発達の必要十分条件であると考え，非言語的認知は，ことばの発達を

支える"エンジン"であり，言語と非言語スキルは両者とも両方の領域を超えたより深い操作システムから並行して出現してくるとしています。感覚運動期の最終の第6段階で出現する象徴機能（あるものをそれとは異なる他のもので代表させる働き）の一つのあらわれが言語であり，初期のシンボル（象徴）（ことばでの命名）は，関連する認知領域のすべてにわたりほぼ同じ時期に生起する心的表象の一般能力の一つのあらわれにすぎないと考えます（第2章4節も参照）。

　第二の立場は，ことばの獲得は社会的相互作用の中で発達すると考えます。子どもたちと彼らの言語環境をダイナミックなシステムとみて，両者は発達のどの時点でも効果的な社会的コミュニケーションと子どもの言語技能を改善するために他者（養育者）を必要としています。ブルーナー（Bruner, J.）はことばの獲得の過程についての主張において社会的相互作用を重視し，言語獲得援助システム（Language Acquisition Support System: LASS）が人間には備わっているとしています。養育者はことばを習得しはじめた子どもが，ことばの機能，語意，統語的規則を発見しやすいようにさまざまな手がかりをあたえ，ことばの獲得の足場となるコミュニケーションの場をつくっています。子どもが生得的にもつ能力を引き出すように，環境からの刺激を養育者が調整することにより，ことばの獲得がなされていくと考えています。

　岩立（2005）は図1-2に示すように言語能力の発達は，「教育的（社会的）働きかけ」（家族から，専門家から，社会からの3種類）と内的能力（成熟や遺伝）の影響をうけて時間的経過の中で進行していくと考えています。これらのことばの獲得の理論からも，言語発達においては，人間という種が脳にプログラムされた能力を生まれながらにもっているとしても，それが発現するために

（1）感覚運動期とは，誕生から生後2歳くらいまでの時期を指し，反射的行動から象徴的思考へと，認知の基礎となる感覚運動的シェマを形成していく時期のことです（シェマとは認知の枠組み）。この時期の認知発達は6段階に分けられます。第1段階は生得的反射，第2段階は第1次循環反応（快行動の反復），第3段階は第2次循環反応（目と手の協応），第4段階は2次的シェマの協応（手段―目的の分化），第5段階は第3次循環反応（能動的探索），第6段階は象徴的表象（心像・洞察）の段階です。

第Ⅰ部 ことばの発達についての基礎知識

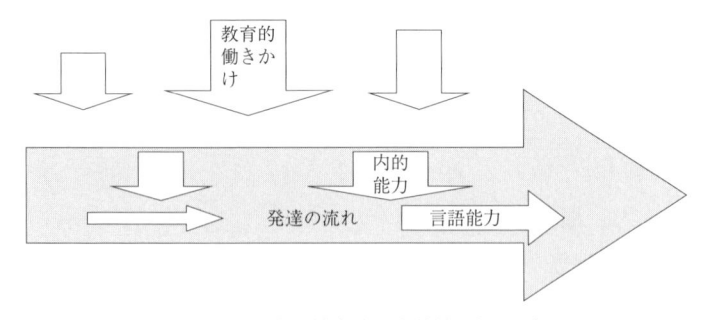

図1-2 言語発達の社会的・生物的認知アプローチ
(出所) 岩立 (2005) p.5.

は多くの要因が相互作用する必要があるということがわかります。

5 ことばの発達には人からの働きかけが必須！
　　　　　　——ルーマニアの孤児研究から

(1) 養育環境と発達の遅れ

　劣悪な環境で育った子どもの発達が阻害されていることが，多くの証拠から明らかです。古くは，1800年に南フランスのアヴェロンで4-5歳のときに森に遺棄され，自力で生き延び11-12歳で発見された野生児は，叫び声をあげることはありましたが「牛乳」（レ，lait）ということばをなんとか発声した程度で会話は不可能のままであったと報告されています。

　孤児院・乳児院に収容された子どもたちが示すホスピタリズム（施設病）では，身体発育の遅れ，言語・知能の発達の遅れ，習癖，情緒的な障がい，対人関係の希薄さなどの症状があらわれます。スピッツ（Spitz, 1962/1965）は母親が犯罪をおかしたために母親と分離され，10人の子どもに対して1人の看護師という環境で2歳半から4歳半まで過ごした子ども21人の発達状態をみました。4歳半の時点でまだ歩行ができない子どもが5人いました。ことばの発達に関しては発語がない子どもが6人，2語が5人，3-5語が8人，10-12語が1人という結果で，なんとか喋れる子どもは1人だけでした。十分な養育が与えられない場合に，このようにことばを含む発達の遅れが生じます。

(2) 施設生活が乳幼児にもたらすさまざまな影響——ネルソンの研究

　最近，報告されているルーマニアの孤児の研究でも（ネルソンほか（Nelson et al., 2009））施設生活が幼児の正常な脳の発達を阻害することが明らかになっています。ルーマニアでは国力の成長のために1966年に中絶が禁止され，子どもが5人以下の家族に税金を課したために多くの家庭が養育不能に陥り，170,000人もの子どもが捨て子となりました。その後，革命がおこり，1989年にこの政策をだしたチャウセスク（Ceausesecu, N.）は処刑されました。2000年にアメリカの研究チームが研究を開始し，生後すぐに捨てられ施設に収容されている子どもを，ずっと施設で養育された子ども，養子にだされた子どもの2群にランダムに割り当て，捨てられずに生みの親と地域で生育している子どもと合わせて3群の子どもの評価を行いました。図1-3はブカレストの施設の写真，図1-4は世界中に養子にだされた子どもたちの写真です。

　図1-5の左側の図は捨てられたために施設で生活した子ども（施設児），里親のもとで生活した子ども（里親児），捨て子でなく地域で育っている子ども（家庭養育児）の3群のベースライン（研究開始時），42か月，54か月時点での認知発達を発達指数（DQ）[2]で比べた結果です。施設児のDQの遅れが非常に大きいことがわかります。また，右側の図の精神的な障がいの発生率は54か月時点の評価で，施設にいたことがある子どもの55％が精神的な障がいがあると診断されたのに対して，家庭養育児の出現率は22％でした。施設にいた子どもは情緒的な障がい（不安や抑うつ障がい）や行動障がい（ADHD（Attention Deficit Hyperactivity Disorder，注意欠如・多動症），ODD（Oppositional Defiant Disorder，反抗挑戦性障がい）[3]，CD（Conduct Disorder，行為障がい）[4]）が地域で育った家庭養育児よりも高く出現していました。また，これらの障がいは施設児，里親児ともに出現していました。以上より，里子にだされることにより発達は改善しましたが，里親に育てられた子どもにも対人関係の困難や，注

---

[2] DQ: Developmental Quotient の略で発達指数のことを言います。発達指数は以下の式で計算されます。（発達年齢（DA）÷生活年齢（CA））×100＝発達指数（DQ）

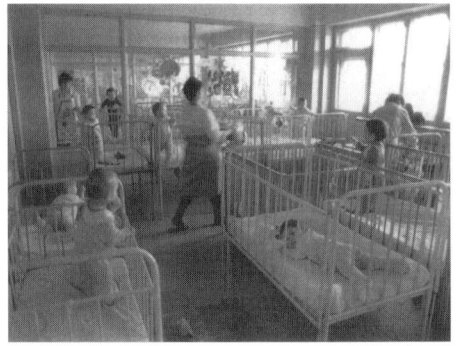

第Ⅰ部　ことばの発達についての基礎知識

Mike Carroll

図1-3　1991年に撮影されたブカレストの施設
（出所）　Nelson et al.（2009）p. 223.

Mara Cohen

図1-4　世界中に養子にださ
　　　れた子どもたち
（出所）　Nelson et al.（2009）p. 228.

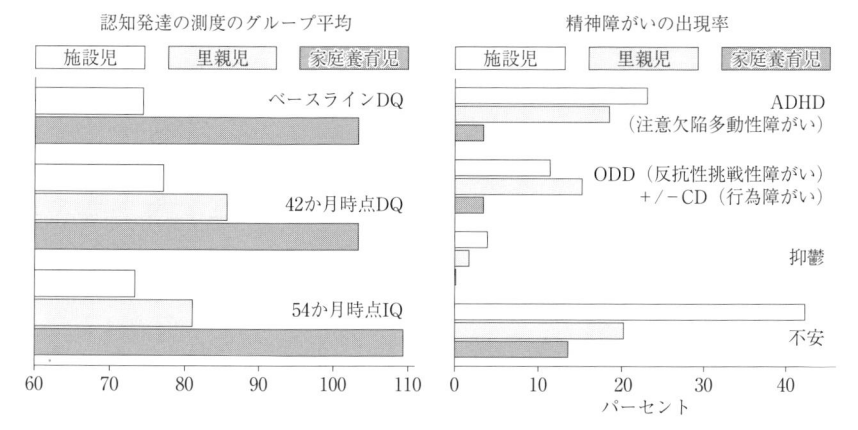

図1-5 施設児，里親児，家庭養育児の発達と精神的な障がいの出現率
(注)「＋/－」は「伴う場合も伴わない場合もある」という意味。
(出所) Nelson et al. (2009) p. 227.

意や情動調節を含む実行機能の困難があることがわかりました。

(3) ことばが出る前の養育環境の重要性——ウィンザーの研究

次にことばの発達をウィンザーら（Windsor et al., 2011）のルーマニアの孤児の調査からみていきましょう。ベイリー発達検査の発達指数，言語表出理解検査（REEL）指数，レイネル言語発達検査の結果を表1-1に示しました。ほとんどの検査で成績はベースラインも30か月時点も42か月時点も地域の家庭養

---

(3) Oppositional Defiant Disorder の略で反抗挑戦性障がい。かんしゃくをおこしやすい・大人と口論することが多い・大人の要求や通常の規則に従うことを積極的に否定することが多い・意地が悪く恨みをもちやすい，等の行動が長期にわたって頻繁にみられる状態です。次にのべる CD（行為障がい）を伴う場合と伴わない場合があります。
(4) Conduct Disorder の略で行為障がい。人や動物に対する攻撃性（暴力や動物虐待）・所有物の破壊（放火や器物損壊），嘘をつくことや窃盗（責任逃れの虚言や窃盗）・重大な規則違反（無断外泊など）などがみられます。
(5) 実行機能（Executive Function）とは，高次の認知的制御および行動制御にかかわり，目標の達成を実現する能力です。複雑なたくさんの情報の中から必要なものを選択し，活動計画を立てて，それを実行する脳の働きで，その神経基盤は前頭前野にあると考えられています。

育児，里親児，施設児の順で得点が低くなっていきました。

　生後すぐに捨てられてから施設にいて，15か月までに里子にだされた子どもの30か月，42か月の追跡検査を行うと，地域で親のもとで養育された家庭養育児の表出，理解言語と差がありませんでした。それに対して，生後すぐに捨てられてから施設にいて24か月以降に里子にだされた子どもは施設児と同じくらいことばの発達の遅れがありました。15-24か月に里子にだされた子どもにも大きな改善がありました。

　さらに，ウィンザーら（Windsor et al., 2012）は54人の里親児と51人の施設児の8歳時点での追跡調査を行いました。その結果を表1-2に示しました。里親児は施設児よりも長い文章を話し，文反復能力にたけ，書かれた語の同定能力に優れていました。2歳1か月（25か月）までに里親に養育を開始された子どもは単語認知と無意味語反復能力に優れていました。1歳3か月（15か月）までに里親に育てられた子どもは家庭養育児と同等の能力でした。2歳1か月までに里親に養育を開始された子どもは大きく改善し，2歳1か月以降に里親のもとにあずけられた子どもは，8歳時点の書きことばの発達も遅れているという結果で，乳児期の養育者からの働きかけがいかに重要かが示されています。

　第2章以降で子どものことばの発達過程を見ていきますが，1歳3か月は語彙を3語くらい言う時期です。1歳3か月以前に里親に育てられた子どもたちには遅れがないということは，ことばがでる前の養育環境がその後のことばの発達にいかに重要であるかが示されています。乳児保育での愛情豊かな保育士との関係，コミュニケーションがきわめて大事であるといえます。

　最近，虐待の事件が多く報道されていますが，養育・保護義務を拒否・怠慢され，ひどくネグレクトされた子どもの言語能力が他の被虐待児や虐待を受けていない子どもたちより低い得点（認知能力は差がない）であるとの報告から，言語発達はとくに親と子どもの社会的なことばでのやりとりが欠けている環境で傷つけられやすい（カルプら（Culp et al., 1991））こともわかっています。

　これらの研究報告は，生後すぐからの子どもの養育環境が重要であることを

表1-1　施設児，里親児，家庭養育児の各評価時点の発達，言語検査の結果

（　）標準偏差

		ベイリー指数 発達指数	人数	理解―表出言語指数 表出	理解	人数	レイネルパーセンテージ 表出	理解	人数
ベースライン（研究開始時）	施設児	77.1（9.8）	12	49.8（16.4）	79.8（14.6）	12			
	里親児	81.1（15.1）	17	52.1（24.1）	73.7（21.3）	17			
	家庭養育児	103.4（10.5）	56	100.8（18.7）	112.5（16.6）	56			
30か月	施設児	77.2（11.4）	59	64.0（17.3）	74.8（15.3）	59	14.5（13.6）	34.0（32.6）	52
	里親児	81.9（11.6）	53	74.2（21.4）	83.3（17.5）	53	21.8（19.5）	41.5（14.0）	49
	家庭養育児	102.2（12.7）	57	104.7（14.6）	109.7（9.7）	57	53.2（19.7）	66.0（14.7）	57
42か月	施設児	78.9（12.6）	60				49.0（20.0）	62.0（12.7）	60
	里親児	85.7（14.2）	57				60.0（24.0）	71.2（16.0）	57
	家庭養育児	103.3（11.9）	51				88.7（15.3）	90.2（9.1）	51

（出所）　Windsor et al.（2011）p. 1042.

表1-2　各言語測度に対してのグループごとと里親児の下位グループの8歳時点の平均得点

（　）標準偏差

グループ	人数	無意味語反復	文反復	語読み	平均発話長（MLU）
		施設児，里親児，家庭養育児グループの遂行			
施設児	50	96.2（3.4）	57.5（17.1）	43.7（33.2）	5.4（1.3）
里親児	52	96.4（4.0）	64.4（15.8）	56.9（28.2）	6.0（1.3）
家庭養育児	37	99.1（3.7）	84.5（13.7）	73.8（26.0）	―
		里親児グループの遂行			
2歳1か月までに里親措置	26	97.7（3.4）	64.9（14.5）	65.5（22.1）	5.7（1.5）
2歳1か月以降に里親措置	26	95.1（4.9）	63.9（17.3）	48.2（31.1）	6.3（1.0）

（注）　MLU以外の数値は％，MLUは形態素MLU。
　　　4名の施設児と1名の里親児の音声記録が音質が悪く利用できなかったのでデータから削除されている。
　　　MLUについては施設児の人数は45人，里親児の人数は51人，2歳1か月までに措置の人数は25人。
（出所）　Windsor et al.（2012）p. 10.

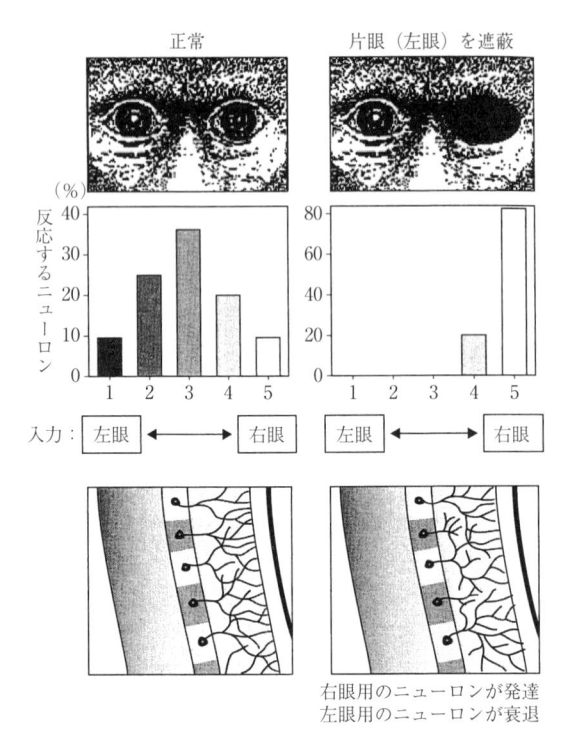

第Ⅰ部　ことばの発達についての基礎知識

図1-6　サルでの片目遮蔽の実験
(出所)　澤口（2009）p. 41.

示しています。動物実験ですが、サルの左目を生後1か月から8か月まで遮蔽しますと左目からの入力をうけるニューロンがなくなり、右目からの入力をうけるニューロンが大多数となることが報告されています（図1-6）。劣悪な環境は脳の発達をさまたげます。

第2章
ことばの発達の準備期（前言語期）

　Infant（乳児）の語源は，ラテン語の *infans* で「話すことができない」「ことばがない」を意味し，その期間は誕生にはじまり，ことばの開始に終わりを告げます。

　生後1年間は，乳児は有意味なことばは言いませんが，ことばに反応し，多様な様式で発声します。コミュニケーションの発達にとり重要な時期で前言語期とよばれ，ことばがでるための準備をしている時期です。本章では，ことばの獲得へ至るまでの準備の時期である前言語期の音声の知覚，音声の表出，コミュニケーション能力，言語獲得の認知的な基盤についてみていきます。

1　赤ちゃんは音声を区別して聞いているか？——音声知覚の発達

（1）さまざまな研究法
　胎児期において，聴覚が視覚，触覚，嗅覚，味覚，聴覚の五感の中で一番はやく発達します。受精5週で胎児の身体に耳の基となる穴ができ，20-21週で聴神経と耳の基となる穴がつながります。24週で聴覚器官が完成し，外界からの音が母親の腹壁を通して入ってきます。母親の身体や羊水を隔てているので，プールの中に潜ったときのように聞こえますが，胎児は誕生の3か月前から母親の声を聞いています。誕生直後の乳児でも，羊水の中の母親の声，母親の声，別の女性の声の順番で声を好み，人間の言語音と人間以外の機械音などの他の音，さらには母親の声を区別して反応できると言われています。

　乳児の音韻や韻律（第1章3節参照）の知覚についての研究は，乳児を対象

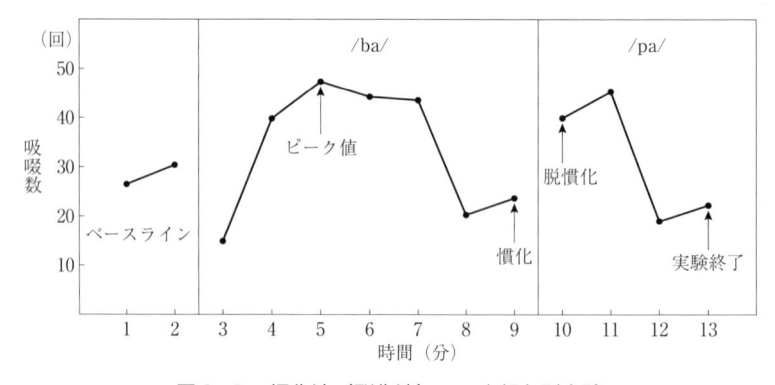

第Ⅰ部　ことばの発達についての基礎知識

図2-1　慣化法（馴化法）での音韻弁別実験
（出所）　林（1999）p. 44.

とした聴知覚測定の画期的な実験方法が発展し，1970年代からさまざまな研究が行われています。実験方法は，基本的には2種類の刺激音または刺激セット（刺激AとB）に対する反応の比較から，2つの刺激音に対して異なる反応を示すかどうかを検討するものです（林，1998）。主な手法の種類は，乳児が同じ音を聞いていると飽きてくるという特性を利用した慣化法（馴化法），赤ちゃんは音声を選択して聞くという特性を利用した選好聴取法や，オペラント条件づけの実験法が用いられてきました。反応は，行動レベルのものとしては，おしゃぶりを吸う吸啜行動やランプの点滅を注目する注視行動，振り向き行動（ヘッドターニング）が利用されてきました。

①慣化法（馴化法）

　慣化法とは，音がたとえば /ba/ から /pa/ に変化したときに知覚できるかを，乳児の吸啜の強さやランプを注視する時間からみます。吸啜反応を利用した方法では，乳児がおしゃぶりを吸うと /ba/ の音が聞こえるようにすると，図2-1に示すように，はじめは乳児はおしゃぶりを吸い /ba/ の音を聞きたがり吸う回数が増加しますが，時間の経過に伴い，飽きが生じ，吸う回数は減少します。そこに新しい音 /pa/ を呈示しますと，/ba/ と /pa/ の音が聞き分けられるならば，おしゃぶりを吸う回数や強度が回復し，聞き分けられないな

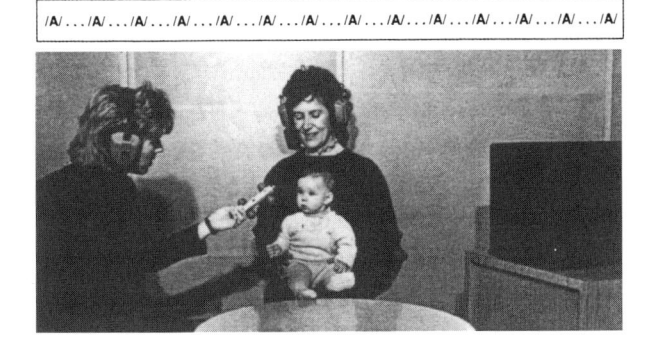

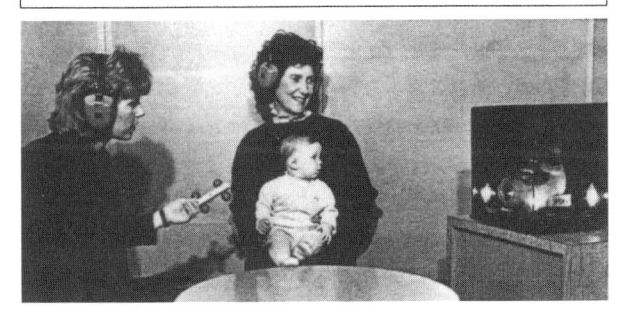

第2章 ことばの発達の準備期（前言語期）

図2-2 ヘッドターニング法による音韻弁別実験
（出所） Kuhl（1985）を重野（2003）p.130より転載

らば，強度は回復しないと考えられます。そのような前提で乳児が音声を区別しているかどうか調べます。

　注視行動を利用した慣化法では乳児の正面にランプを点滅させ，乳児がみている間だけ刺激音を呈示します。乳児ははじめはランプをみて音を聞いていますが，飽きてくると注視しなくなり，新しい音をだすと再びランプを注視するようになり，ランプを注視する時間の慣化―脱慣化の過程を測定します。

②オペラント条件づけ法
　オペラント条件づけ法では振り向き反応（ヘッドターン）を用いて実験を行います。図2-2に示すような実験状況で，乳児の側方にスピーカーが設置さ

れていて，その上にブラックボックスに隠された，音をたてて動く玩具がおかれています。乳児の注意を正面にひきつけている間に，たとえば，刺激音として A, A, A, A, A …を呈示し，次に I, I, I, I …と比較音を呈示し，再び刺激音の A, A, A, A を呈示します。この比較音の I, I, I, I が呈示されている間に，乳児がスピーカーの方を振り向くと，ブラックボックスの中の玩具が音をたてて動きます。刺激音では振り向かない，比較音のときだけ振り向くという条件づけを行います。

③選好聴取法

選好聴取法では，刺激 A, B を同一条件で提示した場合，どちらか一方を他方よりも長く聴く傾向があるかを調べます。乳児が特定の方向を注目している間は刺激音が呈示されるが，乳児が別の方向に目をそらすと刺激音が停止され，その刺激音を聴取していた時間を測定し，刺激音の種類別に聴取時間を比較し，どちらの刺激の方をより長く聴いていたかにより，刺激音に対する選好反応を調べます。

（2）研究からわかった知覚の能力

このような実験方法を利用して，誕生直後から，赤ちゃんはスピーチ音（話す声）と他の音を敏感に聞き分け，さらに，母親の声や胎児期に聞いていた母国語の音声を好んで聞くことがわかっています（Karmiloff & Karmiloff-Smith, 2001）。

音声知覚研究を最初にはじめたアイマスら（Eimas et al., 1971）は，1-4か月の乳児が /b/ と /p/ のような有声／無声といったカテゴリーをまたぐ音声対の弁別をするのはたやすいが，同じカテゴリーに属する音声の対の弁別はむずかしいという大人と共通した知覚特性をもち，乳児が音声をカテゴリーにわけて知覚していることを明らかにしました。母語の音韻体系に合致した音韻知覚能力を示すのは母音については生後6か月前後，子音については生後10か月前後と言われています。林（1999）はヘッドターニング法で /r/ と /l/ の弁

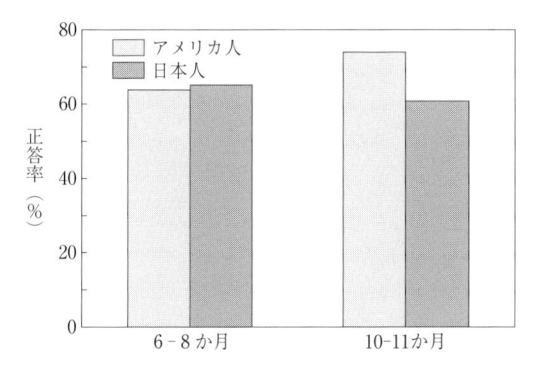

第 2 章　ことばの発達の準備期（前言語期）

図 2 - 3　ヘッドターニング法による /ra-la/ 弁別正答率
（出所）　林（1999）p. 48.

別を日本とアメリカの 6 - 8 か月齢児と 10-11 か月齢児で比較したところ，6 - 8 か月齢児では，日米の正答率で差がありませんが，10-11 か月児では，日本人乳児の正答率がアメリカ人乳児よりも有意に低下しました（図 2 - 3）。11 か月ごろになると /r/ と /l/ の区別がない日本語音韻体系に合致した音韻知覚を示すようになると言えます。

　また，感情の情報の伝達や，単語や節や発話の切れ目といった統語構造の境界を示す文法情報を担っている韻律性の知覚についての研究も行われています。文中の節と節の境目に 1 秒のポーズを入れ，自然に聞こえる自然音声と，節の境目にあったポーズを消して別の不自然な位置にポーズを入れた不自然音声の 2 つを選好聴取法で比較しますと，アメリカの 4.5 か月齢児は自然音声に長く注意をむけ，早期から節構造に対する韻律的特徴に対し感受性をもっていることも示されています。対乳児音声（マザリーズ，第 4 章で述べる育児語）と対成人音声の選好を調べた実験で，世界中の乳児が対乳児音声を好んで聞くということもわかっています。このように乳児は，初語が出現する以前に音声知覚能力の著しい発達をとげています。

第Ⅰ部　ことばの発達についての基礎知識

```
                                          11-12M：個別言語に依存した弁別
                            6-7M：個別言語に依存しない弁別
              2-3M：子音の弁別
        1M：母音の弁別
                    5M：語の強勢
 脳波                        8M：節の区切り
 ├──┼──┼──┼──┼──┼──┼
 0    2    4    6    8   10   12か月
 行動
   0-3M：個別言語に依存しない   6M：母語の語における    11M：音の弁別が個別言語に
         音の弁別                    典型的な強勢              依存する傾向
```

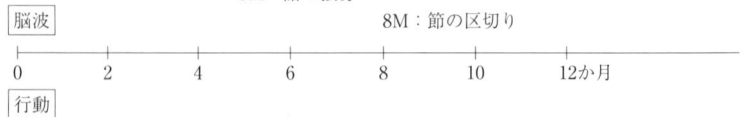

図2-4　脳波計測と行動研究に見られる生後1年の言語（音声知覚）発達過程
（出所）　保前（2009）p. 77を一部改変

（3）生理指標を用いた研究

　最近ではこのような行動研究だけでなく，生理指標である脳波や心拍を測る研究もあり，さらに近赤外光によって脳血流量の変化を検討する近赤外光法（NIRS（Near infra-red spectroscopy））が開発され，乳児の音声知覚にも適用され，飛躍的に研究が進んでいます。保前（2009）が行動レベルと脳波研究から明らかになった生後1年の乳児の音声知覚能力を図2-4に示すようにまとめています。行動レベルと脳波研究の両方から，11-12か月ごろに子どものまわりの環境で話される個別言語（日本語が話される環境であれば日本語）に依存した音韻，韻律の知覚がなされることがわかります。

2　赤ちゃんが発する音声——音声表出の発達

（1）言語音を話せるようになるまで

　音の獲得は音声を聞き取るという知覚的側面と，構音技術を身につけるという運動的側面の両側面の発達によりなされます。音韻の生産面の発達についてみていきましょう。肺からはきだされる呼気は気管支・気管を通り，喉頭・咽頭を通って，多くの場合，口腔から口をへて，または鼻腔をへて，体外にでます。声門は気管と喉頭の境目にあり，左右の声帯により幅の狭いすきまになっています。呼気により声帯が振動をおこすと音声が生じ，この音声が咽頭・口

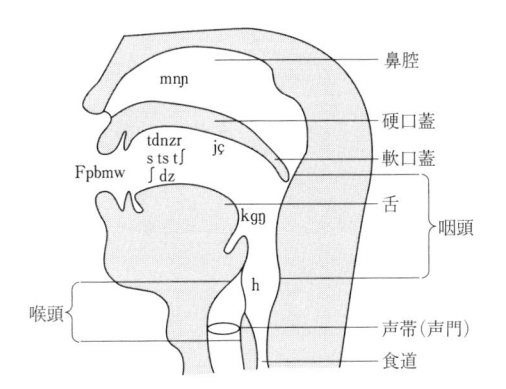

図2-5 声道の構造と日本語子音の構音点
(出所) 村田 (1970) p.11.

腔などで共鳴を起こして口から外にでます。これが発声です。咽頭や口腔の形をいろいろに変化させることにより，共鳴の仕方をかえることができ，その結果，種々の音声がつくられます。発声に関係する声道の構造と日本語子音が主にどこでつくられるかを図2-5に示しました。

　誕生後まもない乳児は発声器官が未熟で，声帯の振動に共鳴を与えることができないため，言語音を産出できません。生後1年の間にどのような過程をへて，言語音を表出できるようになるのでしょうか。

（2）発達の過程

　音声の発達についてストールギャモンら（Stoel-Gammon & Menn, 1997）は以下のように概観しています。

①誕生から2か月（反射の叫喚と自律的な音）

　不快なときに泣きます。授乳，呼吸に関係するゲップ，せきなどの自律的な音（vegetative sounds）を出します。この段階は母音様の発声で，これは乳児の構音器官の解剖学的な構造により決定されています。このことは，新生児の口腔は小さく，ほとんど舌が占めており，喉頭が高い位置にあり，口腔と鼻腔が分離されていないことによります。

第Ⅰ部　ことばの発達についての基礎知識

② 2-4か月（クーイングと笑い声）

　頭と首の急速な発達により，いろいろな音が表出できるようになります。快適な状態のときに，とくに社会的なインタラクション（相互作用）のときに，鳩が出す音に似たクーイングと呼ばれる"oooh"というような母音を表出します。g, k のような子音を含むこともあります。これらの発声は口の後方でつくられ，軟口蓋の子音（[k], [g] など）と後方母音（[u], [o] など）を表出します。泣き声は減少し，養育者に不快，呼びかけ，要求などの意味を伝える明瞭な形式の泣き声となります。また，持続した笑い声が現れます。

③ 4-6か月（音の遊び）

　クーイングと真の喃語の間の移行期。この段階で，表出できる音の範囲を決定するのに子どもは構音器官をいろいろテストしているようです。子どもは機嫌がよいときに，一人で，いろいろな高さや長さでいろいろな種類の音声を発声して，それを聞くことを繰り返す音の遊びを行っています。大声やささやき声をだしたり，高い音（キーキー声）や低い音（うなり声）をだしたり，伸ばした母音あるいは子音と母音のいくつかの基本の音節を発しはじめます。

④ 6か月以降（規準喃語）

　"bababa" "nanana" のような母音と子音の音節をもつ，これまでの発声と遊び的なピッチの変動が消失した規準喃語が発声されるようになります。養育者の社会的インタラクションへの反応でなくて，誰もいないところで生起します。親はことばを言っているのではないかという印象をもちますが，指示物と意味的に結びついているという証拠はありません。この時期の発話は子音─母音の連続（例：bababa）の重複喃語といろいろな子音と母音の音節パターンの連続（例：bagidabu）の多様喃語に分類されます。重複喃語は初期の時期で生起し，多様喃語は12-13か月ごろに生起します。この時期，乳児は自分の発声やまわりの人の発声を聞く重要性が増大します。聴覚障害をもつ乳児は自分の耳で自分の発声を聞くことができないので，規準喃語の段階にはいることがで

きず，子音の多様性も減少します。喃語は世界中の言語の音を表出するといわれていましたが，最近の研究では比較的少数の音のセットしか表出しないことが明らかになっています。また，喃語の音のパターンと初期のことばのパターンには連続性があり，喃語で子どもが好んだ音が初期の語にももちいられ，また，喃語もまわりで話される言語音の影響をうけることが最近の研究で示されています。

⑤10か月以降（ジャーゴン）

喃語の最終段階は，有意味なスピーチの時期と重複し，種々のストレスやイントネーションで発せられた音節や音のつながりの特徴をもつジャーゴンとか会話様喃語とよばれる表出です。ときには質問や説明をしているようなイントネーションで文を話しているように聞こえます。しかし，年長の子どもにより話される標準的なことばではなくて，自分自身のことばを用いています。

1歳前後から，あいさつやイナイイナイバーのようなゲーム，動作に伴う語を子どもは表出しはじめます。また，同じ状況において一定の自分独特の音のパターンで意味を伝えようとする原言語（protolanguage）の出現もみられます。認知面での意味するもの（signifiant：能記）と意味されるもの（signifié：所記）とを分化させる象徴機能の成立に伴い，音声で意味を表現するようになります。

3　赤ちゃんはことばがでる前に養育者とどんなやりとりをしているか？——コミュニケーション能力の発達

コミュニケーションには，人と人との情動性に富んだ，間主観的で対人的な調合的統合（親交：communion）のプロセスと，人と人との間の情報の流れ（伝達：transmission）のプロセスが含まれています（Adamson, 1995/1999）。

ことばはもっとも強力で，効率的なコミュニケーション手段ですが，子ども

（1）間主観性とは二者間で何かの観念や気分が共有される共感性に近い概念のことをいいます。

はことばでのコミュニケーションが可能になる前に，表情，視線，目の動き，音声，身振りなどでコミュニケーションします。誕生後，ことばの獲得に至るまでのコミュニュケーションの発達過程をレディ（Reddy, 1999）を参考に概観してみます。

（1）生得的に有する社会的能力——新生児期

乳児は誕生時から，人間の顔，音声，スピーチへの関心を示し，生後数分で，いろいろな顔のしぐさや音を模倣します。本章1節で述べましたが，誕生直後の乳児でも人間の言語音と他の音，さらには母親の声を区別して反応できると言われています。視覚的にも人の顔を長い時間凝視します。人は生まれながらにして人に反応する能力をもっています。

（2）情動のコミュニケーション——2-3か月ごろ

3か月くらいまでに乳児はコミュニカティブなやりとりの中で足，発声，凝視，表情など，全身で行動します。これは，大人の会話の非音声的側面のダイナミックな特徴と類似しているので，「原会話」とよばれています。その特徴の第一として，乳児があらわすコミュニケーション行動（たとえば，微笑）は単一の行動だけで起こるのではなく，乳児自身の他の行為（発声，手の身振り，凝視）と協応し，またパートナーの発声，凝視，微笑などの行為とも協応しています。第二に，乳児は大人をたんに模倣しているだけではなく，大人の方も乳児を模倣します。第三に，情動や注意を力動的にお互いに調律しています。第四に，乳児はインタラクションをうまく維持しているだけでなく，いやなときにはインタラクションをうまく避けます。

情動的な原会話は相互的であり，乳児は活発にこの原会話に参加しています。この段階では，すでに，相補的で共感的な人間らしい反応を求める相手とのやりとりに，表情や音声，身体の動きによる非言語的な表現が効果的に用いられています。この段階のコミュニケーションはたんなる感情の表現であり，意図的なものではありません。

（3）規則性や驚きを楽しむコミュニケーション──6か月ごろ

　乳児はますます環境に関心をもち，ときには見慣れたパートナーへの関心だけでなく，環境の中のほかの事物へ関心を移していきます。乳児のコミュニケーションへの注意や関心を高めるのに，パートナーはリズムのある発声をしたり，突然変化させたり，終わりにしたりします。歌や手遊びや身体を動かすリズミカルなおきまりのやりとりを子どもは喜び，子どもの方がリードしていきます。これらのおきまりのやりとりやゲームは社会的なルールや文法ルールの獲得にむすびついていくと言われています。

（4）他者の注意や情緒を理解したコミュニケーション──8-12か月ごろ

　乳児は他者の注意を理解し，心が意図をもっていることを理解しているような行動をします。子どもは自分の方から，物を渡したり，みせびらかして，他者の注意をひきつける行為を繰り返したり，他者が他の物を見ているときに他者の視線を追ったり（追随凝視），見知らぬ物や人に遭遇したときに近づくべきか避けるべきかを決めるのに，養育者や他の人の反応や表情をモニターして情報をあつめたり（社会的参照），じらしたりして（teasing），関心を他者へ広げていきます。子どもからの意図的な話題を含むコミュニケーションが行われ，大人，子ども，物の三項関係が成立する段階です。社会的相互作用，共同注意（対象への注意を他者と共有する行動），依頼行動といった非言語的コミュニケーションスキルの機能はこの段階に発達します。

（5）原言語としての指さし──12-15か月ごろ

　乳児はターゲットへ直接注意をむけようとして指さしを行います。原命令の指さしと原叙述の指さしの2種類があります。原命令の指さしは，要求の指さしともいわれ，たとえば，自分では取れない玩具が欲しいときに，それがおいてある玩具棚の方を指さし，助力をもとめる身ぶりです。原叙述の指さしは，たとえば，めずらしい物をみつけたときに一緒に大人に見てほしくて，指さしをして，他者の注意を事物へむけようとするものです。原命令，原叙述の指さ

しとも乳児はターゲットを指さしし，パートナーの顔を振り返り，パートナーが身ぶりや指さされているターゲットに注意をしているかどうかチェックします。

　指さしには，ことばと共通する記号的な働きがあります。指によって，さすもの（指，すなわち，意味するもの（能記））とさされるもの（指さし対象，すなわち，意味されるもの（所記））が分化しています。しかし，指さしは指さされるものを代表しているわけではないので，ことばの中心的な働きである表象機能を欠いています（やまだ，1998）。ことばでは，たとえば，「いぬ」ということばで，自分の家の犬も，公園でみた犬もあらわすことができます。指さしでは，指で犬も，ねこも自動車もさすことができ，指はたんに指示する道具にすぎません。ウェルナーとカプラン（Werner & Kaplan, 1963/1974）は，指さしは社会的文脈の中で産出される指示的行為なので，目の前の具体的対象を指示しているにすぎませんが，対象の特徴がぬきとられて別の素材からなる媒体（身振り，ことばなど）で表示される真の象徴化にむかう第一歩と考えました。

　自閉症児では，原命令の指さしの理解，表出は可能ですが，原叙述の指さしは理解，表出とも困難であるといわれています。また，人間に育てられた大型類人猿は原命令の指さしはありますが，原叙述の指さしはないとの報告があります。原叙述の指さしは，原命令よりも認知的に複雑であるといわれています。原叙述では，乳児がある人に事物を示すには，他者が注意の対象を知覚（表象）しているということを理解（表象）できる必要があり，複雑な（メタ）表象の技能が必要とされています（本章4節の脚注（2）参照）。一方，原命令では手段—目的関係だけの単純な理解だけで十分です。また，原叙述の指さしは，出来事への驚き，お気に入りのターゲットの知覚など，乳児があらたに見たものを人に知らせようとするモチベーションに動機づけられています。

　トマセロ（Tomasello, 2008/2013）は，指さしには，共有する（他者と感情や見方を共有したい），知らせる（他者に役立つことや面白いことを知らせて助けたい），要求する（他者に自分が目標を達成するのを助けてほしい）という，他者を助ける・助けられることと共有するという，言語の基盤ともなる協力に基づ

く基盤構造が働いているとしています。

（6）ことばでのコミュニケーション――生後2年目

　子どもは，身振りだけでなく，意味内容をもったことばを理解し，ことばによるコミュニケーションを行うようになります。子どもと大人，そしてこの2人の関係の外にあって2人が注意をともにむけている事物の三者により構成された三項関係の成立はことばの獲得の基盤となります。トマセロ（Tomasello, 1997）は，語彙獲得の認知的基盤として，①他者が何について話しているのか，その指示対象を認知し，カテゴリーをつくることを可能にする子どもの能力，②他者が言語のさまざまな部分を使用している際に，その他者の意図が何かを理解できる子どもの能力をあげています。子どもは前言語コミュニケーションでの大人とのやりとりの中で，他者や他者の意図的な動作についての深く広範な理解を行い，この上に，語の学習を行っていきます。幼児はことばを学びはじめると同時に，視線の追随，社会的参照（第Ⅲ部第9章1節（3）参照），模倣学習をさらに発達させていきます。これらのスキルは，他者とは外界の事物に対する注意や情動や行動について，能動的に追随し，かつ共有することができるような意図をもつ主体であると理解する能力の反映です。ことばの獲得は共有した意味や共有した注意の対象をさらに広げ，洗練させていきます。

4　赤ちゃんがことばを発するために必要な能力
　　　――ことばの獲得の認知的基盤

（1）象徴機能（あるものをそれとは異なるもので代表させる働き）

　言語記号の特徴として2つのことがあげられています。一つは「恣意性」（arbitrary）と言われるもので，言語記号とそれによりあらわされているものの関係は人間が作り出したものだということです。もう一つは「慣習性」（conventional）で，その言語社会の人たちの約束に基づくものだということです。たとえば，日本語で犬を"inu"，英語で"dog"というのは，ことばと表示対象は本来的な有縁関係をもたず，人為的にそれぞれの言語体系に基づい

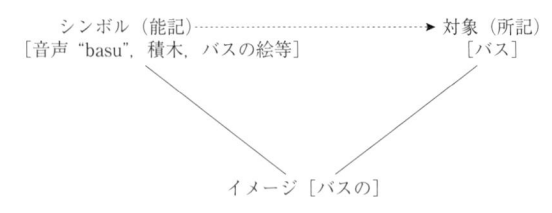

第Ⅰ部　ことばの発達についての基礎知識

```
        シンボル（能記）……………………………▶ 対象（所記）
     ［音声"basu", 積木, バスの絵等］              ［バス］


                        イメージ［バスの］
```

図2-6　オグデンとリチャーズによるシンボル（象徴）・対象・イメージの関係
（出所）　小椋（1997）p.190.

て作り出されたものだからです。子どもがことばで表現するには，ことばと指示対象の関係，それぞれの言語体系がもつ音声，単語，文，意味，使用を支配する複雑な規則を学習しなければなりません。これらの規則は，ことばの理解とことばの産出の基礎になっています。オグデン（Ogden, C. K.）とリチャーズ（Richards, I. A.）（1967）は「言語記号と，それによって表される事物とは直接結びついているのでなく，人間の精神作用が媒介することにより関係づけられている」としています。図2-6に示すように，たとえば，「バス」という語は"basu"という音声と，それが意味する「バス」のイメージ（表象）[2]と結びついています。言語学者のソシュール（Ferdinand de Saussure）は，言語の意味作用は語の音声のもつ聴覚表象（能記：意味するもの）と，それによって指示される対象（所記：意味されるもの）の表象関係からなるとしました。表象関係を理解できる認知能力（象徴機能）が言語には必要です。

　乳児期から幼児期までの認知能力の発達研究で大きな貢献をしたのは，スイスの心理学者ピアジェ（Piaget, J.）です。彼は自分の子ども3人を対象に，巧みな場面を作り出しながら彼らの認知能力の発達を綿密に観察しました。0歳から2歳までを感覚運動期と名づけ，この時期をさらに6段階に分けています。

（2）表象とは一般には，知覚したイメージが記憶に保たれ，再び心のうちにあらわれた作用をいいます（イメージそのものを含めて呼ぶこともあります）が，元来は「なにか（に代わって）他のことを指す」という意味です。なお直接に事物・事象を心に浮かべる働きを一次表象作用というのに対して，自分または他者が一次表象をもっていることを思い浮かべる働きを二次表象作用とよびます。Meta（を超えて）の意味を付してメタ表象作用（メタ認知）とよばれます。

彼によれば，感覚運動的な行動に代わって，生後2年目の終わりに生起する第6段階の「あるものを他のもので表現する」象徴機能の発達こそがことばの獲得を可能にし，子どもの精神機能を質的に転換させると考えました（第1章4節も参照）。

象徴機能は言語機能の中核をなし，象徴機能の発現とともに組織的なことばの獲得が急激に可能になります。たとえば「りんご」という音声を聞いたとき，赤，青，黄緑の色をして，丸い形をした，食べると甘酸っぱい味がする果物を私たちは思い浮かべます。「りんご」という音声で「りんご」がもつさまざまな意味（概念）をあらわします。このように「意味するもの（能記）」と「意味されるもの（所記）」の関係が成立するとき，主として前者を後者についての記号とよびます。

ことばの獲得には表象関係を理解する認知能力が必要です。また，象徴機能の発達は，ことばだけでなく，さまざまな表現活動，身振りや象徴遊び[3]，描画行動を生み出していきます。象徴機能の発現はピアジェ（Piaget, 1948/1978）によれば，生後2年目の終わりを待たねばなりません。

（2）音声への意味づけ（ことば）とモノへの意味づけ（遊び）

①ことばの表出と象徴遊びの関係

音声に意味づけがなされことばが発達し，モノを使った遊びはモノに意味づけがなされ発達していきます。両者は象徴機能の発達を反映し密接に関係しています。遊びは子どもの自発的行動であり，強制された検査事態と違い，子ども本来の能力をとらえることができると考えられます。遊びは，玩具や事物へ子どもがどのように反応し，操作するかという観点から認知発達をみることができます。生後2年目に入ると，子どもは，事物をふり遊びの中で使用します。ふり遊び，象徴遊びの発達傾向については，脱文脈化，脱中心化（自己と他者関係），脱材料化（事物の代置），統合化（系列をなした結合）の観点から分析が

---

[3] 小石を飴玉にみたてるように，あるものを他のものや自分の動作に代理させるのに，象徴（シンボル）を使用した遊びです。象徴遊びのひとつがふり遊びです。

できます（後述）。

　ことばと遊びの関係についての知見は，ピアジェ（Piaget, 1948/1978）やウェルナーとカップラン（Werner & Kaplan, 1963/1974）によるところが大きいのです。ウェルナーとカプランによると，身振り媒体の自律化は子どもの遊び(4)の領域でもっともはっきりと観察されます。そして，シンボル（象徴）的な遊びは，模倣活動と，自然の事象や事物とはまったく異なった（恣意的言語記号のような）シンボル形式との中間に位置します。初期言語発達と遊びの関係についての研究の多くは，象徴遊びが出現する12か月以降の子どもを対象とし，ことばの表出と象徴遊びの相関や出現時期の対応について報告しています。

②小椋（1988）の研究

　筆者が行った，8か月から多語発話出現まで，4人の子どもの家庭を3週間間隔で訪問して縦断的に彼らを観察した事物の操作（物を使った遊び）と言語発達の関係の研究（小椋，1988）を紹介しておきます。

　遊び（事物操作活動）は，食事，身づくろい，入浴，人形，積木などのオモチャを用意して録画し，子どもがどのようにオモチャを扱うかを，表2-1にあげた遊びのカテゴリーに分類しました。遊びのカテゴリーは4つの視点を含んでいます。第一は「脱文脈化」とよばれ，現実生活の文脈から離れて起こる行動です。ふり遊びは現実から離れた行動であると言えます。第二は「脱材料化」と言われ，意味するものと意味されるものの距離化の程度のことです。た

（4）ウェルナーとカプラン（Werner & Kaplan, 1963/1974）の用語で，表示作用をもった媒体が十分に自律的であると言えるためには，まず，その媒体がそれによって表示される事象からはっきりと分化していなければなりません。ごっこ遊びでは遊びの活動の外にある何ものかを表示するという志向性をもっていて，子どもの成長とともに遊び的な表示活動の領域が「本気の領域」から切り離されて，ますます自律的になるとウェルナーとカプランはのべています。例として，石炭担ぎの人をあらわすのに，一方の肩にタオルをかけ，こっちによろよろあっちによろよろとぎこちなく石炭を運ぶ人夫のまねをする2歳8か月の子どもの例をあげています。タオルと自分の身体を表示媒体として普段の歩き方にはみられない特徴で，石炭担ぎの人夫を身振りにより描き出していることは身振りの自律化が起こっていると言えます。

表2-1 事物操作活動のカテゴリー

カテゴリー			内容	例
単純操作			玩具を口へいれる,ふりまわす,たたく	積木を口へいれる
感覚効果操作			既得の感覚運動的行動を対象に適用した結果対象物の性質にあっていて感覚効果を生ずる	ガラガラをならす 鏡をみる
関係づけ操作	無関連関係づけ		機能的に関連のない2つ以上のものを結びつける	皿をガラガラでたたく ボールをコップにあてる
	無関連関係づけ以外	容れもの関係づけ	容れものと容れられるものの関係づけ おくものとおかれるものの関係づけ	積木をコップにいれる 積木の上にコップをのせる
		グルーピング	同じもの,同じ種類のものを結びつける	積木を積む
		機能的関係づけ	機能的に関連のある2つ以上のものを結びつける	皿の上にコップをおく 哺乳びんのふたをしめる
事物への身振りでの命名行為			事物の適切な用途を動作で示す	ブラシで髪をとかす
象徴遊び	自己へのふり遊び		自分に関係した活動でふり遊びをする	コップからスプーンですくい食べるふりをする
	人形・他者へのふり遊び		人形や他者が動作の受け手となったふり遊びをする	人形や大人へコップからスプーンですくい食べさせるふりをする
	代置		対象物をそれとは異なる物としてみたてる	積木を汽車にみたてて動かす
	行為が結合し系列をなしたふり遊び	単一シェマ	1つのシェマが一連の動作者や受動者に適用されたふり遊び	人形の髪をブラシでとかし,自分の髪もとかす
		多シェマ	いくつかのシェマが組みあわされ,系列をなしたふり遊び	スプーンをコップに入れかきまわし,容器からコップへなにかを入れてスプーンを口へもっていき食べるふりをする
		複合シェマ	多シェマを一連の受動者に適用したふり遊び	スプーンでコップをつつき,コップからすくい食べるふりをして,大人の口へスプーンをもっていき食べさせるふりをする

(出所) 小椋(1988) p.21.

とえば,スプーンが電話の受話器に見たてられるように,本来の事物の用途から離れ,他のものに代置されることです。事物を振ったり,なめたりするなど,本来の用途において不適切な事物の取り扱いをしていた子どもが,事物の用途がわかり,さらに用途から離れ,あるものを他のものに代置させることで,事物に対して意味するものと意味されるものの関係の象徴化の程度が高次になっていくこととも言えます。第三は「脱中心化」とよばれ,操作の対象が自分から他人や人形に移行していく過程です。たとえば,自分が食べるふりをしていたことから,人形や大人へ食べさせるふり,さらには人形自身が食べるふりをするといったものです。第四は「統合化」とよばれ,断片的であった行為が相互に関連づけられ,脈絡をもち系列をなした遊びを構成していくことです。

　はじめてのことばの出現（初語）,指示する対象が明確な指示語の出現,語彙の増加,二語発話の出現の4つの言語発達の節目と遊びの下位カテゴリーの出現時期との対応を明らかにし図2-7に示しました。事物操作が象徴遊びに至る過程と,初語の発生から二語発話出現に至る過程の進展が時期的にかなり一致して展開していくことがわかります。

　初語の出現時期と物と容器の関係や機能的に関連あるものを関係づける関係づけ操作時期,また,「ワンワン」「バータン」のような指示事象・指示対象の明確な叙述・命名のことばである指示語の出現と,ブラシで髪をとかすなどの事物の適切な用途を動作で示す事物への身振りでの命名行為の出現時期がほぼ対応していました。次に,語彙の増加（90分間の観察で語彙数が11以上になり,前回に比べ急増）,指示代名詞（これ,あっちなど）,成人語（パン,はな,ねこ,ぞーしゃんなど）,「あった」の出現は,ほぼ同時期で,その時期は個人差がありますが,音声（能記）と,それにより意味されるもの（所記）の関係が成立してきた時期と言えます。事物操作活動で,ある事物を他のものに見たてる代置の見たて遊びが出現しています。積木を食べ物に見たてて,食べるふりをするといった行動です。この代置の成立におけるシンボル（意味するもの・積木）,対象（意味されるもの・食べ物）,対象のイメージの関係は,すでに図2-6に示しました。ピアジェ（Piaget, 1962）は,「象徴シェマ（symbolic schemas）」

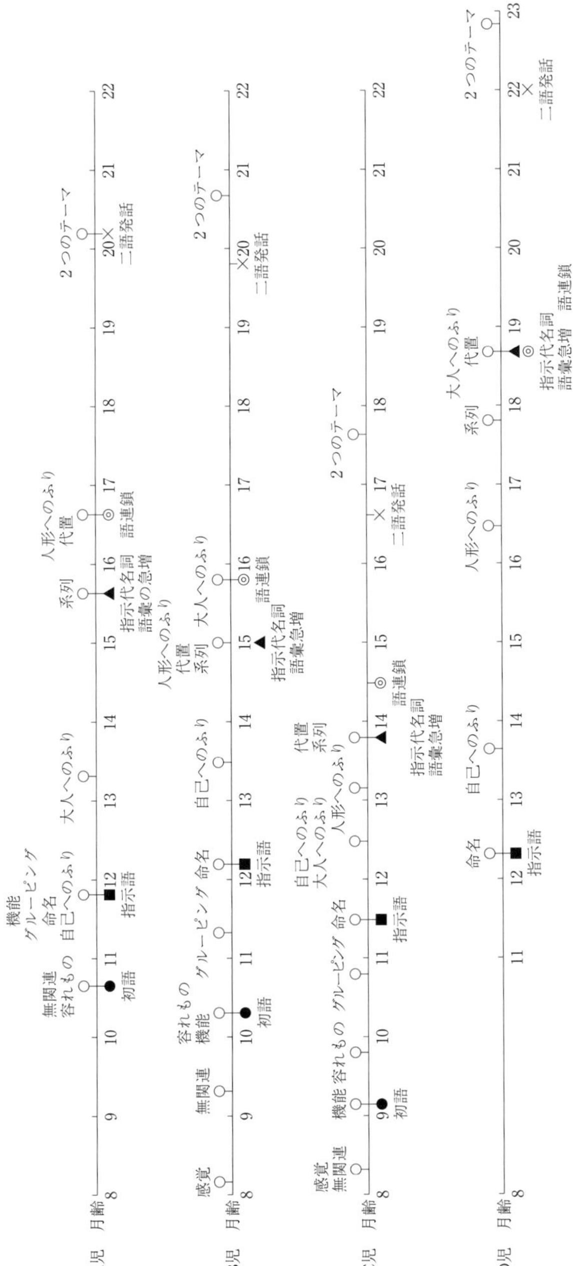

第 2 章　ことばの発達の準備期（前言語期）

図 2-7　4 児の事物操作活動の下位カテゴリーと言語の出現時期（月齢を示す線の上は事物操作活動，下は言語生産を示す）
（出所）小椋（1988）p. 22.

第Ⅰ部　ことばの発達についての基礎知識

（眠るふりや食べるふりをするような現実の文脈以外で，また，通常の目的がなくて，感覚的運動シェマを再現すること）はこの代置が遂行されるとき，真のシンボルとして機能することを述べています。意味するものと意味されるものの恣意的な関係が，言語面，認知面で成立してきています。次は，文法出現期です。2つのテーマの象徴遊び（例：入浴と身づくろいの2つのテーマ）と，二語発話（自立語二語（例：コエ（レ）アッタ，ワンワンデタ））の出現時期がほぼ対応していました。

③マッキューン（McCune, 1995）の研究

　マッキューン（McCune, 1995）は，8-24か月児の102人のデータからふりのはじまりと語彙発達のはじまりとの連関，語結合とふりの2タイプ以上の結合（例：食べるふりをしてから食器を洗うふりをする）の出現との連関，多語発話の優勢と内的過程が関与した階層的遊び（先行する内的な意図に基づいた過程が関与した遊び。たとえば，ブロックを積む用途として使うだけでなく，ブロックをカップにも見たて，ブロックに二重の表象を与える代置の遊びや，遊びの中であらかじめたてた計画性に基づき，ないものを探す，人形が行為主になる遊び）の連関を報告しています。また，横断データ(5)の回帰分析(6)から文法発達の指標である平均発話長を規定しているのは，年齢と遊びの水準であることを報告しています。また，10人の子どもの縦断観察から，ことばと遊びの構造的かつ時間的な関連を支持するデータも得ています。これらはことばと遊びの関係の因果を示

（5）行動発達の研究資料収集方法には横断法と縦断法があります。横断法は異なる年齢集団の対象に対して同時に資料を収集する研究法です。これに対して縦断法は同一の対象を長期にわたって追跡し資料を収集する研究方法です。
（6）遊びの水準とことばの発達の水準で相互依存の関係にある2変量があるとき，一方の数値が与えられたとき，他方の数値を予測することができます。予測したい変数のことを目的変数（被説明変数）と言い，目的変数を説明する変数のことを説明変数（または独立変数）とよびます。目的変数は一つですが，説明変数の数はいくつでもよく，説明変数が2つ以上のときは重回帰，一つのときはとくに単回帰とよびます。ここでは，ことばの発達の平均発話長を目的変数としたときに，年齢と遊びの水準が説明変数になるということです。

しているのではなくて，ことばと遊びの発達は，基底にある心的表象の発達により影響されていること，また，両者とも複数の領域での発達が必要であることを示しています。たとえば，スピーチには音声のコントロールが必要であり，一方，初期の表象の遊びも事物をみたり，いじる能力が必要なように，ことばにも遊びにも共通の能力とそれぞれの固有の能力が関与していることを示しています。

④遊びを見ることの意味

　遊び（事物操作）とことばは並行して発達していくので，ことばの獲得が遅れている子どもをみる際に，その子どもの遊びの様子は何の原因によりことばが遅れているかについての情報を与えてくれます。見たて遊びをしているのにことばの表出がない場合，遊びの面でのシンボル機能が育っていることは確証できます。このような事例では，ことばの表出面の遅れは認知発達の遅れにあるのではなく，表出面の音声のコントロール面の問題が関係していると考えられます。このように遊びの面で認知機能の発達をおさえておくことは，診断，評価の面で大いに役立ちます。

　毎日の保育の中で子どもがモノを使って人と遊びをすることが，子どものことばの発達の基盤になっています。子どもの生活は遊びといわれています。子どもの自発的な遊びを保障するために，発達に応じた玩具などモノの環境を準備してあげることが必要です。

　第Ⅱ部第8章2節の保育の中でのままごと遊びの実践例や，第Ⅲ部第9章1節，第11章1節の遊びを通してのことばの発達の支援の説明で象徴遊びと言語発達の関係について再びふれます。

（3）ことばの発達と模倣能力の関連

　一般に，模倣は先行した行動を観察した結果生じる類似した反応と定義されています。模倣についてはメルツォフとムーア（Meltzoff & Moore, 1977）の新生児模倣[7]の発見以来注目され，最近の研究では，いろいろな分野からの研究

が行われ，人間の知能，とくに言語，文化，他者の心を理解するのに根本的に必要な，たぐい稀な能力として位置づけられています（Hurley & Charter, 2005）。

カーペンターら（Carpenter, Nagell, & Tomasello, 1998）は，模倣学習は環境の中の何かにむけての大人の意図や注意を乳児がモニターしている三項関係の中で生起し，子どもは観察の結果としてモノへの新しい行動を学習していると考えています。彼らは模倣について，意図読みを含む恣意的な模倣（例：腰をまげて箱の上におでこをつける。この行為をすると箱の後ろのランプがつく）と意図の理解なしにおこる道具的模倣（例：箱のちょうつがいをあける）をわけて考えています。カーペンターらは道具的行為の模倣や恣意的な模倣が出現する年齢が指示語の出現と相関(8)していることを報告しています。模倣学習は他者の意図が何であるかの理解や，注意を必要としており，とくに，他者の行動が目標と行動手段に分かれている事実を理解する必要があります。ちょうど1歳ごろに子どもは言語シンボルの模倣学習を含むこの種の模倣学習をすることができるとしています。

チャーマンら（Charman et al., 2000）は，20か月での道具的動作の模倣（例：小さい箱のくぼみにボタンがありそれを押すと音がなる）の遂行が44か月のレイネル言語発達検査の表出言語と有意な相関があり，20か月のときの知能や言語の影響を一定にする（模倣だけの効果をみるために20か月の知能や言語の結果が反映されないように偏相関係数を算出）と有意な相関の傾向があったことを報告しています。そして理解言語とは相関がありませんでした。ヘイマンら（Heimann et al., 2006）は14か月の延滞模倣(9)が語彙理解を予測することを報告しています。模倣の種類や年齢は異なりますが，ことばの発達と模倣には相関

（7）生後間もない新生児において舌出し，口を開ける，口をすぼめるなどの他者の顔の動きなどを模倣する現象。
（8）2つのデータ群に関連性があるとき，2つのデータ群には相関があると言います。ここでは遊びの水準が高いほどことばの発達の水準が高いということです。
（9）遅延模倣とも言います。いったんモデルの行動を眼前で見聞きして，モデルがいなくなったのち一定時間をおいてそれを模倣することを言います。延滞模倣が可能になるためにはいったん見聞きしたモデルのイメージを記憶として保持しておかなければなりません。

があることを示しています。

　模倣は自己・他者の理解，コミュニケーションの成立，さらにはことばを含めた種々の技能の獲得で非常に重要な役割を担っていると言えます。動作模倣には，他者の動作への注意，記憶，コード化，モデルの視覚表象と自己の運動を統合する表象システムの発達や，自己と他者についての対人的理解の発達が必要です。音声模倣は，目に見えないものの模倣であるという点とモデルが聴覚表象であるという点以外は，動作模倣と同様のメカニズムが関与していると考えられます。

　第Ⅲ部で概説する自閉スペクトラム症児においては模倣とことばの欠陥が報告されています。共同注視，模倣，遊びは相互に関係し，ことばの獲得の基盤になっていると考えられます。

　最近の脳科学の研究（Rizzolatti et al., 1999）で，他者の行動をみたり，模倣したりする際に発火するミラーニューロン[10]が注目されています。ミラーニューロンの存在が想定されているF5野[11]は発語に必要な運動をコントロールする領域であるブローカ野に相当する場所で，模倣・コミュニケーション・ことばの関連は脳的基盤に裏づけられているとの説もあります。

　保育の中で保育者がモデルになって毎朝行う手遊びの模倣をはじめ，毎日の生活で大人がすることをみて，子どもはまねをしています。これらのことはすべてことばの発達の基礎になっていると言えるでしょう。

（4）ことばの発達とカテゴリー化能力
①カテゴリー化能力とは
　私たちは世界にあるさまざまなモノや出来事を分類し，分類したグループに多くの場合，名前をつけます。自分の家で飼っている犬にも隣の家の犬にも

---

(10) 自分である行動をするときにも活動しますが，他の個体がその行動と同じ行動をとっているのを見ているときにも活動する神経細胞群のことです。
(11) 前頭葉にあり，前運動野という領域の中に位置していて，動作したり動作を予測したりするのに関与しています。

「イヌ」というラベルをつけています。ことばは一つ一つの事物や事象に対してのラベルではなく、モノや出来事のカテゴリーをさしています。

トマセロ（Tomasello, 1997）は、本章3節で述べましたが、語彙獲得の認知的基盤として、①他者が何について話しているのか、その指示対象を認知し、カテゴリーをつくることを可能にする子どもの能力と、②他者がことばを話しているときに、その他者の意図が何かを理解できる子どもの能力をあげています。

子どものことばの獲得の土台にはカテゴリー化能力の発達が必要です。カテゴリー化とは、一群の事物を何らかの意味で同じものとして扱ったり、同じ山に積み上げたり、同じ名前で呼んだり、同じやり方で反応したりする能力です。

ロッシュ（Rosch, 1978）はヒトは階層的に構造化された集合としてモノをとらえていると考え、基礎レベル、下位レベル、上位レベルの3つのレベルを区別しました。動物—鳥—スズメという階層でいえば、基礎レベルは「鳥」にあたり、このカテゴリーのモノは共通の属性を多くもっています。下位レベルはもっと個別的なカテゴリーでここでは「スズメ」にあたります。上位レベルはもっと一般的なカテゴリーでここでは「動物」にあたります。基礎レベルが認知的負荷がもっとも少なく、最初に精密なものになり、乳幼児期で優勢なカテゴリーは基礎レベル（たとえば、イヌ、ネコ、乗用車）が中心です。

②乳幼児のカテゴリー化能力についての研究

最近の研究で乳児はごく早期からカテゴリー間の区別ができていることがわかってきています。以下、ヴォークレール（Vauclair, 2004/2012）に紹介されている乳幼児のカテゴリー化能力の研究を引用します。乳幼児のカテゴリー化能力をいろいろな方法で明らかにしています。

3-12か月児に対しては新奇なモノに対する飽きからの回復を利用した慣化—脱慣化パラダイム（慣化法：本章1節参照）を用いて、さまざまな視覚刺激に対する探索（注視）時間の違いを調べて、カテゴリーの違いを知覚しているかどうか調べます。たとえば、クインら（Quinn, Eimas, & Rosenkranz, 1993）の研究で「ネコ」「イヌ」の基礎カテゴリーの映像をカテゴリー化する能力を

調べています。慣化段階では，一つのカテゴリーに属する18の事例が乳児に呈示され，それぞれのカテゴリーごとに慣化の基準に達するまでの注視時間が測られます。次に対にした刺激でテストを行い，たとえば，「イヌ」のカテゴリーの場合，新しい犬の写真が鳥の写真と対にして呈示されます。その結果，乳児は鳥（新しい刺激）に対して有意な好みを示し，「イヌ」のクラスと「トリ」のクラスを区別していることが明らかになり，クインらは3か月以降の乳児が，自然カテゴリーに対応する知覚カテゴリーを形成する能力をもっていると結論づけています。

また，視覚的な探索に基づく慣化—脱慣化の方法以外にも，反復タッチング法，模倣の般化による方法を使い，カテゴリー化能力の実験が行われています。

反復タッチング法は，13-30か月児に適用されている方法で，2つのカテゴリーに属するモノの模型（たとえば，動物と乗り物）が子どもに与えられて，子どもは，同じカテゴリーに属するものを偶然より高い確率で繰り返し触る傾向があるということでカテゴリー化能力を調べています。たとえば，基礎カテゴリーとしての犬と車のカテゴリー化ができているかどうか調べるのに4種類の犬，4種類の車を用意して，子どもが同じカテゴリーのモノに偶然より高い確率で繰り返し触る傾向があるかどうかをみます。手による探索課題は，反復タッチング法の変形した課題で，7-11か月児に適用されています。慣化段階で一つのモノの模型に次々に触り，テスト段階では2つのモノ（一つは先ほど触ったモノと同じカテゴリーに属するモノ，もう一つは新しいカテゴリーに属するモノ）が呈示され，カテゴリー化ができているならば，新しいカテゴリーに属するモノに長く触るという仮説が立てられています。

模倣による般化の方法は9-14か月児に適用され，実験者がさまざまなクラスの模型（たとえば動物や乗り物）に対して一連の行為をします。子どもは先ほど見たモノのカテゴリーに属する（あるいは属さない）新しいモノが目の前に置かれたときに，そのモノにむけて行われた行為を模倣するかどうか調べます。モデルと同じカテゴリーに属する新しいモノに同じ行為をして，他のカテゴリーの新しいモノにしなければ子どもはカテゴリーの区別ができているとい

えます。たとえば、ヴォークレール（Vauclair, 2004/2012）があげている例では、実験者がベッドの上に犬を置き、「おやすみ」と言って、イヌをとんとん叩きます。そのあと、観察したカテゴリーに属すモノ（イヌ、ウサギ、魚）と別のカテゴリーに属するモノ（飛行機、トラック、乗用車）を与えて子どもに先ほど呈示した行為を模倣させます。14か月児は同じカテゴリーの新しい事例に行為の模倣を正しく般化させていたということです。

③ことばの発達とカテゴリー化能力の関連性

このような方法を用いて乳児のカテゴリー化能力の研究がされています。用いられる方法により結果は異なっていますが、マンドラー（Mandler, 2004b）はいくつかの研究の結果から、9か月までにことばを獲得することを可能にする概念システムが発達しているとしています。

ことばの発達とカテゴリー化能力の発達の関係を示すいくつかの研究があります。ゴプニックとメルツォフ（Gopnik & Meltzoff, 1987）は新しいモノの名前をたくさん言えるようになる名詞爆発期の少し前か同時期に、2つのグループにモノをわけてカテゴリー化する能力が発達していることを示しました。カテゴリー化能力が、ことばの発達の中でもとくに語彙理解と密接に関連しているという研究もあります（Gershkoff-Stowe et al., 1997）。

第3章1節（3）③で述べますが、子どもは「ワンワン」をイヌだけでなく、ネコ、ウマ、ウシなどのあらゆる四足動物に使い、過大般用します。これは犬、猫、馬、牛の各動物のカテゴリーの区別がまだ確立していないことからきています。

子どもが多数のモノや出来事の中の知覚的類似性や共通性をみつけだす知覚的能力がカテゴリー形成の基礎となっていますので、子どもが手や目で知覚、操作できるモノの環境を整えることが保育や育児の面からは重要になります。また、動物や乗り物や家具や食べ物など日常生活の文脈から子どものカテゴリーが形成されるので、そのような経験の機会を子どもにたくさん与えてあげることも重要です。

第3章
ことばの発達の道筋

1　語の獲得の道筋

（1）喃語から有意味語へ

　ことばとは，子どもの音声の形が大人の語に類似していて，事物，場面との関連で一貫して使用されるものとの定義（Vhiman & McCune, 1994）もあり，機能と形態の両方の基準がことばとして同定される条件といえます。子どもの発する音がことばとして真の命名に移行していく時期として3つの時期があげられています。第一は，9-10か月ごろに慣用的な音を発し，また，ことばを理解しはじめる時期です。喃語のマンマンマンに食べ物の意味が付与され「マンマ」と表出します。第二は，12-13か月の大人からみると命名の機能をはたしている「ワンワン」「マンマ」などの2-3の音の系列を言う時期です。第三は，16-18か月の，語彙が急増し，単語で自分が表現したい意味を伝えられる時期です。

　岡本（1982）は図3-1に示すように，一人の女児の生後7か月から1歳5か月までのほぼ1年間の自発的発声と模倣的発声の開始時期の発達的関係をあげ，大きく3つの時期にわけています。第1期は主として10か月ごろまでで，自発的に発声される喃語として出発したものが，意味化し，模倣が可能になる時期です。マンマ，ニャンニャンのような，最初は自己の音声システムの中にあり自発的使用が可能であったものが意味化され，さらに9か月ごろから相手がそれを言ってやったとき，模倣が可能になる時期です。第2期は10か月ごろから1歳2か月ごろまでで模倣的に発声した語が自発的使用に至る場合です。

第Ⅰ部　ことばの発達についての基礎知識

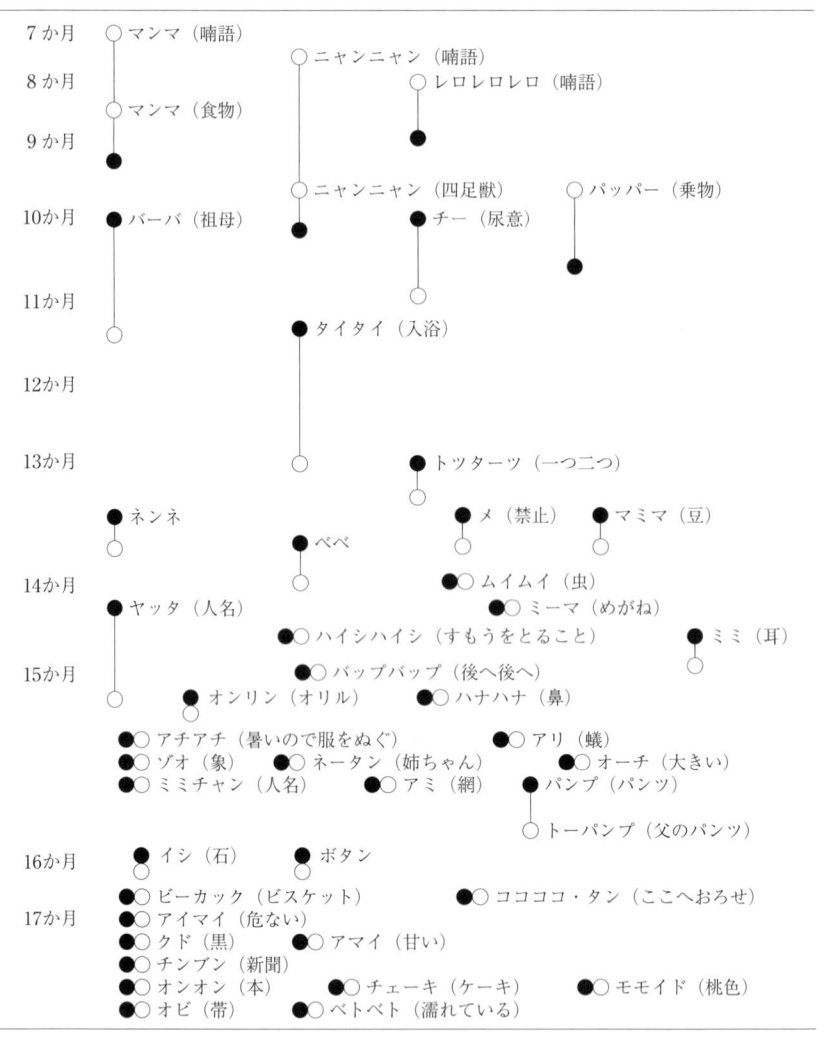

7か月	○マンマ（喃語）
8か月	○ニャンニャン（喃語）　○レロレロレロ（喃語）
9か月	○マンマ（食物） ● ●
10か月	●バーバ（祖母）　○ニャンニャン（四足獣）　○チー（尿意）　○パッパー（乗物）
11か月	● ● ●
12か月	○
13か月	●タイタイ（入浴）
14か月	○　●トッターツ（一つ二つ）
	●ネンネ　●ベベ　●メ（禁止）　●マミマ（豆）
	○　○　●○ムイムイ（虫）
15か月	●ヤッタ（人名）　●○ミーマ（めがね）
	●ハイシハイシ（すもうをとること）　●○ミミ（耳）
	●○バップバップ（後へ後へ）
	●オンリン（オリル）　●○ハナハナ（鼻）
	●○アチアチ（暑いので服をぬぐ）　●○アリ（蟻）
	●ゾオ（象）　●○ネータン（姉ちゃん）　●○オーチ（大きい）
	●○ミミチャン（人名）　●○アミ（網）　●パンプ（パンツ）
	○トーパンプ（父のパンツ）
16か月	●イシ（石）　●ボタン
17か月	●○ビーカック（ビスケット）　●○ココココ・タン（ここへおろせ）
	●○アイマイ（危ない）
	●クド（黒）　●○アマイ（甘い）
	●チンブン（新聞）
	●○オンオン（本）　●○チェーキ（ケーキ）　●○モモイド（桃色）
	●オビ（帯）　●○ペトペト（濡れている）

図3-1　N児の自発的音声と模倣的音声の開始時期の関係（○最初の自発的音声，●最初の模倣的音声）

（出所）　岡本（1982）p.133.

表3-1　50%通過率を超える理解語20語

語彙項目	月齢	カテゴリ	幼児語の場合のカテゴリ
バイバイ	10か月	日課とあいさつ	
（イナイイナイ）バー	11か月	日課とあいさつ	
マンマ（食べ物）	12か月	幼児語	食べ物
おいで	12か月	その他	
ちょうだい	12か月	日課とあいさつ	
だめ	12か月	日課とあいさつ	
ワンワン（犬）	12か月	幼児語	動物
自分の名前	13か月	人々	
あーあっ	13か月	幼児語	感嘆詞
ネンネ	13か月	幼児語	動作語
どうぞ	13か月	日課とあいさつ	
ありがとう	13か月	日課とあいさつ	
ママ	13か月	人々	
パパ	13か月	人々	
だっこ	14か月	幼児語	動作語
アイタ（いたい）	14か月	幼児語	感嘆詞
オイチィ（美味しい）	14か月	幼児語	ようす・性質
ごはん（食事）	14か月	日課とあいさつ	
ごちそうさま	14か月	日課とあいさつ	
はい	14か月	日課とあいさつ	

（出所）　小椋・綿巻・稲葉（2016）p. 118.（改変）

理解は可能であったが，自らは発することができなかった語が，まず模倣的に発声可能となり，それを繰り返すうちに自発的使用が可能になっていきました。第3期は模倣的音声と自発的音声が同時形成されることが可能になる場合です。また，図3-1には示されていませんが，理解語のレパートリーに入っていたが模倣しようとしなかった語が模倣段階を経ずに，ただちに自発語として用いられることもあり，語彙の急増期に入っていきます。

（2）いつごろ，どんな語がわかるようになるのか？

　ことばの発達は「言う」（表出面）と「わかる」（理解面）があります。ことばの理解は表出面に先行し，子どもは，日常生活で言われることばを身振りや表情，イントネーションなどを手がかりに理解していきます。たとえば，「こっちおいで」ということばは日本語マッカーサー乳幼児言語発達質問紙

（JCDIs と以下略記）の結果では10か月の子どもの55％が理解していました。「こっち」「おいで」という語を各々正確に理解して反応しているのではなく，全体としての文の意味を話し手の非言語行動を含めて，文脈全体の中から理解して適切な行動をとることができるのです。表3-1にJCDIsの標準化データの各月齢の出現率から早期に獲得される理解語彙20語を示しました。早期理解語についての語彙カテゴリーをみると，人とのインタラクションに使われる「バイバイ」「ちょうだい」「だめ」「どうぞ」「ありがとう」「ごちそうさま」「はい」の「日課とあいさつ」の語彙カテゴリーに含まれる語や，「マンマ」「ワンワン」「ネンネ」「だっこ」の幼児語や，「自分の名前」「ママ」「パパ」の語が早期に理解されていました。早期に理解される語と次に述べる早期に表出する語で重複している語も多いのです。一方，動作をあらわす語は次に述べる表出の早期語彙にはありませんでしたが，ネンネやダッコの幼児語で動作をあらわす語が理解語彙には含まれていました。子どもの生活に密着した語が早期に獲得されていきます。

（3）いつごろ，どんな語を話すようになるのか？
①初期に獲得される表出語

次に初期に獲得される表出語についてみてみましょう。アメリカで親の報告から8-30か月の子どものことばの発達を評価するマッカーサー乳幼児言語発達質問紙（CDIs）（Fenson et al., 1993）が開発され，各言語版の作成が行われています。本書第6章2節で紹介するJCDIs（小椋・綿巻，2004；綿巻・小椋，2004）の8-36か月の標準化データ4,091人の子どもの各語彙の出現率（小椋・綿巻，2008），小林・永田（2008）の「gooベビー」のweb日誌による投稿からの早期出現語彙，小山（2009）の一女児の毎日の記録から早期出現語彙20語をとりだし表3-2に示しました。3種類のデータ収集の方法は違っていますが，初語が「まんま」であるのは3データで一致し，わんわん，はい，ママ，ニャンニャン（小山ではニャー）は3種類のデータで共通していました。また，ワンワン，ブーブー，ネンネ，ニャンニャン，ナイナイ，バーバ，クック，タ

第3章　ことばの発達の道筋

表3-2　日本の子どもの早期表出語

順位	JCDIs 横断データ 小椋・綿巻（2008）			Web 日誌 小林・永田（2008）			一女児の縦断データ 小山（2009）	
	語彙項目		50%通過月齢	語彙項目		平均獲得月齢	語彙項目	出現月齢（月：日）
1	マンマ（食べ物）		15	まんま		14.4	マンマ	12：06
2	（イナイイナイ）バー		15	はい		15.6	ハーイ	13：11
3	ワンワン（犬）		15	ばー（いないいないばー）		15.6	ニャー	13：17
4	あーあっ		15	ママ		15.8	あった	14：06
5	バイバイ		16	パパ		15.9	ママ	14：07
6	はい		17	わんわん		16.4	テッテッテ（手）	14：16
7	ブーブー（車）		17	バイバイ		16.5	イタタタ	14：17
8	アイタ（いたい）		17	ないない		16.5	ジャージャー	15：04
9	ネンネ		17	おっぱい		16.8	ワンワン	15：17
10	ニャンニャン（ネコ）		17	ねんね		16.9	パパ	16：09
11	バーバ・ババ（祖母）		17	よいしょ		17	パンマン	16：16
12	クック（靴）		18	ニャンニャン		17.5	バーチャン	17：16
13	ないない（片づけ）		18	くっく		17.8	ジー	17：21
14	ママ		18	たっち		17.8	プリ（ン）	18：01
15	パン		19	おかあさん		18.1	ギュニュー	18：02
16	あった(見つけた時に)		19	アンパンマン		18.3	ジージー	18：08
17	だっこ		19	おとうさん		18.4	ポーン	18：08
18	お茶		19	どうぞ		18.5	ジャー	18：08
19	牛乳		19	パン		18.7	キティ	18：12
20	手		19	いや		18.7	ブーン	18：12

（出所）　小椋（2011）p. 171.

ッチ，ジージーといった幼児語が早期出現語彙の多くを占めています。養育者のことばかけにより子どもが言うことばは異なり，日本の養育者は子どもに育児語で話しかけるので，他の文化圏の子どもよりも幼児語が多いことが報告されています。また，縦断観察の小山のデータは初語3語に達する月齢が13か月とはやいですが，JCDIsとWeb日誌ではほぼ15か月で，20語に達した月齢は3種類のデータで18-19か月でした。日本の子どもの早期表出語彙の内容はデータ収集方法が異なっていても，かなり共通性が高いといえます。

②どんな**語彙カテゴリー**が獲得しやすいか？

　JCDIsの「語と文法」版の語彙カテゴリーの獲得状況についての小椋・綿巻（2008）の研究からみてみましょう。幼児語カテゴリーからその他のカテゴリ

第Ⅰ部　ことばの発達についての基礎知識

表3-3　18, 24, 30, 36か月の語彙カテゴリーの獲得

カテゴリー	語数	18か月	24か月	30か月	36か月
A．幼児語	12	5(41.7)	11(91.7)	11(91.7)	11(91.7)
B．動物の名前	43	0(0.0)	19(44.2)	41(95.3)	43(100.0)
C．乗り物	14	0(0.0)	5(35.7)	12(85.7)	13(92.9)
D．おもちゃ	18	0(0.0)	3(16.7)	12(66.7)	17(94.4)
E．食物と飲み物	68	0(0.0)	29(42.6)	67(98.5)	67(98.5)
F．衣類	28	0(0.0)	6(21.4)	12(42.9)	16(57.1)
G．体の部分	27	0(0.0)	13(48.1)	23(85.2)	27(100.0)
H．家具と部屋	33	0(0.0)	4(12.1)	17(51.5)	19(57.6)
I．小さな家庭用品	50	0(0.0)	9(18.0)	31(62.0)	41(82.0)
J．戸外のもの	31	0(0.0)	4(12.9)	18(58.1)	23(74.2)
K．おでかけ	22	0(0.0)	2(9.1)	10(45.5)	12(54.5)
L．人々	29	1(3.4)	11(37.9)	20(69.0)	23(79.3)
M．日課とあいさつ	25	3(12.0)	21(84.0)	25(100.0)	25(100.0)
N．動作語	103	0(0.0)	11(10.7)	89(86.4)	102(99.0)
O．時間	12	0(0.0)	0(0.0)	5(41.7)	10(83.3)
P．ようす・性質	63	0(0.0)	12(19.0)	42(66.7)	63(100.0)
Q．代名詞	22	0(0.0)	4(18.2)	6(27.3)	15(68.2)
R．質問	10	0(0.0)	0(0.0)	6(60.0)	8(80.0)
S．位置と場所	26	0(0.0)	0(0.0)	5(19.2)	14(53.8)
T．数量	17	0(0.0)	3(17.6)	15(88.2)	16(94.1)
U．接続	6	0(0.0)	0(0.0)	0(0.0)	2(33.3)
V．幼児語（その2）	29	4(13.8)	17(58.6)	16(55.2)	20(69.0)
W．会話語	14	0(0.0)	4(28.6)	10(71.4)	14(100.0)
X．その他	9	0(0.0)	4(44.4)	8(88.9)	9(100.0)
合　計	711	13(1.8)	192(27.0)	501(70.5)	610(85.8)

(注)　(　)は各カテゴリーの語数に占める割合
(出所)　小椋・綿巻（2008）p.39.

ーまでの各語彙カテゴリーごとに50％の子どもが言えた語数をリスト語数で割った語彙表出の通過率を表3-3に示しました。

　18か月で50％の出現率を超えた語彙カテゴリーは幼児語（A．幼児語とV．幼児語（その2）の合計）が9語（22.0％）と日課とあいさつ3語（12.0％），人々1語（3.4％）だけでした。24か月で50％の出現率を超えた語数は192語と急激に増大しました。物の名前のカテゴリーである動物の名前，乗り物，おもちゃ，食物と飲み物，衣類，体の部分，家具と部屋，小さな家庭用品を合計すると，88語で総表出語数（192語）に占める名詞の割合は45.8％でした。動詞（動作語）は11語で総表出語数に占める割合は5.7％，形容詞（様子・性質）は

12語で6.25％で，名詞が総語数に占める割合が動詞，形容詞に比べ8倍近い値でした。子どものことばの獲得において物をあらわす名詞を動作をあらわす動詞よりもはやく獲得することは多くの言語で報告されています。ゲントナー（Gentner, 1982）は，初期の子どもの語彙では名詞により記号化される"人や物のような具体的概念"は，認知的に利用するのが活動概念を記号化する動詞よりも容易なので，また，私たちが知覚世界を語彙化するとき，動詞のような関係をあらわす語への指定は，多くの言語において，名詞類より変動しやすく，概念から語へのいろいろなマッピングがあり，自由度が高いので，動詞が名詞よりも獲得がむずかしいとの仮説を提起しています。日本の子どもについても，私たちの観察による研究（Ogura et al., 2006）では一語発話の段階では名詞が動詞よりも優位に多く獲得されることが明らかになっています。

　JCDIsの質問紙の結果（小椋・綿巻，2008）でも同じ結果が得られています。24か月でまだ出現していない語彙カテゴリーは時間，質問，位置と場所，接続語のカテゴリーでした。30か月で出現していない語彙カテゴリーは接続語だけでした。36か月ではすべての語彙カテゴリーの語が出現していました。36か月までに50％の出現率を超えなかった語は，ふち，わき，すみ，角，内といった「位置と場所」をあらわす語や，もしも，そして，だけどといった「接続」の語で，3歳以降に獲得される語と，オーバー，ズック，キャンプ，くぎ，ソックスなどの子どもに馴染みがない語や最近では使用されない語でした。

　ゲントナーとボロディツキィ（Gentner & Boroditsky, 2001）は図3-2のようなモデルを示し，具体名詞のように知覚的に指示される物が明瞭で，言語にかかわらず共通性をもち，新しい語が加わることができる開いた類と，言語により異なり，語は各言語で決定されていてふえない閉じた類の連続体を考えています（本章4節（2）の脚注（5）も参照）。このモデルから，事物をあらわす名詞は獲得しやすく，空間をあらわす語や接続語は獲得がむずかしい語であるということがわかります。表3-3で日本の子どもが3歳までに獲得していない接続語や位置・場所をあらわす語はこの図からも獲得が遅い語であることがわかります。しかし，子どもは3歳までには動詞や形容詞などさまざまな意

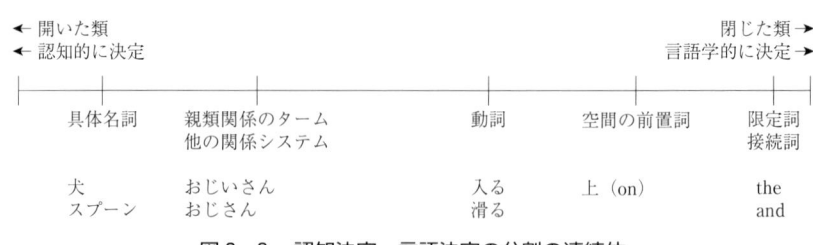

```
◄── 開いた類                                         閉じた類 ──►
◄── 認知的に決定                                 言語学的に決定 ──►
├──────────┼──────────────┼──────────┼──────────┼──────────┤
   具体名詞    親類関係のターム       動詞      空間の前置詞     限定詞
              他の関係システム                              接続詞

    犬          おじいさん          入る      上 (on)      the
   スプーン      おじさん            滑る                    and
```

図3-2 認知決定，言語決定の分割の連続体

(出所) Gentner & Boroditsky (2001) p.216 を小椋 (1999b) p.146 より転載 (一部改変)

味カテゴリーのことばを獲得していると言えるでしょう。

③子どもと大人のことばの意味の違い

 ここで一つ注意をしておかなくてはいけないことは，初期の子どものことばの意味は大人のそれとは違う場合もあることです。「ワンワン」をイヌだけでなく，ネコ，ウマ，ウシなどのあらゆる四足動物に使ったりします。おとなの語彙における適用範囲よりも広くつかいます。これを過大般用と言います。反対に特定の文脈だけに限定された単語の使用，たとえば，自分のコップだけをさし示すのに「コップ」という場合は，過小般用と言います。このような現象は単語の意味について子どもが大人と同じ概念をもっていないことを示しています。

 子どもが大人と同じ単語の意味（単語の概念）を獲得するためには，大人の概念と一致する事物，人物，出来事やそれらの関係についての概念を発達させなければなりません。たとえば，子どもが「ネコ」ということばを理解しているためには，──①その単語が四足の毛に覆われた尻尾とひげをもつ「ニャーニャー」という声をだす生き物であることを知っている。②状況や文脈が若干異なっても，たとえば，その子どもが飼っているネコも道を歩いているネコも「ネコ」であることを知っている。③他の単語と組み合わさったときにもその単語の意味がわかる。たとえば，大きい，小さい，かわいい，こわいといったことばが「ネコ」と組み合わさったときの違いを理解している。④「ネコ」という単語は，他の語と共通した特徴（四足で，生きている，動くなど）から

「動物」というカテゴリーに入ることを知っている——という4つのことが必要です。子どもがもつ単語の概念と大人の概念が一致するようになるには就学ごろまでかかります。子どもが話したことに対して大人が応答するなどの周囲の環境からのフィードバックは，子どもが単語の意味を調整するのに大きな役割を果たします。

（4）語彙発達のスピード——理解語と表出語の獲得

次にことばを獲得するスピードについてみてみましょう。スピードは子どもにより非常に個人差が大きいことがわかっています。図3-3にJCDIsの8-18か月の標準化データから表出語数の，図3-4に理解語数の年齢推移を10，25，50（Median，中央値），75，90パーセンタイル順位について示しました。パーセンタイル順位とはある集団の成員を，得点の値の低いものから高いものへ順に並べ，得点が一番低いものを1位（1パーセンタイル），最高点のものを100位（100パーセンタイル）としてあらわしています。18か月で108語くらい表出している子どももいれば，5語くらいしか言わない子どももいます。50パーセンタイル値（Median）でみると，12か月で1語，13か月で3語，14か月で5語，15か月で10語，16か月で18語，17か月で26語，18か月で33語と増加しています。

1歳半を過ぎると子どもは急激に語彙を獲得し，個人差はありますが，1日に10語以上も獲得するボキャブラリースパート期（語彙急増期）を迎えます。

理解語についても18か月で10パーセンタイル値の子どもは約68語を理解し，90パーセンタイル値の子どもは約340語を理解し個人差が非常に大きいです。

理解語数と表出語数の獲得のギャップが大きい子どももいて，表出語数10パーセンタイル値の子どもで，理解語が200語以上もあるのに表出語がわずか4-5語の子どももいます。脳の支配部位は，理解はウェルニッケ領野に，表出はブローカ領野にあります。また，表出に際しては構音器官の微細な随意運動の発達が必要であり，表出するためには理解の上に音を語に組み立て発声する運動系の処理能力が必要であると予想されます。運動系の処理の問題から理解は

第Ⅰ部　ことばの発達についての基礎知識

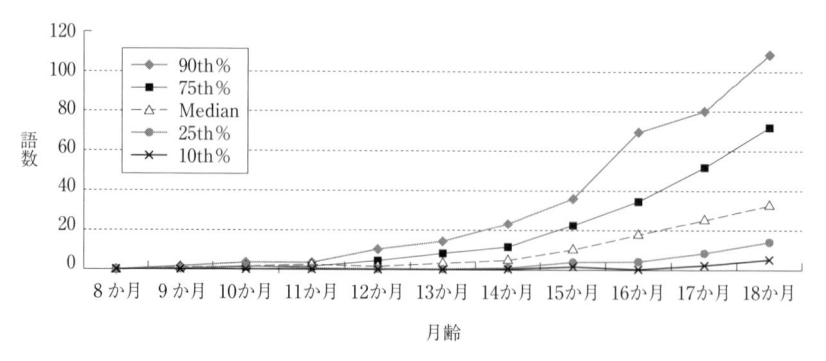

図3-3　表出語数の各月齢でのパーセンタイル値
（出所）小椋・綿巻（2006）p.23.

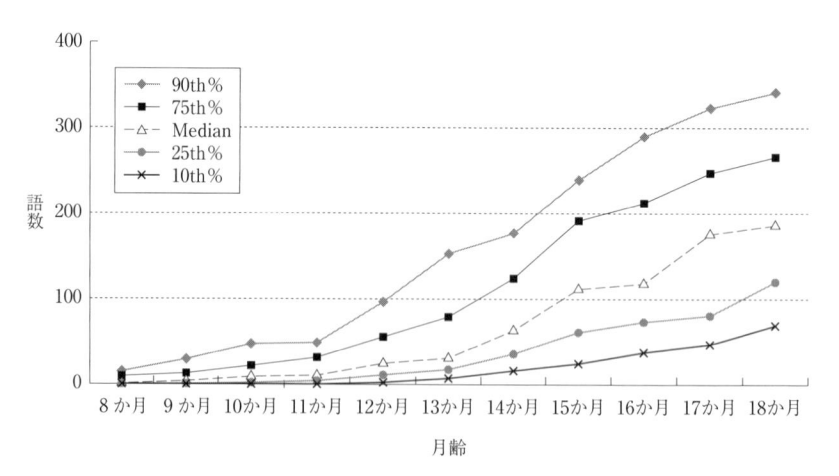

図3-4　理解語数の各月齢でのパーセンタイル値
（出所）小椋・綿巻（2006）p.23.

できているのに言えない子どももいます。

　また，子どもの語彙獲得の速度で性差があり，女児は男児よりもことばの発達がはやいと言われています。女児優位の一つの要因として，霊長類の脳の成熟は女児が男児よりも1-2か月はやいということがあげられています。また，親は男児よりも女児に多く話しかけることも報告され，言語入力の違いが性差を引き起こしていることも考えられます。

(5) 語の意味はどのようにしてわかるか？

　音声と意味を一つ一つ連合させて子どもが語を学習しているならば，1歳半をすぎた多くの子どもに観察される語彙の急増は起こらないでしょう。子どもはどのようにして，単語の意味を獲得していくのでしょうか。次に子どもの語意学習のメカニズムについてみてみましょう。

①子どもは原理をもち意味を推測している——認知的制約

　子どもが，「コップ」ということばを聞いたときに，それが何を意味するか（コップの取手をさすのか，色をさすのか，コップ全体をさすのかなど）についての仮説は無数にあり，子どもはいちいちその仮説を検証するわけではありません。どのようにして，子どもはことばの意味を推測するのでしょうか。

　マークマン（Markman, 1989）は，もし経験だけに基づいて語意獲得が行われるならば，高度な仮説検証能力と気の遠くなるような努力が必要だと言っています。第一に，子どもはある物をそれを構成している属性（色，形，材質など）に分析する能力をもっていなければなりません。第二に，カテゴリーを形成するための基準となりそうな属性リストを抽出し，新しい事例に照らしてその属性リストを検証・修正し，あるいは廃棄したり保持しつづけるための強力な仮説検証能力をもっていなければなりません。第三に，新しい事例が，すでに形成しているカテゴリーメンバーとなるための基準を満たしているかどうかを検証する能力をもっていなければなりません。しかし，このような高度な仮説検証能力を乳児はもちあわせていません。そこで，マークマン（Markman, 1989）は語と指示対象のマッピングにおいて，子どもは考慮すべき仮説の範囲を狭め，語の意味を推論する原理（ルール）をもっているとして，認知的制約の考えを提起しました。語彙獲得の初期でも使え，かつ仮説の数を制限できる代表的な制約として次の3つがあげられます。マークマン（Markman, 1989），針生（2001），針生・今井（2000）の文献を参考にして，これらの制約について説明をしてみます。

(1)事物全体制約

第Ⅰ部　ことばの発達についての基礎知識

　幼い子どもは新奇な語を聞くと，その語は事物の部分や属性や，あるいは活動ではなく，事物全体を指示すると仮定します。マークマンら（針生，2001より）が示す例では，3歳くらいの子どもはまだ名称を知らない事物（e.g. パゴダ）を示され「ほら，頂華（a finial）よ」と言われると，"頂華"はパゴダの先端部の装飾を示す部分名称であるにもかかわらず，パゴダ全体をさすと考えます。

(2)類制約

　子どもは，与えられたことばは指示された特定の事物の1個だけに適用される特定的なラベルであるという仮説は排除し，類似した事物，もとの事物と同じカテゴリーの事物に拡張できるラベルだと仮定します。たとえば，「イヌ」という語は自分の家で飼っている犬だけでなく，類似した事物すべてに適用されるラベルです。

　子どもはどのような基準に基づいて拡張を行うのでしょうか。第一の立場はことばは事物のカテゴリーをさすものとして学習するというものです（分類学的カテゴリー原理（taxonomic principle））。たとえば，犬と猫と骨が呈示され，犬に「ダックス（a dax）」と命名され，「もう一つのダックス（another dax）」を探させると子どもは猫を選びます。分類学的カテゴリーの概念は生得的に存在していると想定されています。これに対して第二の立場は子どもがことばを拡張していくときの基準は事物間の形状類似性だとし，これを形状類似バイアス（shape bias）とよんでいます。形状の似た事物の集合（外延）がつくられ，その集合のメンバーに共通した属性（内包）が抽出され，さらに外延の修正が行われていく学習プロセスを想定しています。

　今井ら（Imai, Gentner, & Uchida, 1994）はことばを拡張する基準が分類学的なカテゴリーなのか，形の類似性なのかを明らかにするために3歳児と5歳児と成人に標準刺激と主題的関係にある事物（主題的事物），標準刺激と形はそっくりだがカテゴリーは異なる事物（形状類似事物），標準刺激と形は似ていないが同じカテゴリーに属する事物（分類学的事物）の9セットの絵を準備しました。図3-5にその一例を示しました。標準刺激（e.g. バースデーケーキ）に対して主題的事物はプレゼント，形状類似事物は帽子，分類学的事物は

図 3-5　実験で用いられた材料セットの例
（出所）　杉村・坂田（2004）p.166.

表 3-4　事物選択の平均頻度（標準偏差），および割合（％）

		分類学的事物	形状事物	主題的事物
3歳児	新奇語命名	0.93(0.70) 10%#	6.13(2.41) 68%*	1.93(2.25) 21%#
	命名なし	1.60(1.24) 18%#	3.46(2.64) 39%	3.93(2.25) 44%
5歳児	新奇語命名	2.53(2.13) 28%	5.00(2.97) 56%*	1.47(1.80) 16%#
	命名なし	1.93(2.15) 21%#	2.60(2.80) 29%	4.46(2.80) 50%#
大人	新奇語命名	5.80(3.3) 64%*	3.00(3.35) 33%	0.20(0.41) 2%#
	命名なし	3.30(2.61) 33%	0.80(1.93) 9%#	5.20(3.14) 58%

（注）　＊＝チャンスレベルより有意に大，＃＝チャンスレベルより有意に小．
（出所）　杉村・坂田（2004）p.167.

パイです。標準刺激に「フェプ（a fep）」と新奇語を命名する群と命名なし群の２つに対象児が割り当てられ実験が行われました。課題はジョジョという恐竜の人形が標準刺激の仲間（もうひとつのフェプ（another fep））を探すというものです。表３-４に９セットで実験した事物選択の平均頻度と割合を示しました。３つの事物から１つを選ぶので偶然に選択するチャンスレベルの確率は33％です。命名なし条件（fep という新奇語命名はしないで，実験者の絵（標準刺激）と一緒の絵を選ぶようにもとめられる）では，形状類似事物（例：シルクハット）が選ばれた確率はほぼチャンスレベルで（３歳児39％，５歳児29％），分類学的事物（例：パイ）が選ばれた確率はチャンスレベルよりも低くなりま

した（3歳児18％，5歳児21％）。新奇語命名条件では3歳児，5歳児とも形状類似事物をもっとも多く選びましたが（3歳児68％，5歳児56％），5歳児は3歳児に比べると形状類似事物を選ぶ率は低く，分類学的事物の選択が3歳児より高くなりました（3歳児10％，5歳児28％）。大人は新奇語命名条件で分類学的事物の選択が形状類似事物の選択よりも多くみられました。子どもは形状類似性により，語の拡張を行っていました。

(3)相互排他性

一つのカテゴリーの事物には一つだけのラベルがつくという仮定です。たとえば，「イヌ」という名称を知っている子どもが「ちゃいろ」というとき，「ちゃいろ」は「イヌ」のカテゴリーのラベルではなく，他の属性を示すことばであると推測するといった制約です。

以上のように子どもは生得的にもつ認知的制約を使って語の意味を類推し，語彙を獲得していると言えます。

②大人が発する手がかりから意味を推測する——社会プラグマティクアプローチ

子どもは社会的な関係の中で生活しているので，語意学習をはじめるとき，熟練した語の学習者にガイドされています。正しい解釈はすでに大人の注意の中心にあります。子どもは大人の社会的意図を読むことができ，熟達した語の学習者になる腕のいい初心者です。ことばが発せられたとき，子どもは発せられた状況の中で大人の視線や表情を手がかりとして大人の発話の意図を推測していきます。トマセロ（Tomasello, 1997）の一連の研究で，18か月，24か月の子どもでも，明示的な文脈（大人が子どもに語を学ばせようと意図して，語が指示する事物を発話と時間的に近接して子どもにみせる，たとえば，対象を指さし名前を言う）でも，非明示的な文脈だけでも，子どもは新奇な事物あるいは行為にラベルをつけた実験者の意図を用いることができることを示しました。トマセロとバートン（Tomasello & Barton, 1994）の実験では，実験者が24か月児に，子どもたちの目を見つめながら「トーマを探しに行こう」と言います。2人の実験者は子どもが名前を知らない新奇な事物がはいっている5個のバケツ

表3-5 意図的にマークされた名詞を表出，理解，理解・表出した子どもの人数（15人中）

変　　数	探索なし	探索あり
意図された事物に対し表出した子ども	4	6
最初に拒絶された事物に表出した子ども	—	1
意図された事物に対する表出数の平均	0.8	0.87
意図された事物に対し理解した子ども	10	6
意図された事物を理解・表出した子ども	11	8
最初に拒絶された事物を理解した子ども	—	1

（注）　—は実験条件に該当なし
（出所）　Tomasello & Barton（1994）を小椋（2005）p.40より転載

を並べているところへ行きます。大人が意図したターゲットとなる事物は被験者間でランダムにしておきます。実験条件は2つあり，探索なし条件では，大人はすぐに1個のバケツのところへ行き，興奮した様子でターゲット事物を発見し，子どもに手渡します。探索あり条件では大人はバケツのところへ行き，最初の2個の事物は取り出しても顔をしかめ，元のバケツに戻して拒否します。その後，はじめてターゲット事物を興奮した様子で発見して子どもに手渡します。この手続きを何度か繰り返したあと，産出テスト（トーマである事物を持ち上げて何か尋ねる）をやり，そのあと，自由遊びをしたあと理解テスト（5つの玩具をランダムに並べて「トーマ」をちょうだいと言う）を実施しました。結果を表3-5に示しました。理解，産出とも，子どもたちは新しい語を2つの条件のいずれにおいても学んでいました。子どもは大人の意図は特定のトーマとよばれる事物をみつけることだと最初から理解していました。また，子どもは大人が興奮し探索を終了することで，「トーマ」をみつけるという意図を達成したという手がかりを得ました。このようにトマセロたちのグループは，子どもはことばが発せられた状況の中で大人の視線や表情を手がかりとして大人の発話の意図を推測し，語意学習をしているという社会プラグマティクアプローチを提案しています。

　語意学習を説明する認知的制約も社会プラグマティクの原理も相互排他的でなく，これらは，発達のいろいろな時点での原理です。語にもいろいろな種類

第Ⅰ部　ことばの発達についての基礎知識

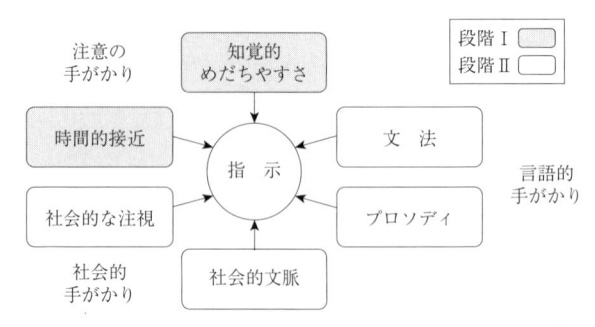

図3-6　指示（reference）に対して実行される連立モデル
（注）指示とは語とそれが表す物，行為，出来事，特性との関係のこと。たとえば，「inu」という音声（語）を聞いたときに実世界の「いぬ」という物体（指示対象）と対応づけること。
　　　段階Ⅰは語を学習しはじめた子どもが頼る手がかりで，段階Ⅱはより経験してきた語学習者が頼る手がかり。
（出所）Hollich et al.（2000）p.24を小椋（2005）p.42より転載

の語があります。子どもがどんな種類の語を発達のどの時点で獲得するかにより，使われている手がかりは異なっているでしょう。認知的制約も社会的手がかりを知る能力も子ども側の能力です。これらはヒトという種にプログラムされている能力ですが，これらが発揮できるように，また，うまく働くように調整しているのはまわりの養育者です。

③年齢により異なる意味の推測の手がかり——創発連立モデル

　ホリッチら（Hollich et al., 2000）は，語の意味は乳児に賦与されている生得的な制約と環境との相互作用の結果，創発してくると考え，語意学習のいくつかの過程を想定した創発連立モデル（Emergentist Coalition Model of Word Learning：ECM モデル）を提案しています。ECM モデルは図3-6に示すように，語の学習は認知的制約，社会—実用的な要因，全体的な注意のメカニズムを含む多要因から創発する所産であるとし，次の3つの仮定に基づいているとしています。①子どもは語の学習で，利用できる注意の手がかり，社会的手がかり，言語学的手がかりといった多様な手がかりに敏感である。②子どもは語の学習の過程での手がかりに他の手がかりよりも重きをおく。③この過程

の結果，語の学習の原理が創発し，未熟な原理から成熟した原理へ，領域一般の原理から領域固有の原理に進展する。

　制約や原理の理論の原動力は早期の発達での知覚的顕著性，時間的接近，新奇性のような注意／連合要因（たとえば事物全体制約のように部分や属性よりも事物全体の知覚的にめだった特性に子どもが注意をむけて指示対象を推測し，語と連合させる）の産物で，次に続く発達のエンジンとなります。彼らは12か月，19か月，24か月児に横断的に一連の実験を行いました。その結果から，12か月児は視線のような社会的な手がかりに比べ知覚的に目立つ手がかりに敏感でした。19か月児では依然として知覚的手がかりが優位でしたが，社会的手がかりも重要になり，24か月児では社会的な情報が知覚的な手がかりに優先するようになります。子どもが社会的な意図の重要さに気がつき，話し手の見方（perspectives）から語が事物にマッピングされるようになると熟達した語の学習者となります。語の学習に寄与する手がかりの重みづけは発達とともに変化します。

　子どもが大人の表情や抑揚，身振りを手がかりに何を意味しているかを推測していることから，大人は子どもに話しかけるときには何を指示しているか子どもがわかるように，子どものことばの発達に応じて指さしなどの身振りや視線を使い，抑揚をつけてはっきりと話しかけてあげることがことばの発達を促していくことになるでしょう。

2　文法の発達の道筋

（1）語をつなげるのはいつごろか？――二語発話の出現

　子どもが「パパ」と言ったとき，図3-7に示されるようにその意味はいろいろあります。「はい，パパ」「わたしの大好きなパパ」「パパがでかけた」「パパの時計だ」などいろいろな意味が予測されます。たとえば，子どもが「パパ」と言って，手を前に差しだし，抱いてほしい表情をしているときは「パパだっこ」と言いたいのだなと子どもの表情，身振りなどの場面の手がかりをえて，推察します。また，パンをたべているときに「パン」と言えば，「このパ

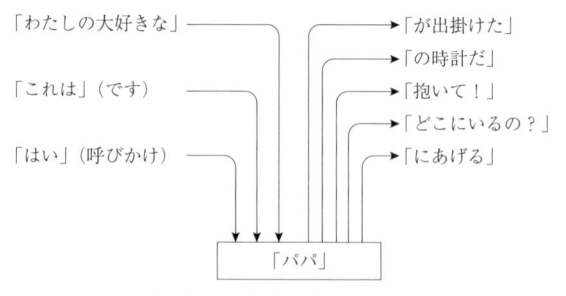

```
                「わたしの大好きな」─────┐    ┌──→「が出掛けた」
                                              ├──→「の時計だ」
                「これは」（です）─────┐    ├──→「抱いて！」
                                              ├──→「どこにいるの？」
                「はい」（呼びかけ）───┐    └──→「にあげる」
                                    ↓ ↓ ↓
                                  ┌─────┐
                                  │「パパ」│
                                  └─────┘
```

図3-7　一語文が表現するもの
（出所）村田（1990）p. 167.

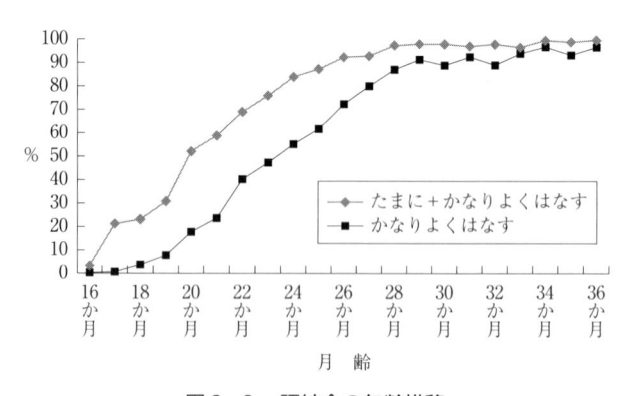

図3-8　語結合の年齢推移
（出所）小椋・綿巻・稲葉（2016）p. 101.

ンはおいしい」と言っているのかもしれません。あるいは「もう一つパンをちょうだい」と言っているのかもしれません。「パンちょうだい」と二語をつなげて発することができれば，子どもが言いたいことの意味は明確に相手に伝えることができます。

　日本語マッカーサー乳幼児言語発達質問紙（JCDIs）の「お子さんはもう二語文がはなせますか。たとえば，『お母ちゃん　だっこ』『ねんね　する』『ブーブー　のった』などです」の項目に「たまに話す，かなりよく話す」と答えた結果を図3-8に示しました。「たまに話す＋かなりよく話す」と答えたのは20か月児で52％，24か月で84％でした。「かなりよく話す」は24か月で55％でした。

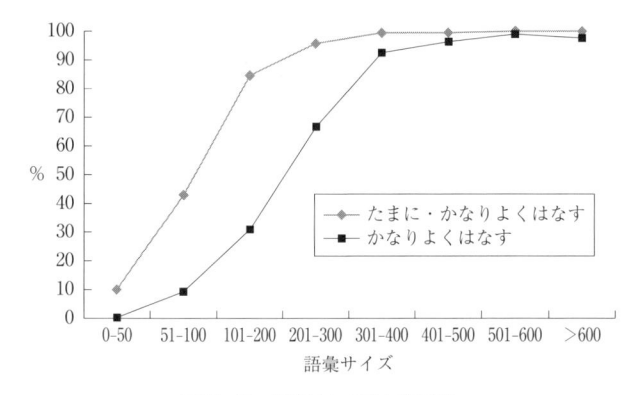

図3-9　語彙サイズと語結合
（出所）　小椋・綿巻・稲葉（2016）p. 195.

　2歳の誕生日を迎えるころには多くの子どもが語を結合するようになります。語結合の発達でも個人差が大きく，年齢よりも子どもが話す語彙数のほうが語結合と関係があるといわれています。表出語数が50-100語（一般的には18-20か月）になると，2つの語をつなげることができるようになります。
　日本の子どもの語数と語結合の関係を図3-9に示しました。100語を超えると80％以上の子どもが語結合を「たまに・かなりよく話す」ようになります。
　語と語を一定のルールにしたがって結合し，構造化された発話をすることは人間言語のもっとも重要な特徴です。文法とは言語を構造化する関係のセットをさし，形態論（語形規則）と統語論（統語規則）を含んでいます。形態論は語レベルでの構造の分析を含んでいます。語をつくり，いろいろな言語文脈で意味を変えるために，どのように形態素（意味の最小単位）が統合され，結合されているかに焦点をあてています。英語では複数 s，過去形 ed のような接尾辞（suffix）や undo の un のような接頭辞（prefix）を含んでいます。これらは拘束形態素（bound morpheme）とよばれています。もう一つの文法の側面は統語（syntax）で，語のレベルを超えて，節や文のレベルの構造に焦点をあてています。統語の研究は語順のような文法構造を支配する原理を明らかにすることです。日本語のような膠着型の言語（独立した単語を，助詞や助動詞に

よってつなぎ合わせることで,文章を表現する言語。助詞や助動詞が膠のような役割を果たすことに着目して,膠着型と名づけられた)では語形規則が文法の中核を占めているので,日本語においては語形,つまり助詞や助動詞などの文法形態素の発達を検討することが必要です。

(2) 一語発話から統語発話へ——文法の発達

　小椋(1995)は語結合の出現から生産的に二語発話を言うようになるまでの過程を縦断研究から明らかにしました。それによると,前統語段階の発話として,分離型の語連鎖(感嘆詞＋自立語(例:アー　アッタ,アー　ブーブーなど),よびかけ＋自立語(ママ　パン)),動詞の活用形についた付属語(例:とって,やって,して,たべたなど),自立語＋終助詞(例:おいしいね)が出現しました。その後,格助詞(例:ママの,ワンワンが),係助詞(例:これは,リンゴも)が出現しました。また,格助詞出現時期に意味関係をもつ自立語二語結合が出現しました。まだ,この時期は二語発話が意味的に,また位置的に一貫した方法で結合していません(例:ゾーシャン　ナイ,ゾーシャン　ノチェタの2つの発話がある場合,ゾーシャンが前位置にあり位置的には一貫していますが,他の発話はなく,ナイ,ノチェタは他の語と意味的,位置的に一貫した方法でむすびついていません)。二語発話を構成する各語が意味的,位置的に他の語と結合している発話を生産的二語発話といいます。たとえば,先の例でいえば,ゾーシャン　ナイの他にリンゴ　ナイ,ゾーシャン　イタを発した場合,「ゾーシャン」は「ナイ」と「イタ」の異なった語と位置的に一貫して(前位置),また,「ナイ」は「ゾーシャン」と「リンゴ」の異なった語と位置的に一貫して(後位置)結合しています。また,意味的には一貫して非存在／存在をあらわしています。二語発話に習熟するとすぐに三語,四語を結合した発話が表出されるようになります。こうした文構成が自由になるには,語の意味理解の発達とならんで語と語の関係を支配する統語規則(文法)の使用が前提となります。

　綿巻(2001)はアニスフェルド(Anisfeld, 1984)に紹介されている男児マチュウの一語発話から二語発話出現までの過程を図3-10のように示しています。

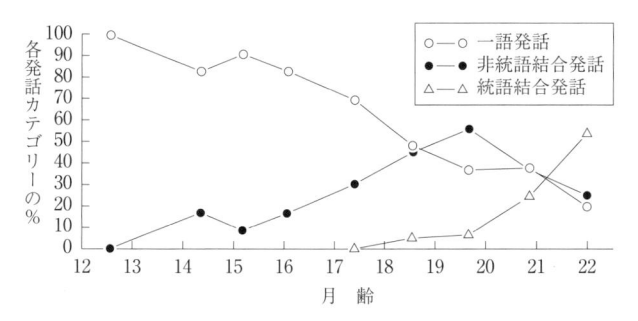

図 3-10 一語発話，非統語結合発話，統語発話の月齢推移
(出所) Anisfeld (1984) p.159 を綿巻 (2001) p.84 より転載

「パパ↘あっち↘」のように単語と単語がひと続きの抑揚パターンで統合されず，単語の切れ目に下降調イントネーションがある連続発話の非統語結合発話が14か月ごろに出現して，その後増加し，20か月ごろにピークを迎えます。非統語結合発話は一語発話と統語結合発話の中間的移行形態だとされています。統語結合発話（例：さかな　たべた）は18か月ごろに出現し，21か月ごろから急増していきます。22か月には統語結合発話が5割強を占め，一語発話や非統語結合発話は2-3割に減少しています。

（3）日本語を獲得する子どもの文法発達——助詞，助動詞の獲得
①助詞の獲得

　日本語の文法発達の重要な側面である助詞や助動詞などの文法形態素の発達をみてみましょう。小椋ら (1997) の12, 15, 18, 21, 24, 27か月児計60人の19分間の横断観察での頻度で5以上出現した助詞を表3-6に示しました。12, 15か月児では助詞の出現は見られず，18か月児から出現し，依頼の「て」が高頻度でした。21か月で，話し手の感情をあらわす終助詞「よ」「の」「ね」「ねえ」が高頻度で使用されていました。他の研究でもこれらの助詞は1歳台で高頻度な使用が報告されています。山田あき子 (1980)（村田，1984による）によれば，日本語では，陳述を構成する言語表象なしには，コミュニケーションの達成はむずかしく，助動詞，終助詞は話し手の意思，および判断を相手に伝え

第Ⅰ部　ことばの発達についての基礎知識

表3-6　助詞の種類別出現頻度の年齢推移

種類／月齢	18か月	21か月	24か月	27か月
終助詞				
て（依頼）	9(4)	29(4)	73(8)	31(6)
よ（主張）		25(6)	42(8)	68(8)
の（訴え）		16(4)	24(7)	19(7)
ね（共感）		12(3)	17(5)	18(6)
ねえ（語調調整）		7(2)	12(5)	17(4)
って（引用）			13(5)	16(7)
かな（願望・疑問）			10(6)	6(3)
か（疑問）				13(6)
格助詞				
が（行為者）		8(1)	37(8)	28(6)
の（所有）		7(3)	12(4)	9(6)
に（目標）			14(5)	18(5)
と（仲間）			10(4)	12(3)
で（道具）				12(4)
って（引用）			9(1)	
から（源泉）				5(3)
係助詞				
は（主題）			59(6)	71(7)
も（付加）		8(2)	48(7)	29(6)
って（話題）			23(4)	
接続助詞				
て（補助動詞・接続）		13(3)	38(8)	61(9)
て（接続）		9(2)	19(4)	22(8)
その他の助詞				
ね（間投助詞・語調調整）			5(5)	8(3)
ねえ（間投助詞・語調調整）				10(1)
の（準体助詞・名詞化）			22(5)	9(4)
か（副助詞・疑問）				7(4)

（注）（　）は出現人数，頻度5以上の助詞について表記した。
（出所）小椋（2001）p.106.

るのに役立ち，また聞き手にコミュニケーションの誘いかけの働きをすることになり，言語によるコミュニケーションの開始にとり大きな意義があるとしています。このように日本語の助詞獲得においては，終助詞が先に獲得され，事柄と事柄の格関係をさす格助詞がその後に獲得されることは，多くの研究で報告されています。表3-6に示すように，21か月で所有の「の」，行為者の「が」が出現します。格助詞の種類が増え，使用人数が増加するのは24か月児

表3-7　3-4歳児で使用人数の多かった助詞（19人中）

人数割合	対人的	認知的（格関係）		意味の微調整
3/4	よ（主張） ね（共感） の（訴え）	に（目標） の（所有） が（行為者）		
1/2	もん（不平）	て（接続）　は（主題） と（仲間）　から（源泉） って（引用）　で（道具）		か（推量） も（付加）
1/4	さあ（軽く） て（依頼）	を（対象）		な（詠嘆） だけ（限定） ても（条件） けど（条件）

（出所）　綿巻（1999）p. 102.

においてです。「が」「の」「に」「と」「って」が24か月，「で」「から」が27か月に使用されていました。21か月から24か月に急激に助詞の種類が増加します。綿巻（1999）が示した3-4歳児で使用が多かった助詞は，対人的調整の終助詞では「よ」（主張），「ね」（共感），「の」（訴え），統語意味関係をあらわす格助詞の「に」（目標），「の」（所有），「が」（行為者）でした（表3-7）。早期に出現する助詞は3-4歳児でも高い頻度で使われる助詞でした。

②助詞の誤用

　個人差はあるものの，主な助詞は3歳ごろまでに初出すると言われていますが，横山（1997）は自分の息子の助詞の用法を注意深く観察した結果，正用だけでなく，誤用がしばしば見られることを報告しています。誤用は1歳9か月に1例あらわれ，2歳台に入り急速に高い頻度で産出され，2歳4か月では91例が記録され，観察終期の3歳5か月でもなお37例が記録されました。誤用の種類と特徴として，

①置換誤用：本来使われるべき助詞のかわりに他の助詞が用いられている場合。

　例：シンカンセンガ　ノリタイ（2歳2か月3日）［ニ　→　ガ］

②付加誤用：必要ないのに特定の助詞が自立語に付属している場合。

　例：マルイノ　ウンチ（2歳0か月26日）［ノは不要］

第Ⅰ部　ことばの発達についての基礎知識

表3-8　類型別に見た誤用の出現頻度
（ひろ君の場合）

誤用の類型	出現頻度数
置換誤用	752(78.0)
付加誤用	198(20.5)
接続誤用	13(1.3)
合　計	963

（注）（　）内の数値は％を示している。
（出所）　横山（1997）p.136.

表3-9　置換による誤用の助詞の関係と出現頻度（ひろ君の場合）

本来使われるべき助詞＼誤用している助詞	格助詞	副助詞	接続助詞	終助詞	合　計
格助詞	686(91.2)	13(1.7)	0	0	699
副助詞	21(2.7)	14(1.8)	0	0	35
接続助詞	1(0.1)	0	1(0.1)	0	2
終助詞	0	0	0	0	0
その他（助詞以外）	10(1.3)	0	6(0.7)	0	16
合　計	718	27	7	0	752

（注）（　）内の数値は％を示している。
（出所）　横山（1997）p.137.

③接続誤用：正しい助詞を使ってはいるが，その接続法が間違っている場合。

　例：オオキーハ　ココ　オキマス（3歳1か月14日）

　　　［大きいのはここ（に）おきます］

　横山があげている類型別にみた誤用の頻度を表3-8に示しました。多くの誤用は置換誤用でした。さらに置換による誤用の本来使われるべき助詞の種類と誤用している助詞の種類の関係を表3-9に示しました。格助詞が他の格助詞に置換されている誤用が91.2％でした。これらの誤用は正用があらわれている時期にも一貫してあらわれていました。助詞の誤用は最初からあらわれるわけではなく，少数の正用の助詞が出現したあと，1歳台の末から正用と共存してあらわれ，その後，消失して正用だけが産出されるようになると考えられます。

表3-10　助動詞の種類別出現頻度の年齢推移

助動詞／月齢	18か月	21か月	24か月	27か月
た（過去）	8(3)	42(8)	53(9)	88(10)
だ（断定）		39(8)	38(8)	67(9)
ない（否定）		10(5)	30(9)	32(7)
です（丁寧）				17(6)
ん（否定）				12(6)
よう（意志）				10(4)
ます（丁寧）			12(4)	7(4)
う（意志・勧誘）			10(4)	6(4)
みたい（類似例）				5(2)
たい（希望）		5(3)		5(3)
れる（受身・可能）			5(3)	6(4)
せる（使役）			8(4)	
でしょう（推量）			9(2)	
じゃない（否定断定）				6(4)
んだ（強い断定）				8(4)

（注）（ ）は出現人数。頻度5以上の助動詞について表記した。
（出所）小椋（2001）p.107.

③助動詞の獲得

　助動詞の種類別年齢推移を表3-10に示しました。「た」は18か月から，「だ」「ない」は21か月から出現しており，24，27か月でも高頻度です。他に「ます」「う」などが高頻度で使用されました。助動詞は総数において18か月から増加しています。助動詞は用言につき，いろいろな意味を加え，叙述を助けたり，体言その他の語につき，叙述の意味を加える働きをもっています。助動詞を使用し，子どもが自分が表現したい心的態度を表現できるようになってきたことが示されています。助動詞の種類は21か月から27か月にかけて急激に増加します。

　綿巻（1999）が示した（表3-11）3-4歳児でよく使われる助動詞は，「た」（過去），「ない」（否定），「ている」（様相）でした。助動詞も助詞と同様に早期に使われた助動詞は3-4歳になっても高頻度で使われる助動詞であることがわかります。

表3-11　3-4歳児で使用人数の多かった助動詞（19人中）

人数割合	単文	意味の微調整	対人的
3/4	た（過去） ない（否定）	ている（様相）	
1/2	だ（断定）		よう（意志） ちゃった（会話体）
1/4		たら（条件←た） でしょう（推量）	です（丁寧） ます（丁寧） んだ（強調）

（出所）　綿巻（1999）p.103.

④二語発話の意味関係

　綿巻（1997）は一女児の縦断観察で，20，21か月で使用された助詞の種類が5未満であったのが，22か月から使用が増大し，23か月では20種類近い助詞が使用されたことを報告しています。動詞活用形についた助動詞も同様な傾向がみられ，綿巻は22か月を文法バーストの開始時期として，その後，わずか2か月間に，助詞や動詞活用，準動詞の動詞化（幼児語準動詞に「する」を付加し，動詞の文法的意味を付与する（例：ネンネする。ネンネした））の形態面の発達と項構造という統語面の発達を広くカバーする，広範な側面にわたる文法発達が一斉に展開することを報告しています。

　二語発話が可能になることにより，きわめて多くの意味関係の叙述が可能となります。綿巻（2001）は二語発話で表現される10個のよく使われる意味関係をあげています。表3-12に日本語での例とともに表示しました。1歳8か月から2歳までの一人の女児の二語発話の意味関係をみると，「これ＋物の名称」（たとえば，「これ　ほん」）が二語発話に占める占有率が一番高く，次が「行為者—行為」（たとえば，「パパ　いった」）でした。

（1）語形成と意味を考える際の基本となるものは，述語項構造です。たとえば，「食べる」という動詞について考えてみると，「食べる」は，「何か(x)が，別の何か(y)を食べる」という事態を記述する言葉です。このような，何らかの事態を記述する言葉を述語と呼びます。そして，xやyのような，この事態の記述に必要不可欠な要素を項（argument）と呼びます。

第3章　ことばの発達の道筋

表3-12　二語発話の主要な統語＝意味関係

統語＝意味関係	例　文	年　齢					計	占有率(％)
		1：8	1：9	1：10	1：11	2：0		
これ＋物の名称	これ　ウサギ	1	8	23	81	10	123	14
行為者―行為	フミちゃん　帰った	4	17	20	29	33	103	12
存在物―存在・発見	写真が　あった		3	25	23	14	65	8
対象―行為	さかな　食べた	6	9	6	29	13	63	7
非有生主体―動き	ニュース　終わったね	1	8	8	15	15	47	5
要求対象―要求	リンゴ　要る	6	9	7	16	9	47	5
所有者―所有物	お父さんの　おズボン	4	3	9	5	7	28	3
交換対象―交換	お薬　もらった		5	7	6	9	27	3
行先―移動	公園　行こう	1	1	6	2	7	17	2
場所的対象―行為	ブブ　乗ると	1	1	2	9	3	16	2
計（異なり発話数）		24	64	113	215	120	536	62
当月の二語発話数	（異なり発話の数）	29	89	194	345	208	865	

（注）　占有率は各統語―意味関係の発話数を「当月の二語発話数」で割った値。
（出所）　綿巻（1999）を綿巻（2001）p.92より転載

（4）文法の発達を評価する平均発話長

　統語発達の指標として平均発話長（Mean Length Utterance：MLU）が英語圏では頻繁に用いられています。MLUはブラウン（Brown, 1973）が考案した文法指標で，発話資料から取り出された100個の発話サンプルが1発話あたり，平均何個の形態素を含んでいるかをあらわしたものです。形態素とは意味をもつ最小単位で，英語で例を示すと unkindness は un, kind, ness で形態素数を3，went は形態素数を1とカウントします。wanted は want と ed で2形態素とカウントします。ブラウン（Brown, 1973）が示した英語のMLUのカウントの仕方を表3-13に示しました。ブラウンが調べた男児アダム，女児イヴ，女児サラのMLUの増加は図3-11のようになっています。個人差はありますが，年齢増加に伴いMLUが増大しています。

　前述のとおり，日本語は膠着言語であるため，英語とは異なり意味の最小単位である形態素区切りの単位が不明確であることなどの問題があります。日本語の意味の最小単位をどのようにするかは議論されてきましたが，まだ，一定の見解はでていません。小椋ら（1997）や宮田（2012）は日本語のMLU算出

表3-13　平均発話長（MLU）を算定するための諸規則

つぎの諸規則は MLU が4.0程度までは適切である。4.0になると，規則の基底にある仮定の多くが正当な理由を失うようになる。

1. 表記の第2ページに何らかの暗唱が含まれていない限りは，第2ページから出発する。暗唱が含まれているときには，最初の非暗唱発話から出発する。以下の諸規則を満足する最初の100発話を算定する。
2. 完全に表記された発話だけ用いる。空白のあるものは使用しない。疑問のある表記であることを示す括弧に入った発話部分は使用する。
3. すべての正確な発話反復は使用する。吃音は単一語を反復する活動として扱う。この種の語は生産された最も完全な形式と同様1回として算定する。強調といったような意味で語（no, no）が生じるまれなケースにおいては，各生起を1回と算定する。
4. um とか oh のような充足項は算定しないが，no, yeah, hi は一形態素として算定する。
5. すべての複合語（2個ないしそれ以上の自由形態素から成る），固有名，および儀式化されている反復は，いずれも一形態素として算定する。たとえば，birthday, rackety-boom, choo-choo, quack-quack, night-night, pocketbook, see saw がこれである。この規則の根拠は，これらの成分形態素が子どもにおいて単独で機能するという証拠がないことである。
6. 動詞のすべての不規則過去形（got, did, went, saw など）は，一形態素として算定する。これの根拠は，子どもがこれらを現在形に関係づけるという証拠がないことである。
7. すべての指小辞（doggie, mommy など）を一形態素として算定する。その理由は，すくなくともこれらの子どもは，語尾変化を生産的に用いてはいないらしいことである。指小辞は子どもの用いる標準形式である。
8. すべての助動詞（たとえば，is, have, will, can, must, would）を別々の形態素として算定する。さらに，すべての連鎖動詞（たとえば，gonna, wanna, hafta など）は，going to とか，want to としてではなく，全体として一つの形態素として算定する。その根拠は，子どもにとってはそれらがそのように機能するという証拠があることである。すべての語形変化をそれぞれ別の形態素として算定する。たとえば所有格の s，複数形の s，三人称単数の s，規則過去形の d，進行形の ing などがこれである。

（出所）Brown（1973）を村田（1984）p.136より転載

の方法の問題を検討してきました。

「ねこさんがおさかなたべた」という発話を形態素に分ける場合，形態素の単位をどうするかでいくつかの方法がでてきます。小椋ら（1997）の4つの方法での形態素分けを紹介しておきます。

　　自立語 MLU　「ねこさんが／おさかな／たべた」
　　自立語付属語 MLU　「ねこさん／が／おさかな／たべた」
　　活用形付属語 MLU　「ねこさん／が／おさかな／たべ／た」
　　接辞・活用形付属語 MLU　「ねこ／さん／が／お／さかな／たべ／た」

　小椋ら（1997）の12-27か月の各月齢10人の4種類の MLU の年齢推移を図3-12に示しました。この4種類の MLU と他の文法面をあらわす測度や語彙

第 3 章　ことばの発達の道筋

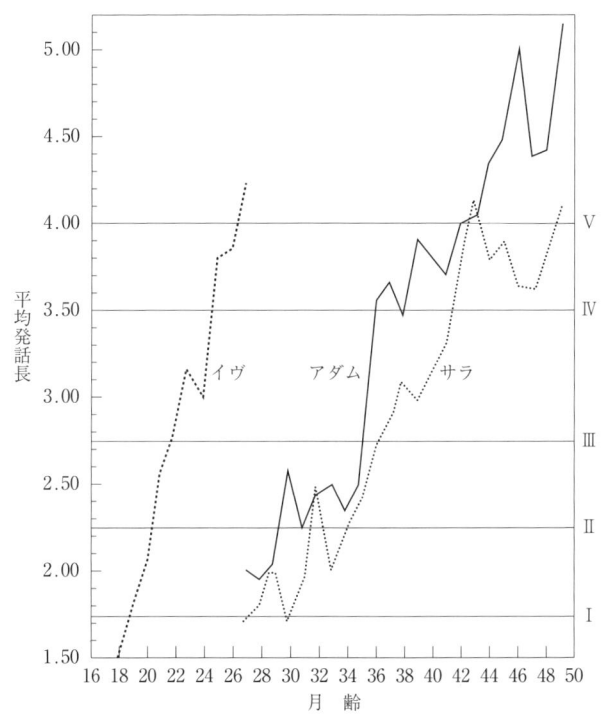

図 3-11　アダム，イヴ，サラの MLU の月齢推移
（出所）　Brown (1973) を綿巻 (2001) p.85 より転載

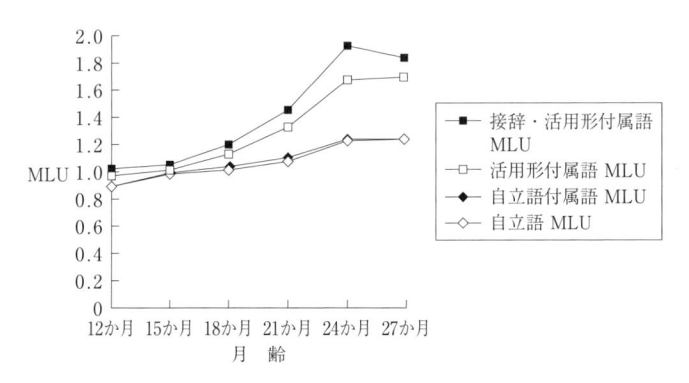

図 3-12　4 種類の MLU の年齢推移
（出所）　小椋ほか (1997) p.43.

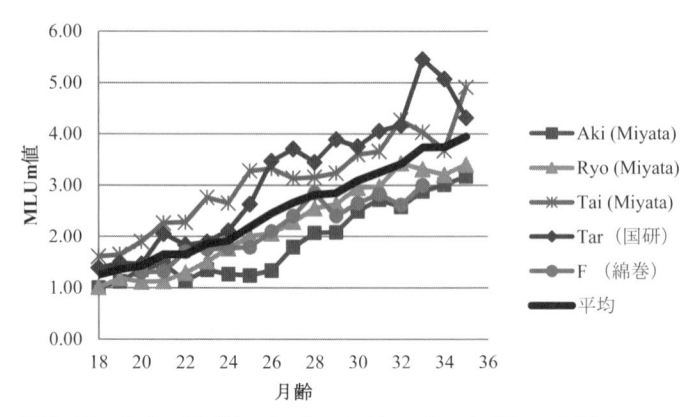

図3-13　5人の子ども（1歳6か月-3歳0か月）の形態素 MLU（MLUm）の推移
（出所）　宮田（2012）p. 4.

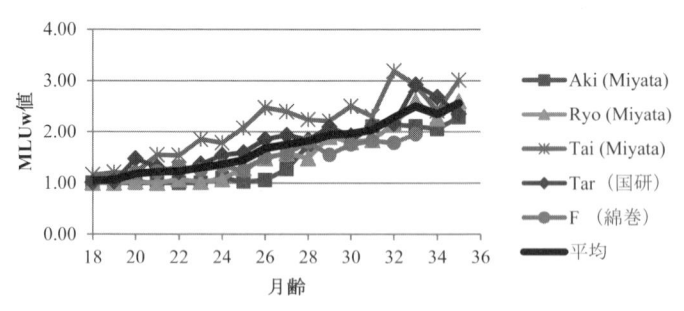

図3-14　5人の子ども（1歳6か月-3歳0か月）の自立語 MLU（MLUw）の推移
（出所）　宮田（2012）p. 4.

数との相関をとると，接辞・活用形付属語 MLU，活用形付属語 MLU との相関が自立語付属語 MLU，自立語 MLU との相関よりも高くでていました。

宮田（2012）は1歳6か月から3歳までの5人の子どもの縦断の発話データからの形態素 MLU（小椋ら（1997）の活用形付属語 MLU）と自立語 MLU の推移を報告しています。宮田の結果を図3-13と図3-14に示しました。宮田（2012）は，初期段階（健常児の場合2歳から2歳半まで）は自立語 MLU を計算し，その値が1.5を超えた時点で形態素 MLU（小椋ら（1997）の活用形付属

第3章　ことばの発達の道筋

表3-14　4歳までの平均発話長（MLU）発達と助詞の使用

段階	平均発話長	最大発話長	月齢のめやす	特徴	助詞の初出使用例
I　初期	1.05〜1.50		19〜23か月	初期の語結合が出現	ね，の
I　後期	1.50〜2.00	5	24〜26か月	語の屈折辞のいくつかが出現	終助詞（の，よ，って，て） 格助詞（の，が，に，で，と） 係助詞・副助詞（は，も，か） 接続助詞（て）
II	2.00〜2.50	7	27〜30か月	文法使用が活発化	格助詞（って） 接続助詞（と）
III	2.50〜3.00	9	31〜34か月	単文がかなり使える	
IV	3.00〜3.75	11	35〜40か月	複文使用開始	
V	3.75〜4.50	13	41〜46か月	等位接続による重文開始	

（出所）　Brown, 1973; 綿巻, 1994を秦野（2009）p.230より転載

語MLU）も計算することを推奨しています。

　日本語獲得児の4歳までの平均発話長（形態素MLU）の発達と助詞の使用について表3-14に示しました。MLU 1.50から2.00になる24-26か月でいくつかの種類の助詞が使われるようになり，平均発話長2.00から2.50の27-30か月に活発に使用されるようになります。

（5）構文の発達

　綿巻（2001）は日本語の構文発達について大久保（1984）の作成した表に，ピアジェの考えと綿巻（1998）の表を加味し，表3-15を作成しています。綿巻（2001）から構文の発達の概観を以下に引用します。

　ピアジェによれば，初期の言語シェマは感覚運動知能シェマと概念的シェマの中間的な「半記号的記号」です。半記号的記号から本物の記号に移行する時期は23-24か月であり，この時期は文法発達の転換点です。以後，単文（述語成分を1個しかもたない文）の構造はますます多様化していき，2歳半ごろになると，「バス乗ってお買いもの行く」のような複文や，「おばあちゃんにもらった本読む」のような連体修飾語をもつ複文が発達します。これに加え，3歳以降，助動詞「れる」「られる」を使った可能文や受け身文，助動詞「せる」

71

表3-15　日本語の構文の発達

記号の性格	大久保（1984）より		綿巻（1998）より
	大体の初出年齢	構文の型	その他の特徴
半記号	1歳前後 ↓ 1歳半前後 ↓ 1歳半頃-1歳10か月前後	一語文 ↓ 一語＋助詞 ↓ 二語文	終助詞「ね」「の」
記号	2歳前後 ↓ 2歳半前後 ↓ 2歳半前後から3歳	三語文・多語文 ↓ 複文 　┌引用句をもつ構文 　│従属句をもつ構文 　└修飾語＋被修飾語をもつ構文 ↓ 文＋文＋文＝ 　段落＋段落＝文章	格，係・副助詞，他の終助詞 物の名称への気づき 助動詞の多様化 共同注意請求発話 心的状態語

（出所）　綿巻（2001）p.111.

「させる」を使った使役文が発達してきます。

このように2歳前後からそれぞれの言語体系にある本物の記号を獲得すると，文法発達が急激に開始されていきます。

（6）文法発達を可能にしていること──用法基盤モデル

文法を言語の本質と考える言語学者のチョムスキー（Chomsky, N.）は，人間には生まれつき言語を獲得する装置（Language Acquisition Devise: LAD）が備わり，通常の人間であれば誰でも言語を使いこなせるようになると考えていることは第1章4節で述べました。

このような文法獲得に対する生得的な考えに対して，環境とのかかわりを重視するアプローチの中で最近注目されている理論にトマセロ（Tomasello, 2003/2008）らが提案する用法基盤モデル（usage-based theory）があります。森川（2006）によれば，用法基盤モデルは単一ではなく，それらに共通なことは，「個人が言語知識を構築するための基盤は，言語を実際に使って発話したり，他者の発話を理解すること」という考えです。発話とその意図されるコミュニケーション機能の組み合わせが繰り返し使用されることによって，漸進的

にその中から共通する文法的パターンが形成されます。慣習的な表現を繰り返し聞いたり，産出したりするにつれその表現が定着します。定着により，まず，独立した形での個々の語や文の表現がうまれます。その後，その中から機能的類似性が認められるものが認識され，その間で般化(2)が起こり，一般的なルールが獲得されます。トマセロ（Tomasello, 2003/2008）は，意図理解能力とパターン認識能力が語彙や文法の獲得を可能にしていると考えています。語彙，文法は，これらの認知能力と環境からのインプットとの相互作用により獲得されます。初期の構文獲得は，母親の言語入力への依存度が高く，高い頻度で使用される言語項目は獲得が早く，子どもは記憶した形式を保持する傾向が強く見られます。

　文法の発達においても養育者からの言語入力が大きな役割を果たしていると言えるでしょう。

（7）文法が出現するころに脳の中で起こる変化

　ベイツら（Bates, Thal, & Janowsky, 1992）によれば，生後16-24か月は皮質の部位内，部位間のシナプス数の急激な増加により，語彙の急増，語結合の開始，文法獲得の加速，カテゴリー化と象徴遊びやいくつかの非言語的活動が並行的に急激に発達する時期です。エルマンら（Elman et al., 1996/1998）によれば，生後9か月から24か月のヒトの乳児において皮質の領域内や領域間の短距離のシナプス結合の密度は成人におけるレベルの150％に達します。シナプス形成がもっとも盛んに起こる時期が言語や認知の萌芽の時期とよく一致しているので，この神経系の出来事が行動の変化を媒介する重要な役割を担っていると考えるのは妥当なことでしょう。しかし，行動の「急速な発達」は脳の能力の「急速な発達」の直接的な反映ではなく，両者は経験によって媒介される比較的間接的な関係でしかないと考えられます。脳は養育者の言語入力や子どもの環境とのダイナミックな相互作用を媒介に急激に発達し，1歳半から2歳

（2）ある特定の刺激と結びついた反応が，類似した別の刺激に対しても生ずる現象のことです。また，同一の刺激に対して，類似した種々の反応が生じる場合のことも言います。

すぎにかけて語彙獲得，文法獲得が急激に加速されます。1歳から2歳という短期間に子どもは有意味語を獲得し，語を結合し，文法を獲得し，文を話すようになります。ヒトの脳は言語を学習する能力を生得的にプログラムされていますが，プログラムが起動するには，子どもの認知，社会性，構音器官に関連する微細な運動の能力の発達が基盤として必要です。ことばの獲得のためには，子どもが事物や人とゆたかにかかわれる環境を整備することが重要です。

3　ことばを場面や人に合わせて使えるようになる──語用の発達

南（2006）によれば，語用能力は言語運用能力や伝達能力の側面で，いつ，どこで，誰が，誰に対して，何を，どのように表現し，しかも適切にその目的とするところを伝えることができるかという，社会的交渉，かかわりにおいて適切な文，発話を生成する能力です。

秦野（2001）は，「クッキーを食べたい」という自分の要求を達成するために2歳児，4歳児，9歳児がどのような発話をするかを示しています（図3-15）。2歳児は「ちょうだいクッキー」と直接的にそのものずばりの要求をし，4歳児は「クッキーもらってもいい？　お願い!!」と間接的に相手に許可を求める丁寧な表現をしています。また，9歳児は「わあぁ，このクッキーとてもおいしそうにみえる」と自分がどうしたいのかをほのめかすような発話をしています。年齢により子どもの発話は異なっています。

ことばを効果的に使用するには，ことばの機能と，それを使う文脈に関する知識が必要とされます。相手の意図や背景情報を知ることに敏感になり，話し手の年齢，発話が行われた文脈，聞き手がだれか，話し手の要求の度合に応じた表現を行えるようになることが語用の発達です。このような能力には，近年さかんに研究が行われている他者の心について推測する能力「心の理論」の発達が大きく関与しています。

第3章　ことばの発達の道筋

（思考）お皿の上においしそうなクッキーがある。食べたいなあ。

（2歳児）ちょうだい クッキー
直接／要求

（4歳児）クッキーもらってもいい？ お願い!!
間接／ていねいな要求

（9歳児）わあぁ　このクッキー とてもおいしそうにみえる。
要求をほのめかす

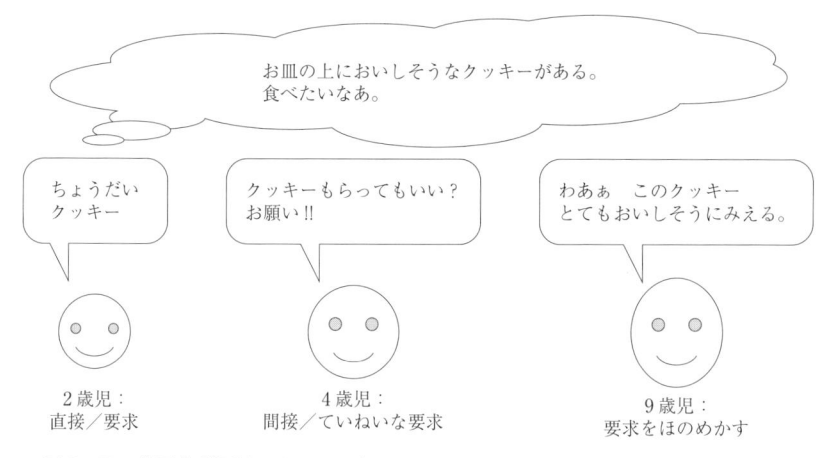

図3-15　効果的発話とはなにか（お皿にあるクッキーを手に入れるための発話）
（出所）　秦野（2001）p.118.

（1）会話能力の基盤となる能力──心の理論

「心の理論」とは小林（2010）によれば，次の3点を正しく理解できることです。①心にはたとえば思う，考える，信じるなどさまざまな働き（心的機能）があること，②こうしたさまざまな心の働きは一つにまとまっており，一人一人に心が一つあること（心の斉一性），③自分の心の働きと他者の心の働きは違っていることです。これら3つのことを理解できるようになったとき，子どもが心の理論を獲得したと考えられます。

「心の理論」を獲得しているかどうかを調べる方法として2種類の実験課題がよく使われています。一つは，ホグレフェら（Hogrefe, Wimmer, & Perner, 1986）が考案したスマーティ課題で，自分はお菓子（スマーティ）の箱に鉛筆がはいっているのを知っているが，"それを知らない人がその箱をみたら中味は何だと思うか"を当てる課題です。図3-16にスマーティ課題の概要を示しました。知らない人は箱の中味をお菓子と思っているが（「誤った信念」），実際は鉛筆なので，誤りをおかします。

もう一つの「心の理論」課題はバロン-コーエンら（Baron-Cohen, Leslie, & Frith, 1985）が考案したアンとサリーの課題です。図3-17に概要を示しま

第Ⅰ部 ことばの発達についての基礎知識

図3-16 スマーティ課題の概要
(出所) 小林 (2010) p.70.

した。以下のように問いかけます。「サリーはビー玉を自分のかごにいれました。サリーはそのあと，外に散歩に行きました。サリーがいない間にアンはビー玉を自分の箱にいれてしまいました。サリーが散歩から帰ってきました。さて，サリーはビー玉がどこにあると思って探すでしょうか。」自分は箱にあると知っているが，サリーは知らないという条件下でサリーの「誤った信念」を正しく推測できるかどうかを尋ねる課題です。

　健常に発達している子どもであれば，4歳後半より他者の誤った信念の理解が可能になります。バロン-コーエンは「心の理論機構（Theory of Mind Mechanism：TOMM）」の起源は9-12か月に発達してくる「注意共有機構（Sharing Attention Mechanism：SAM）」（共同注意）にあると考えています。

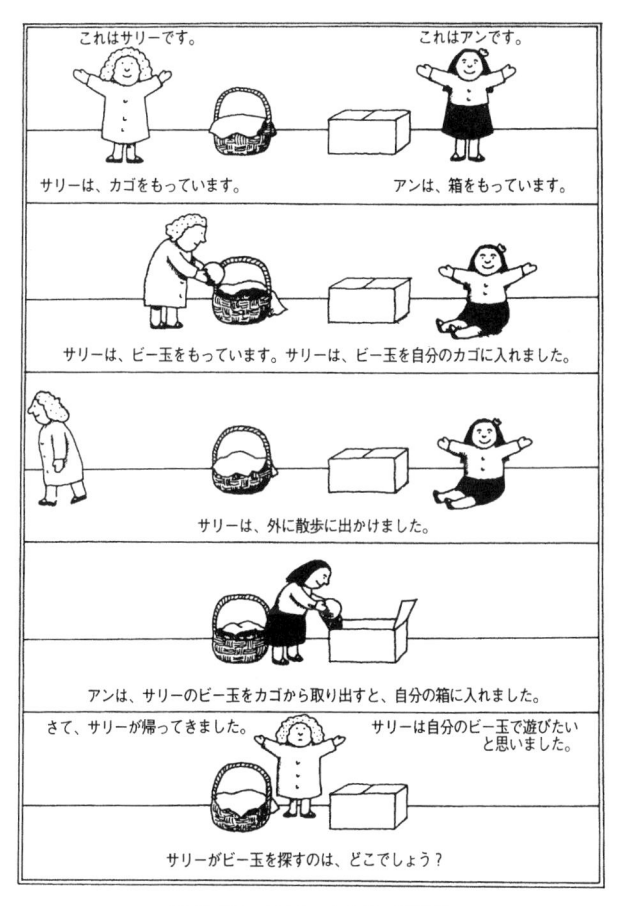

図3-17　サリーとアンの実験
（出所）　Frith（2003/2009）p.162.

(2) 会話がうまくできるには？
①共同注意の成立
　伝達能力の一つである他者との共同作業としての会話能力の発達において，子どもが会話にうまく参加するのに学んでおかなくてはならない4つの基本条件をクラーク（Clark, 2009）はあげています。第一に，話し手と聞き手は会話のやりとりの間，注意を共有して，共通の話題に気づかなければなりません。

第二に，話し手は聞き手が知っていることに注意し，聞き手の発話に状況に応じてあわせなければなりません。第三に，話し手は彼らが伝えたい意味に適切な発話行為を選択しなければなりません。話し手は聞き手が何をすでに知っているかを判断してそれにあわせて話を仕立てていかねばなりません。第四に，会話の参加者は順番が交替したときに適切な関連ある貢献ができるように他者が言っていることに耳を傾けなければなりません。

　会話の成立のためには「共同注意」の成立が必須です。エスティンガリビアとクラーク（Estigarribia & Clark, 2007）は，共同注意を親が子どもとどのように築いているかを，20組の年少群（平均1歳6か月）と20組の年長群（平均3歳0か月）を対象にした事物への命名実験で調べました。親は子どもに馴染みがないものを1つずつみせて，それらの物に名前をつけ子どもに説明する課題を与えられました。共同注意成立には，①大人が子どもの注意をXにむけさせる，②子どもはXへ注意をむける，③大人はXについての新しい情報を与える。③で子どものXへの注意がぐらついているような場合は，④大人は事物への子どもの注意を維持させるプロセスが必要です。このプロセスは大人と同じです。

　子どもの注意をむけるのに①で子どもが見る前に数秒，親は言語（"次は""もう一つ玩具があるよ"といった期待のことばや，"ここ""これ"といった指示詞の使用が多い）や身振り（指さしや見せびらかすこと）を用いました。注意喚起は年長児の方が容易で，大人のことばでの注意喚起は年少児群の方が多くみられることがわかりました。生後2年目までに子どもは共同注意を促す大人の対話者の発話，身振り，視線に気がつくようになりました。

②相手の発話をモニターする

　会話においては相手と共有する主題について相手の発話をモニターし，情報を伝えていくことが必要です。少し古い研究ですが，ブルーム，ロッシサーノとフード（Bloom, Rocissano, & Hood, 1976）は，ほぼ21か月から36か月まで4人の子どもの縦断研究（エリック，ガイア，キャサリンは6週ごとに家庭訪問，

第 3 章　ことばの発達の道筋

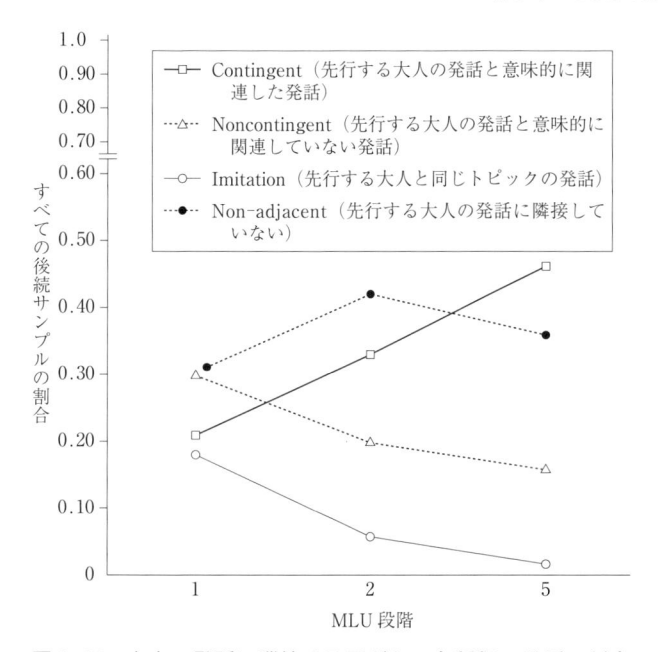

図 3-18　大人の発話に隣接する子どもの各種類の発話の割合
　　　　（4 人の子どもを合成）
（出所）　Bloom, Rocissano, & Hood（1976）p. 527.

ピーターは 3 週ごとに家庭訪問）で 5 時間録音し，連続200発話の大人の発話につづく子どもの発話を Adjacent（大人が言った発話を考慮している）／Non-adjacent（大人が言った発話を考慮していない），Contingent（先行する大人の発話と意味的に関連した新しいトピック）／Imitative（先行する大人の発話と同じトピック）／Noncontingent（先行する大人の発話と意味的に関連していない）の観点から分析しました。本章 2 節で述べたブラウン（Brown, 1973）の平均発話長の MLU 段階 1 （MLU ＜2.0）（21か月），段階 2 （MLU2.0-2.75）（24か月），段階 5 （MLU3.5-4.0）（36か月）の子どもの結果を図 3-18に示しました。

　子どもは自分の発話の約 3 分の 2 を大人の発話に続けて産出しますが，こうした発話の多くは，先行する大人の発話に意味的に依存せず，主題からはずれているか，新しい主題を導入するものでした。また，順番交代では，母親との会話において21か月児が自分の番で行った発話の21％が完全な会話を成り立た

せるものであり、36か月までにはその比率は46％にまで上昇したことを明らかにしました。

　また、幼児は一人の相手との会話だけでなく、他人同士が行っている進行中の会話に入り込むのが非常にうまいのです。ダンとシャツ（Dunn & Shatz, 1989）の研究では2歳でも子どもは頻繁に会話に入り込んでいましたが、新しい情報を含んだ入り込みは年齢とともに増大し、3者間の会話において、先行する番の話し手の言及が子どもに対してのときは2歳では32％、言及相手が他者であったときは16％、3歳では言及相手が子どものときは79％、他者であったときは53％でした。子どもは年長になるにつれ、言語使用についての広い範囲の情報に注意するようになります。3者間の会話では会話が途切れないように毎回交互に話者を交代する必要がないので、自分に直接、関与しない言語的やりとりを理解し、効率的に対処できるようになります。

③状況や相手にあわせた会話スタイル

　さらに、子どもは社会的役割や社会的状況にあわせた言語使用を学んでいきます。子どもは形式面と機能面でのさまざまな会話スタイルを身につけ効果的なことばの使い方をします。社会的役割と社会的状況にあわせていろいろなスピーチのスタイル、レジスター（場面に応じてあらわれる特徴的な言葉遣い）を習得していきます。中邑（Nakamura, 2002）は、日本語の丁寧語（です、ます）、尊敬語・謙譲語（"なさいます"、"まいりました"など）、男性語（"おれ"、"だ"など）・女性語（"あたし"、"わ"など）の3種類の言語形態の発達を1歳から6歳まで縦断的に観察しました。丁寧語は1歳半ごろに出現し、男性語・女性語がそのあとに出現しましたが、子どもの同性の仲間グループがあるかどうかや性に適切なスピーチスタイルを引き出すような性の社会化が養育者によってされているかどうかで個人差が大でした。尊敬語・謙譲語は自発で使われるのは遅いことがわかりました。これら3種類のタイプのことばのプラグマティクス（語用論）と社会言語学的な形式と機能の獲得のスピードや順序には、言語入力の性質、養育者の言語期待、言語の社会化過程や形態統語、意味、語彙に

含まれる言語学的な複雑さ，言語形式の使用の基底にある対人関係の複雑さや社会文化的概念の複雑さなど多様な要因がかかわっているとしています。

グライス（Grice, H. P., 1975）（南，2005より）によると，会話には基本的ルールが2つあり，一つ目は「ひとりで場を独占しないで，発話の番（ターン）の交替がスムーズであること」，2つ目は「内容が適切で，会話相手に対して協調的であること」です。グライスはこれを「協調の原理」とよび，この原理は量の公準，質の公準，関連適切性の公準，様態の公準の4つの公理から成り立っています。会話が上手な人というのは，4つの公理を満たしながら会話に参加できる人であるといえます。

・量の公準：
 ①必要十分な情報を提供する。
 ②情報が必要不十分，もしくは必要以上であってはならない。
・質の公準：
 ①話し手は自らが真実であると信じていることを述べる。
 ②虚偽であると信じていることを話したり，十分な根拠のないことを話さない。
・関連適切性の公準：相手の発話に関係のあることだけを言う。
・様態の公準：明瞭，簡潔で秩序だっていて，あいまいでないことを言う。

グライスの会話のルールは，大人の会話においても心しておかなければならないことといえるでしょう。

（3）物語る能力（ナラティブ）の発達

伝達能力のもう一つの側面は他者との共同作業でなく，一人で過去に体験したことを物語るナラティブの発達です。荻野（2001）によれば，「語る」ことは「話す」ことと「書く」ことの間に位置づけられ，第三のコミュニケーション行為であるという言い方もされています。荻野はナラティブとは，「少なくともひとつの時間的結合を含む連続した節，もしくは事実でも空想でも，時間的に連続した出来事を口頭で順序づけて言うもの」と定義し，ことばの発達と

表3-16　ナラティブの構成要素

要旨・導入部	話の最初に，何についての話なのかを聞き手に伝える
設定・方向づけ	誰が，いつ，どこで，何を（していたか）
出来事	起きた事件は具体的に何なのか
評価	話し手の気持ちはどうだったのか，話の意味は何なのか
解決・結果	事件が最高潮を迎えた後，結局どうなったのか
結語・終結部	話の最後の締めくくりのことば

（出所）　Labov（1972）より南が作成したものを南（2005）p.57より転載

関連した以下の能力が含まれるとしています。すなわち，①出来事の時間的および因果関係を，時系列に沿った出来事の連鎖として表現する言語能力，②一貫性のある語りをする言語能力と，テーマに従った構造をもつものとして談話を理解する能力，③出来事を通常生ずる典型的なものと，そうでないものとに分けて捉え，かならず生ずること，あり得そうなこと，曖昧なことなどの特性によって捉える能力，④登場人物（そこでの行為主体）によって，また，時間，空間的な位置づけによって異なる多様な視点をとる能力，⑤私たちの文化や社会で了解可能な仕方で，出来事の逸脱を解決する能力，⑥私たちの文化や社会で意味のあるテーマを維持して，これを再認したり再形式化したりする能力，⑦複雑な現実を表象して言語的に形式化し，心に保持する能力（言語，認知能力）の7つの能力です。南（2005）はナラティブの構成要素を表3-16のようにまとめています。出来事（起きた事件は何か）というのはナラティブの骨格をなす前景描写（時系列）であり，設定（誰が，いつ，どこで，といった情報）や評価（話し手，もしくは登場人物の気持ち）などは後景（背景）描写に分類できます。幼稚園児くらいまでは出来事といった前景描写に重点をおき，設定や評価（登場人物の気持ち）などの後景（背景）描写をしない傾向があると南は述べています。

また，内田（2008）が提案しているナラティブの発達とそれを支える認知的基礎を図3-19に示しました。2歳から3歳にかけて時間関係を捉えることばの獲得に伴い，次第に語りにまとまりができ，3歳後半から4歳前半にかけて，一連の出来事の流れをことばで表現できるようになり，4歳後半から5歳前半

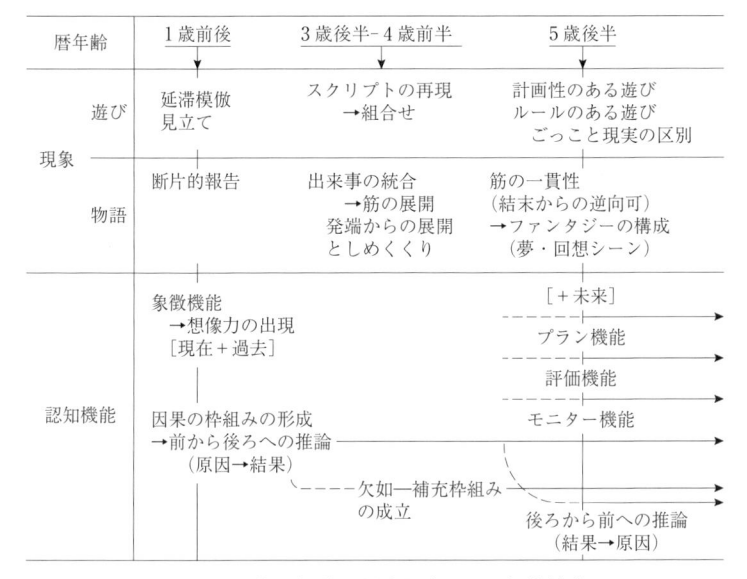

暦年齢	1歳前後	3歳後半-4歳前半	5歳後半
現象 遊び	延滞模倣 見立て	スクリプトの再現 →組合せ	計画性のある遊び ルールのある遊び ごっこと現実の区別
現象 物語	断片的報告	出来事の統合 →筋の展開 発端からの展開 としめくくり	筋の一貫性 (結末からの逆向可) →ファンタジーの構成 (夢・回想シーン)
認知機能	象徴機能 →想像力の出現 ［現在＋過去］ 因果の枠組みの形成 →前から後ろへの推論 (原因→結果)	欠如—補充枠組み の成立	［＋未来］ プラン機能 評価機能 モニター機能 後ろから前への推論 (結果→原因)

図3-19 物語行動の発達を支える認知的基礎
(出所) 内田 (1996) を内田 (1999) p.177 より転載

になると，事件を盛り込んだ話，「欠如―補充」「難題―解決」のような語りの形式を獲得するようになり，5歳後半すぎになると「夢」「回想」のような「組み込み技法」を使ったファンタジーが生成できるようになるとしています。

ことばを効果的に使用する言語運用能力・伝達能力の側面は乳幼児期，児童期だけでなく，生涯発達していく側面です。日本の言語発達研究で語用の側面の発達については，会話がうまくいかない自閉症児をはじめとする語用障がいの研究は行われていますが，定型発達の子どもの語用の発達の研究は少なく，今後の研究の発展が必要な領域です。

4 ことばの発達における個人差

(1) 個人差はどんな面にあらわれるか？

他の領域の発達と同じように，言語発達においても各個人により発達の速度

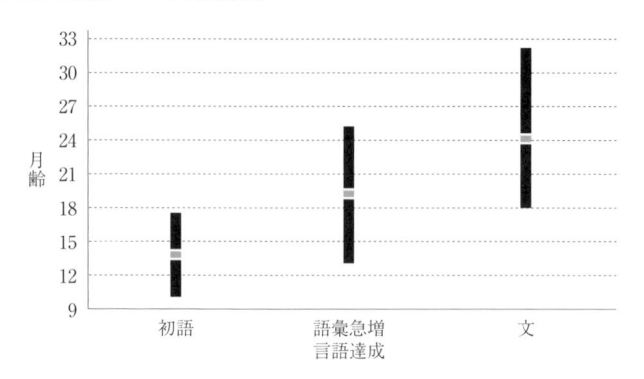

図3-20　言語獲得の3つの指標の平均月齢とレンジ
（出所）　Bloom（1993）p.149.

や学習のスタイルは異なっています。本章1節で同じ年齢の子どもでも表出語数，理解語数が大きく異なっていることはすでに述べました。ブルーム（Bloom, 1993）が14人の子どもの縦断研究から明らかにした初語，語彙急増，文の出現の時期のレンジ（幅）を図3-20に示しました。たとえば，文の獲得時期の平均月齢は24か月ですが，個人差があり，はやい子どもは18か月で，遅い子どもは32か月ごろに文を獲得するということが示されています。

　音韻の発達でも個人差があり，喃語の開始時期の違いや発する音の違いや様式での違いが報告されています。様式の違いは獲得言語のイントネーションをもつジャーゴンの長いつながりで喃語するイントネーション赤ちゃん（intonation baby）もいれば，一度に短い喃語を発する語赤ちゃん（word baby）もいます（Hoff, 2014, p.127）。

　語の獲得のスタイルに違いがみられることも報告されています。

①指示型と表現型

　ネルソン（Nelson, 1973）は18人（7人の男児と11人の女児）を1歳から2歳まで母親の日誌記録や家庭での録音により縦断的に観察し，子どもが最初に話す50語の構成で，事物の名前の語が多い指示型（referential style）の子どもと，事物の名前は少なく，代名詞や機能語，一語よりも長い定型句を含む個人─社

会話などいろいろな語類からなる異質の語彙が多い表現型（expressive style）の子どものタイプを見出しました。指示型の子どもは，50語近くで語彙の急増があり，そのあと，語結合が表出され，24か月時点でも事物について話すのを好み，自己について話す（社会―個人的な表現）こととは負の相関がありました。表現型の子どもは，統語段階への移行が不明瞭で語彙の急増の特徴もありませんでした。この2つのタイプの子どもが50語に達する年齢は同じでした。ネルソンは2つのタイプの違いが，指示型の子どもは事物について話したり，カテゴライズするために言語を獲得し，表現型の子どもは社会的な関心が強く，自分自身や他者について話す手段として言語を獲得するという，言語使用の仮説の違いからきているとしています。ネルソンは言語発達研究に重要な新しい視点を紹介しましたが，データが親の報告であること，語彙の構成は子どもが実際使用している頻度とは異なっていること，子どもが獲得する語の種類を定義するのに用いられるカテゴリーと規準（形式と機能を混合している）についてなどの批判がなされています。

　ドア（Dore, 1974（ゴールドフィールドとスノー（Goldfield & Snow, 1997）から））は母親，保育所の先生と協力して2人の子どもの一語発話の分析を行いました。その結果，一人は明瞭な一語発話を命名，反復，練習するのに用い，もう一人は，語はほとんどなく，音声のイントネーションを変化させてコミュニケーションしていました。前者の子どもは環境内の事物に関心があり記号志向，後者の子どもは社会的状況を操作するのに言語を用いていることから，メッセージ志向としています。ドアの研究はネルソンの仮定した機能の違いを一部支持していますが，語の種類についてこの2児が指示型（名詞型）であるか，表現型（個人・社会型）であるかは不明です。その後，たくさんの指示型・表現型についての研究が行われましたが，この2つの型に二分されるよりも，多

（3）ネルソンは個人―社会語として感情の状態や社会的関係をあらわす語として断定（例：no, yes, want, know）や社会的な表現（例：please, ouch）の語をあげ，また，きまりきったフレーズや他者に対処する際に有効な go away, don't do it や thank you のような例をあげています。

くの子どもは両方の型の語をバランスよく獲得しており，極端な子どもは少ないとされています（Goldfield & Snow, 1997）。

②一語発話から多語発話にいたる過程の個人差

　大人の話しことばを子どもが聞くときに区切る言語単位の長さによる違いから，一語発話段階で2，3語が結合した長い句の発話を行う（各語は単独では生起しない）子どものタイプが取り上げられています。リーベンら（Lieven, Pine, & Barners, 1992）は，真の語結合の前にあらわれる長い言語単位を"定型句（frozen phrases）"とよび，12人の子どもの親の語の記録，観察録画から，普通名詞，個人―社会語（リーベンらは，このカテゴリーにインタラクションの語（例：bye bye），オノマトペ[4]，代名詞を含めている），定型句の推移を調べ，個人―社会語は語が増加すると減少し，表現型の安定した特徴ではなく，普通名詞と定型句は安定した割合で存在し，両者は負の相関があり，初期の語彙発達への2つのアプローチを正確に示しているとしています。また，ピーターズ（Peters, 1983（Goldfield & Snow, 1997から））はストレスや韻律により特徴づけられる句のスピーチを全体的とよび，明瞭に分節された単一の語のスピーチを分析的とよんでいます。

　初期の文における個人差について，ブルームら（Bloom, 1975（Goldfield & Snow, 1997から））は事物と事象の関係を代名詞と内容語を結合させて記号化する代名詞（pronominal）アプローチ（例："I finish", "play it"）と内容語を結合させる名詞（nominal）アプローチ（例："touch milk", "Gia push"）を見出し，平均発話長（MLU）が2.5（本章2節参照）になると，子どもは2つのシステムを重複して使用するようになったことを報告しています。語の個人差と文法の個人差には一定の関係があることも報告されています。ネルソン（Nelson, 1973）による子どもたちの24か月と30か月時点での追跡観察で，指示型の子どもは初期の文でも名詞が高い割合を占め，MLUの増大に伴い名詞は減少し，

（4）オノマトペは生物の声や無生物の出す音をあらわす語で擬音語ともいいます。

代名詞が増加しました。一方，表現型の子どもは最初，名詞と代名詞の使用は均衡がとれており，MLU の増大で代名詞の使用はほとんど変化せず，名詞が増加しました。

一語発話から語結合への過程における，機能的なタイプの違いも報告されています。1 歳から 2 歳半の子どもで一語発話で事物に命名するのが好きな子どもは語結合でも事物―属性関係を記号化したのに対し，事物の命名が少なく，感嘆詞を多く使用した子どもは初期の文で，より自己に言及しました（例：want ball）(Starr, 1975（Goldfield & Snow, 1997 から））。

ベイツら (Bates, Bretherton, & Snyder, 1988) は 27 人の子どもを 13, 20, 28 か月時点で追跡し，13 か月で名詞の理解と表出が高いレベルにあった分析型の子どもは 28 か月時点で文法が発達していましたが，また，初期に機械的な記憶をする全体型の子どもは文法発達が遅れていたことを報告しています。一方，パインとリーベン (Pine & Lieven, 1993) は，定型句の比率は語結合数と相関し，反対に名詞の比率は文の表出と関係がないことを報告しています。単一の語を表出した後，語を結合する子どももいれば，全体の句から構成部分に進み，その後，新しい発話で部分を結合する子どももいます。大人の発話を模倣する傾向が強い子どもは一語発話段階でも句単位で獲得し，初期の文段階で低い意味価値（たとえば代名詞）の高頻度項目を表出し，乱れた音韻体系をもっていることも報告されています。

（2）個人差の源はどこにあるか？

ここでは，子どもの要因と養育者の要因の 2 つの側面を取り上げます。

①子どもの要因

(1)音声の知覚

近年，音声知覚と語彙獲得との関係の研究が盛んに行われています。ツァオら (Tsao, Liu, & Kuhl, 2004) は，フィンランド語の高後舌母音の /u/ と高前舌母音の /y/ を英語が話されている環境に生育する 6 か月児にヘッドターニ

ング法(第2章1節参照)で弁別させました。英語話者の成人はこれらの2つの音を英語の /u/ と /i/ の非定型的な例と判断しました。これは弁別の難度を高め,音声弁別の個人差を高めると考えられます。13, 16, 24か月時点でマッカーサー乳幼児言語発達質問紙(CDIs)(第3章1節参照)を実施し,「6か月時点での音韻の弁別基準に達するまでに必要とされる試行数,テスト試行での正答率」と「CDIs の言語測度,親の社会経済的地位」を相関と重回帰分析で明らかにしました。6か月時点での音声知覚は13, 16, 24か月時点での言語測度との有意な相関を示していました。発達した音声弁別能力は周囲の発話の中の統計的な規則性をより有能にみつけ,より早期に母国語の聴取パターンに移行し,発話の中から語を発見し,語を生産していきます。

(2)気質

子どもの要因として第一に子どもの気質があげられます。言語発達の速度が遅い子どもははずかしがりやで,注意深く,理解能力はよいが,言語表出をなかなかしない,また,言語構造の細かい点に注意を払い,助動詞や構文を多く使用します。言語発達の速度が速い子どもは,喜んで危険を引き受けて,文法的誤りを頻繁に行い,人々や事物を記述するのにたくさんの名詞や複雑な名詞句を使用したことが報告されています(Horgan, 1981 (Goldfield & Snow, 1997から))。

ディクソンとスミス(Dixon & Smith, 2000)は,気質と語彙獲得の関係を調べるために,13か月児と20か月児について,マッカーサー乳幼児言語発達質問紙(CDIs)での親の報告による言語発達の測度と,幼児の気質の質問紙である Toddler Temperament Scale との関係を明らかにしました。第一に,20か月児での名詞,述語,閉じた類(5)の語の語彙表出は13か月での注意のコントロ

---

(5) 閉じた類(closed class)とは単語などの分類群で,比較的個数が少なく,新たに作ることが難しい群を指します。開いた類(open class)の反対です。閉じた類の典型的なものには,文法機能をもつが独自の意味をもたない,助詞・前置詞・接続詞・助動詞・冠詞などの品詞(付属語),あるいは活用や格変化などを示す接辞などがあります。助動詞や形式名詞などは,開いた類が文法化して閉じた類になったものです。さらに「上」「前」「左」などの位置・方向をあらわす名詞なども,閉じた類ということができます(図3-2も参照)。

ール，情緒の安定性（気質検査では持続性，適応性，ポジティブ感情の高さ）との相関がありました。第二に，7か月，10か月での語彙の理解は乳児の気質の質問紙の Infant Behavior Questionnaire の7か月での注意の持続，笑い，なだめやすいことと相関がありました。第一の結果と同様，注意のコントロールや情緒の安定性が語彙理解をも高めているといえます。第三の結果として，7か月から10か月にかけての注意の持続，10か月から13か月におけるなだめやすさの増加，10か月から13か月における混乱の減少が20か月の名詞，述語，閉じた類の語の表出語彙数と相関していました。生後1年目の終わりに出現する注意のコントロールがその後の表出語彙の発達と関連していることが示されました。

(3)認知

子どもの前言語での概念の体制化の差が指示型，表現型（前述）の違いを生起させます。指示型の子どもは，玩具へ注目し，事物をいじるのが好きで，このような子どもは名詞類を学習し，他方，表現型の子どもは，大人に注意をむけ，個人―社会語を学習するとの報告もあります。また，ウルフとガードナー (Wolf & Gardner, 1979) は，事物の世界の可能性，とくに物理的な特性や空間配置の探索を好み，二次元，三次元の配置の構成に優れた子どもをパターナーとよび，彼らの初期の語彙に事物，動物，場所の名前が高率で含まれ，その後の語彙では，色，サイズ，数詞や物理的関係をあらわす語を使うことが多いとされています。もう一方のタイプはドラマティストとよばれ，社会的な世界に関心をもち，象徴遊びで人のやりとりを再現し，人形や電話などの玩具を好み，初期の語彙では固有名詞，挨拶のことば，感情の表現，その後の語彙では感情，気分，人々の性質をあらわす語を多く使うことが報告されています。

②養育者の要因

次に養育者の要因について考えてみましょう。子どもは両親，保育士，姉妹，友だちなどたくさんの話し手との相互交渉の中でことばを学習します。指示型の子どもの養育者は事物の指示，記述，物の名前を要求したり，強化する語り

かけをし，他方，表現型の子どもの養育者は人への言及，子どもの行動を方向づけする語りかけをしていました。また，母親の言語の一つ一つを要素に分解できる構造をあたえられる子どもは単語を語りかけから抽出しやすいし，そのような構造を与えられない子どもは句を抽出することになります。養育者の発話のスタイルは養育者自身があらかじめもっているスタイルの一部であると同時に，また，養育者は子どもとの相互作用で子どもにあわせていることも指摘されています（Goldfield & Snow, 1997）。その他，獲得する言語の違いやことばが話される文脈が学習者や養育者の言語入力と相互作用し，言語発達の個人差を生み出しています。個人差の研究は，言語学習の基底にあるメカニズムを明らかにすると同時に，教育や治療で個々に対応した方法を工夫する重要性も示しています。

　一人一人の言語発達はいろいろな領域で個人差があります。それぞれの子どもの個人差を理解し，各子どもに応じた保育が重要です。

第4章
養育者はどんな語りかけをしているか？

　第1章でみたように，養育者からのことばかけがないとことばの発達は非常に遅れます。養育者はことばを習得しはじめた子どもが，ことばの機能，語意，統語的規則を発見しやすいようにさまざまな手がかりをあたえ，ことばの獲得の足場となるコミュニケーションの場をつくっています。ブルーナー（Bruner, J.）はことばの獲得の過程についての主張の中心に社会的な相互作用を重視し，言語獲得援助システム（language acquisition support system: LASS）が人間には備わっているとしています。子どもが生得的にもつ能力を引き出すように，環境からの刺激を養育者が調整することにより，言語獲得がなされていきます。

1　育児語とは？

　養育者が乳幼児に話しかけるときに使用することばは，大人同士が話すことばとは異なり，音声面，語彙面，文法面，語用面で独特なことばかけであることが指摘されています。マザリーズ，育児語（ベビートーク（baby talk）），乳幼児にむけて話すことば（infant directed speech: IDS; child directed speech: CDS）とよばれています。母親だけでなく，父親や年上の兄弟などを含めた大人や年長者が乳幼児に語りかけるときにも使用します。次に育児語の特徴をあげてみましょう。

（1）**音声面の特徴**
　音声面には韻律面と音韻面があります。育児語の音声面の特徴は言語を問わ

ずみられます。韻律面は基本周波数が高いこと，基本周波数の変動が大きいこと，発話の持続時間が短いこと，ポーズが長いことといった特徴があります。音韻面の特徴として，音韻の転化（「どうぞ」を「どうじょ」，「おなか　すいた」を「おなか　ちゅいた」）や反復（「め」を「めめ」，「て」を「てて」）があげられます。もう一つの音韻的特徴に，英語の場合，doggie や foxy のように小さいことや親密さ，かわいさをあらわすのに語形を変容させるためにもちいられる派生接辞の指小辞（diminutives）の付加があります。日本の養育者は「くま」を「くまさん」というように，「さん」「ちゃん」「くん」といった接尾辞の付加を頻繁に行いますが，これが指小辞と類似のものと考えられます。子どもにむけた発話においては動物ばかりでなく，食物やさまざまな対象に対して付加されています（村瀬・小椋・山下，1998，2007）。

（2）語彙面の特徴

　語彙面の特徴は，日本の養育者が使う育児語にとくにみられます。動作をあらわすのに「ねんね」「ないない」といったことばやトントン，ポーンといった擬音語（オノマトペ）（第3章4節脚注（4）参照）を用いたり，ワンワン，ニャーニャー，ブーブーといった擬音語（オノマトペ）をイヌ，ネコ，自動車といった物の名前をあらわしたりするのに使っています。村瀬・小椋・山下（1998，2007）は16-27か月児の親291人に質問紙を配布し，8つの意味領域（動物，乗り物，食べ物・飲み物，衣類，身体各部，挨拶・日課，行為，性質）の256語について「親の子どもへの言い方」を記入してもらいました。日本語を母語とする母親は擬音語・擬態語，音韻の反復，接尾辞の付加，接頭辞（お）の付加，音の省略（ヤダ（いやだ）），音の転用（ニューニュー（ぎゅうにゅう））という特徴をもつ育児語を使用し，育児語の言及対象は動物だけに限らず，乗り物，食べ物・飲み物，衣類，身体各部，行為，性質などさまざまな対象・事象に及んでいたことを確認しました。日本の養育者の擬音語・擬態語の使用頻度の高さは，日本語の擬音語・擬態語が英語にくらべ，語彙として体系化されているという日本語自身の要因も関係していると考えられます。

その他の育児語の特徴として，韻律面では先にあげた特徴の他に，文末に高い音，ゆっくり明瞭に話す，また統語的特徴として短い文，単純構造，平均発話長（MLU：第3章2節参照）の値が低い，「いま，ここ」でのトピックに限定される，相互作用的特性（反復が多い，模倣が多い，聞き返しが多い）などの特徴があげられています。

（3）育児語の役割

このような特徴をもつ育児語は子どもの言語発達に大きな役割を果たしています。第一に，育児語のピッチが高い，ピッチが変化しやすい，誇張したストレスなどの韻律的特徴が果たす役割として，養育者と子どもの間の感情の絆を強める機能があります。育児語は養育者の子どもへのポジティブな情動の表出を助けます。子どもにとっても養育者からのポジティブな注視は愛着を助長します。育児語は情緒的で友好的なコミュニケーションを深めるのに大きな役割を果たしているといえます。また，育児語は子どもの覚醒状態や行動をコントロールする力があります。育児語のイントネーションのパターンがことばを発する前の子どもをなだめたり，注意をひきつけたり，認めたり，禁止したりします。子どもの言語能力が発達してきてからも，大人は韻律で説得や命令の言語メッセージの内容を変化させ子どもの行動をうまくコントロールします。

養育者の語りかけの第二の役割は，乳児が言語を理解していないときでも，会話をしているように順番交代し，双方向のやりとりをつくっていることです。養育者は乳児が発したことに言語，非言語で応答し，会話のようにしていきます。乳児の側の行動を意図的コミュニケーションのように養育者は取り扱い，乳児の反応を引き出そうとします。

第三の役割として，養育者は事物や事物のもつ可能性を一緒に探索して相互交渉しながら乳児が事物に関心をもつように励まします。養育者は遊びや養育場面，絵本場面，共同注意場面などの社会的な文脈で事物や行為の特徴にラベルづけをします。これらの養育者のラベルづけを伴う事物への共同注意はことばの獲得を促進していきます。

第四の役割は，構造化された場面で話すことを子どもが学ぶような機会を養育者が与えているということです。

　育児語を用いて親は子どもに重要なスキルを教えていきます。育児語は乳児がことばを獲得しやすくするための足場づくりを提供しているという多くの報告があります。育児語は語彙の獲得だけでなく，文法発達を促進する言語レッスンであることを報告している研究もあります（Furrow, Nelson, & Benedict, 1979）。

2　養育者の語りかけはことばの発達へ影響するか？

（1）共同注意中のことばかけと子どもの言語発達

　第3章1節（5）でも述べましたが，子どもは大人の視線や表情を手がかりとして大人の発話の意図を推測し，語意学習をしています。子どもと大人，そしてこの2人が注意をともにむけている事物の三項により構成される共同注意の成立は言語獲得の基盤となります。たとえば，食事などの日常的行為や遊びといった社会的にパターン化された行為の繰り返しの中で，子どもは目の前の大人の声や表情・自分自身の声や表情・大人からの特定のことばかけをつねに一緒に与えられています（Bruner, 1982）。このような状況には共同注意が潜在しており，そういった状況の中で大人が使用した言語は子どもにとって即座に意味を推測しやすいため，子どもの言語発達を容易にすると考えられます。トマセロとトッド（Tomasello & Todd, 1983）は，12-13か月の6人の子どもを対象に5か月間にわたってビデオ撮影と日誌記録を行いました。その結果，母親が子どもの注意に従うのではなく指示して相互交渉を開始すると，子どもが獲得した語のうち事物の名前の語が少なく，より個人―社会語が多かったことが明らかになりました。また，共同注意をして過ごす時間の総量と子どもと母親が共同注意に同じくらい従事していることが，子どもの語彙サイズと正の相関関係にありました。このように共同注意中における言語刺激が言語発達に影響を及ぼすことがわかっています。トマセロとファラー（Tomasello & Farrar, 1986）では，24組の母子による玩具遊び場面を生後15か月と21か月時点で観察

表4-1　13か月時点のことばと22か月時点の子どもの表出語数との相関

13か月時点母親のことば	子どもの名詞数（22か月）	子どもの語彙数（22か月）
フォロー（指示）	0.74*	0.78*
フォロー（叙述）	0.17	0.15
リード（指示）	－0.31	－0.33
リード（叙述）	0.17	0.15
リード（注意喚起）	－0.63*	－0.65*

*$p < .05$
（出所）　Akhtar, Dunham, & Dunham（1991）p. 45.

しました。生後15か月時点と21か月時点ともに，共同注意中では，非共同注意中よりも，母子ともに発話が多く，母親はより短い文で情報提供を行い，会話を長く続ける傾向がありました。15か月時点でも21か月時点でも，共同注意中に，子どもがすでに焦点をあてているものに母親が言及することが，21か月の語彙数と正の相関があり，子どもの注意を転換しようとして言及を行うことは負の相関があることが示されました。一方，非共同注意中ではこのような相関は見られませんでした。

　アクタールら（Akhtar, Dunham, & Dunham, 1991）の研究で，表4-1に示すように，13か月時点で子どもが注意をむけているときに指示・命令を与える発話は，子どもの語彙数と正の相関があることがわかっています。また，子どもが注意をむけていないときの注意喚起は子どもの語彙数と負の相関がありました。さらに，共同注意を達成した状態でのことばかけと重なるところはありますが，養育者の応答性が子どもの語の獲得に影響を及ぼすことも検討されています。ボーンシュタインら（Bornstein, Tamis-LeMonda, & Haynes, 1999）は13か月の月齢で測定された養育者の応答性の高さ（即座性，随伴性，適切さ）が20か月の子どもの算出語数の多さや50語獲得の速さと正の関係があることを報告しました。

（2）養育者の言語入力の豊富さと子どもの言語発達

　一方，共同注意が達成された中での母親の発話の多さや応答性が子どもの語彙の増大と関連性を示さなかったという研究もあります。ホフら（Hoff & Naigles, 2002）は研究開始時点が18か月から29か月（平均21.3か月）の63人の

日常場面の母子の遊びを10か月間隔で2回観察し，データを分析しました。その結果，第1回目の養育者の言語入力の豊富さが第2回目の観察での子どもの語彙発達を予測していることを示しました。第1回目の共同注視中の母親の発話の多さや応答性は第2回目の子どもの語彙発達には関係がなく，母親の語のタイプの多さや平均発話長にみられる発話の複雑さが，後の子どもの語彙獲得と正の相関がありました。

　ハートとリズレイ（Hart & Risley, 1995（Buckley, 2003/2004から））では，30か月で平均表出語彙サイズが357語から766語であった子どもが3歳の誕生日までの6か月間にどれだけ語彙を増加させたかを調べ，増加数の大きい群と小さい群に分けたところ，語彙増加数の平均はそれぞれ350語ないし168語でした。この2群間の差異に影響を与える重要な要因の一つとして，親の話しかける語彙の差異がありました。相対的に大きな語彙をもっていた子どもの親は，話しかけが統計学的に有意に多く，親自身がいろいろな語彙を使用していました。また，質問を多く発し，子どもが言ったことに対してポジティブなフィードバックをより多く与えていました。よりたくさんのターンを子どもがとるように励まし，会話が長くつづくように調整していました。それに対して相対的に小さい語彙をもっている子どもの親は，話しかけが統計的に有意に少なく，子どもとの会話が相対的に短かったことを報告しています。

　ホフら（Hoff & Naigles, 2002）は，語彙発達の個人差は子どもの学習能力と外からの言語入力によっているとしています。養育者が話しかける頻度がとくに子どもの語の生産と関連しています。繰り返しことばにさらされることは多岐にわたる学習の試行として機能し，また，いろいろな場面やいろいろな統語の枠組みの中で呈示されるので，語意味の情報を得るよりたくさんの機会を与えています。養育者の平均発話長が長いことの利点は，長い発話の中に新しい語についてのたくさんの情報が含まれていることです。発話の中の既知の語は，新しい語が呈示された発話の構造と同様，新しい語の意味に対しての手がかりを与えます。子どもが情報を利用する年齢にあれば，養育者の長い発話のほうが短い発話よりもよりたくさんの情報源を含んでいます。長い発話は新しい語

の意味についての明確な情報を含んでおり，新しい情報が追加されているので，結果として新しい語への深い処理が行われることになります。

このように養育者からの語りかけは子どもの言語発達に大きく影響を及ぼしています。また，最近，18か月以降の子どもは直接に自分にむけられた状況だけでなく，親やきょうだいや仲間など多数の他者とのかかわりややり取りの状況で他の人の会話をふと耳にすること（overhearing）を通してことばを学習していることが明らかになっています（Gampe, Liebal, & Tomasello, 2012）。保育所で養育されている子どもたちは保育者が他の子どもに話かけているのを聞く機会が多いので，overhearingによってもことばを学習していると考えられます。

3　養育者の語りかけは文化により違っているか？

（1）日本と米国の比較

日本の母親は子どもに話しかけるときに育児語を頻繁に使うと言われています。ファーナルドら（Fernald & Morikawa, 1993）の6，12，19か月児の日米の母子の比較研究で，米国児の母親が日本の母親よりも名詞ラベルを使用すること（図4-1），日本の母親はすべての月齢でオノマトペを使用したのに対し，米国の母親はほとんどオノマトペを使用していないことが明らかになりました（表4-2）。日本の母親は，ターゲット事物にブーブーなどのオノマトペの語を名詞として使用し，同じオノマトペ（ブーブー）を豚，車，トラックと異なった事物に用いていたことを見出しました。また，より長い期間，日本の母親は育児語を使用していました。図4-2に示されるように，日本の母親は社会的なきまりきった語（挨拶，やりとり，共感）を米国の母親よりも有意に高く使用していました。

ファーナルドらはこの結果を育児の考えが日米で文化的に異なっていることに起因しているとしています。米国の母親が子どもの自立を促すことに価値をおくのに対して，日本の母親は甘え（相互依存）を奨励しています。彼女らは母親との面接から，日本の母親の目標はやさしく話し（talk gently），子どもが

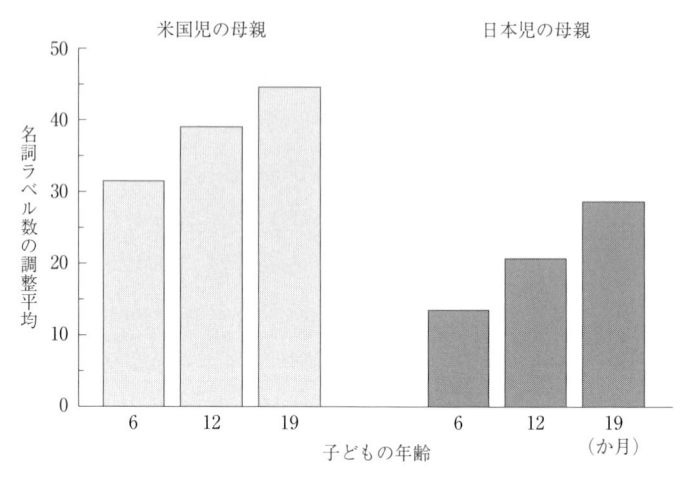

第Ⅰ部 ことばの発達についての基礎知識

図4-1 日本の母親と米国の母親の子どもへの発話で,目標物全体,目標物の一部を指示する名詞でのラベル数の調整平均[1]
(出所) Fernald & Morikawa (1993) p.644 を小椋 (1999b) p.186 より転載

模倣しやすい音を用いることであるのに対し,米国の母親の目標は子どもの注意をひき,子どもにことばを教えることであると述べています。日本の母親は言語能力を育てることには関心がなく,情緒的なコミュニケーションを確立し,母親自身の発話を未熟な子どもの発話に合わせることに関心があり,このような調節は日本文化が価値をおく「おもいやり」の理想の反映かもしれないとしています。日本の養育者のことばかけの特徴として村瀬(2006)は,情緒志向性が高く,情報志向性が低いことをあげています。具体的には,日本の養育者は育児語(ベビートーク)が多い,質問が少ない,物の受け渡しなどの社会的ルーティンに関する発話や,感嘆詞,あいづちの発話が多いことがあげられます。

(2)育児語のない文化

一方,オックス(Ochs, E.)によるサモア語やシーフェリン(Shieffelin, B.

---

(1) 調整平均とは極端な点数の影響を少なくするために,点数を大きさの順に並べて,両側から同数ずつ削除してから平均を求めることがあります。このような平均を,トリム平均(トリムド平均),調整平均,刈り込み平均(trimmed mean)などとよびます。

表4-2 6，12，19か月児の日米の母親が目標物全体を指示するのに使用した名詞ラベルのタイプの分布

名詞ラベルタイプ	言語グループ					
	米国			日本		
	6か月	12か月	19か月	6か月	12か月	19か月
大人の形式	14.4(10.2)	13.3(8.8)	15.0(7.0)	6.5(3.4)	6.0(3.7)	5.2(6.2)
大人の形式＋接辞	9.5(13.3)	10.8(7.5)	8.5(6.7)	7.9(4.5)	5.3(3.3)	4.0(5.0)
オノマトペ	－.5(.0)	－.7(.0)	－.1(1.9)	8.9(7.2)	12.1(7.9)	14.1(8.0)

（ ）は標準偏差
(注) 数値は各名詞ラベルタイプの調整（adjusted）平均（調整平均算出のために共変量として名詞ラベル総数が用いられた）。
米国母親のオノマトペの名詞ラベルの調整していない平均は6か月と12か月で0, 18か月で0.6であった。
(出所) Fernald & Morikawa（1993）p.646を小椋（1999b）p.186より転載

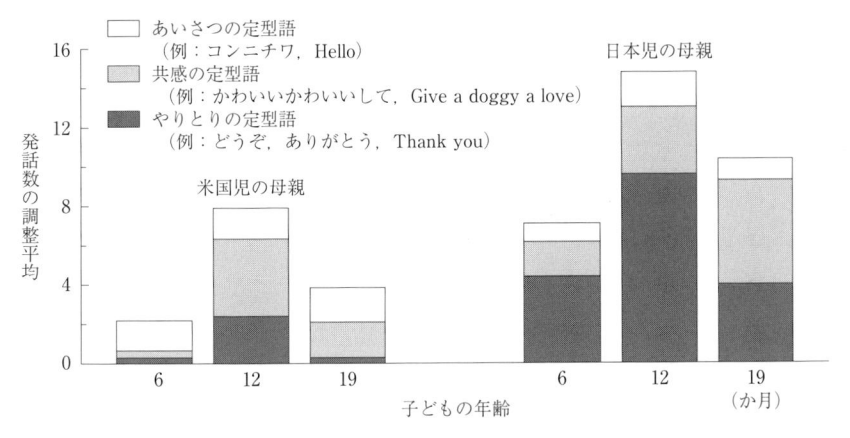

図4-2 日本の母親と米国の母親の子どもへの発話での社会的表現：あいさつ，やりとり，共感の定型語
(出所) Fernald & Morikawa（1993）p.649を小椋（1999b）p.186より転載

B.）のカルリ語の研究によれば，かならずしも育児語の特性がみられない文化もあります。オックス（Ochs, 1982）は，サモアの家族のインタラクションの筆記録から，サモアの養育者は育児語の語彙を用いない，派生接辞の指小辞（diminutives）（本章1節参照）のような特別な形態変化をしない，単純な統語構成や縮小した長さの構成を用いない，子どもの発話を拡充しない，養育者と

子どもの間では最小限しか協力して発話を構築していないことを報告しています。サモアの子どもが生育する環境や子ども観，育児観が大きく影響しています。オックス（Ochs, 1982）によれば，サモアでは育児は世代にわたる幾人かの家族メンバーで担われています。生後しばらくは主なる養育者は母親ですが，母親のきょうだい，母親や父親の家族の両方のメンバーの男子や女子が育児を援助します。より高い地位の人は低い人に指示し，低い地位の人が子どもにかかわります。父親は育児には通常かかわりません。子どもが3歳くらいになると子どもは養育者と過ごす時間は少なくなり，同じくらいの年齢の小さなグループで過ごすようになります。大人は，自然な力を抑制して，社会的に適切なふるまいの維持をコントロールする力をもっておらず，子どもたちはさらにコントロールできない存在であると考えられています。乳児や幼児は社会的に反応する（協力する），彼らの行為をコントロールする存在としては見られていません。乳児の行為や発声は，意図的で自発的な行為というよりも，生理的状態を示すより自然な反射としてみなされ，幼児の行為や発話は社会的反応を通して変えることはできないものとして取り扱われています。これらの仮説は，養育者である大人やきょうだいが子どもの発話を拡充したり，育児語を使用したりしない理由でもあります。

　他にも，キッチェ族ではマヤ語の獲得過程にある子どもに育児語を特徴づけている韻律的に高いピッチで話しかけなかったり（Bernstein-Ratner & Pye, 1984），西ケニアのニャンザ州のグシイ族では，前言語期の話すことができない子どもには話しかけない文化もあることが報告されています。育児語のない文化で育った子どもたちの言語発達は，まだ，明らかにされていない部分が多いのです。育児語の言語発達に果たす役割を明らかにしていく点からも，言語発達における環境の役割を明らかにする点からも，育児語がない文化で育った子どもの養育環境と言語発達についての研究は興味深いものがあります。子どもへの養育者のことばかけには，養育者が生活する文化に規定された子ども観，育児観が大きく影響します。

第5章
文字の読み・書き（書きことば）の発達

　村田（1974）によれば，子どもは書きことばの世界にはいることによって，いままでよりはるかに高度の，そして広い精神活動の世界にはいることになります。書きことばは文字という形でことばを視覚化することによって，その表現を厳密にし，法則化することができます。書きことばの第一の効用は表現ないし叙述の厳密化です。書きことばはあらゆる水準の抽象化を言語機能によって可能にし，思考を細密に理論化する点において話しことばではまったく及ばない高度な機能をつくりだしています。

　本章では，このような機能をもつ書きことばの習得について概説します。

1　文字が読めるようになるにはどんな能力が必要か？
　　　——メタ言語能力の発達

　メタ言語能力とは，子どもがことばや文を分析し，ことばをことばで説明できるようになる能力で，本格的に発達するのは5-8歳からと言われています。幼児期後期に発達するメタ言語能力を示す言語活動として，発話が生む結果を確認する（聞き手が理解したかを確認し，理解していなければ言いかえる。言い回しや言い間違いを自己修正する），意図的に言語を習得する（新しいことば，言い回し，文を意図的に使う。相手の立場，年齢，役割などで発話スタイルを変える），言語の構造や規則性の一部に気づく（語音の音韻的特性を認識する。文字を認識する）ということなどがあげられます。

　特定の音がどこにあるか探す，似た音や同じ音を含む語をみつけるといった音韻的特性への注意を音韻意識とよびます。音韻意識は「あめ」を／ア／と／

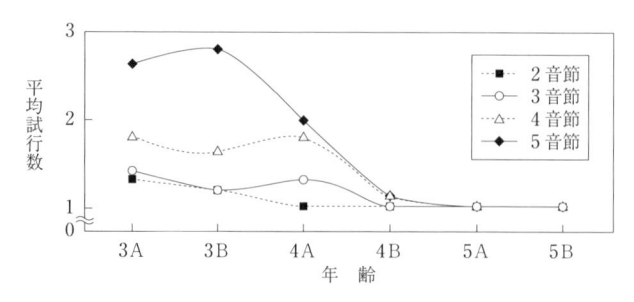

第Ⅰ部 ことばの発達についての基礎知識

図5-1 学習に要した平均試行数
（注） Aは前半，Bは後半を示す。
（出所） 村田（1974）p.110.

図5-2 音節分解・音韻抽出のテスト・訓練用図版
（出所） 村田（1974）p.111.

メ／の2つの音に分解できる音節分解能力と，「あめ」の／ア／と「あか」の／ア／は同じであることに気づいたり，「ウサギ」の真中の音節は／サ／であることがわかる音韻抽出能力からなっています。しりとり遊びは音韻意識の発達により可能になります。拗音（きゃ，しゃなど），長音（母音を2倍伸ばして発音します。例：おかあ（ー）さん），撥音（はねる音。例：りんご），促音（つまる音。例：いった）の特殊音節の分解は遅れますが，それ以外の音節分解は4歳半で100％可能となることが多いのです。天野（1970（村田，1974から））は3歳児でさえ，わずかな訓練で2-5音節の音節分解が可能になることを示しています（図5-1）。また，図5-2に示す図版を用いて絵単語とその音節

数にあたるマス目を子どもに与え，子どもに音節にはっきり区切りをつけてその名前を発音させながら，マス目に積木を一つ一つ置かせることによって音節分解能力が促進されることも明らかにしました。音韻意識の発達は文字獲得の基盤となる能力です。音韻意識が育っていない子どもに図 5 - 2 に示すような音節分解の訓練をすることにより音韻意識が育ってきます。しりとり遊びも音韻意識の発達を促進します。

2　いつごろに文字を読めるようになるか？

　子どもは大人の指導いかんにかかわらず，日常生活の中で 1 歳ごろから文字に関心をもちます。戸外で目にする看板や親が読んでいる本や新聞から文字に関心をもち，子ども自身も何かを読むふりなどをして読み書きへの基礎を築いています。島村・三神（1994）の幼稚園児，保育園児 3，4，5 歳児クラス 1202 人への清音・撥音（ん）46 文字，濁音 20 文字，半濁音 5 文字と特殊音節（拗音，促音，長音，拗長音（例：やきゅう），助詞（「は」），助詞（「へ」））の読みの調査の結果を表 5 - 1 に示しました。5 歳 10 か月には 90％以上の子どもが71 文字（特殊音節以外の文字）を読めるようになります。読字分布をみると，図 5 - 3 に示すように文字の読みは文字をほとんど読めない子どもと，71 文字全部を読める子どもに二分されます。

　文字種別の読字率を表 5 - 2 に示しました。5 歳児では 71 文字のうち清音・撥音，濁音については読字率が 90％を超え，高いことがわかります。特殊文字については文字種別により異なり，長音は 5 歳児で 55.4％，拗音は 65.7％，促音は 72.9％でした。しかし，文字が読めることと単語として読めるようになることは異なり，村田（1974）で 71 文字以上読めた子どもでも単語として読める子どもは 4 歳児クラス 6 月では 50％，1 月では 78.3％，5 歳児クラス 6 月では 83.3％，1 月で 89.4％であったことを報告しています。文字の読みにはじまり，逐字的な拾い読み，単語読み，センテンス読みへと発達していきます。

第Ⅰ部　ことばの発達についての基礎知識

表5-1　読字率の月齢発達

	46文字の範囲	71文字の範囲
25％を超える月齢	4歳1か月	4歳4か月
50％を超える月齢	4歳8か月	4歳8か月
75％を超える月齢	5歳1か月	5歳3か月
90％を超える月齢	5歳10か月	5歳10か月

（出所）　島村・三神（1994）p.72.

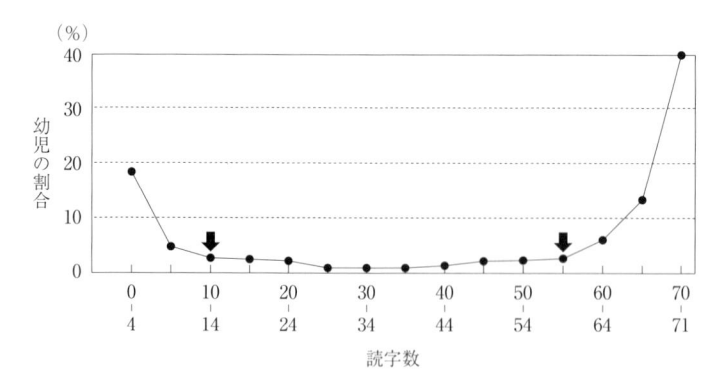

図5-3　71文字の範囲での読字数の分布（全体）
（注）　10-14の⬇は読字数が減少する，55-59の⬇は読字数が増加する変曲点
（出所）　島村・三神（1994）p.72.

表5-2　文字種別読字率　(％)

文字種	3歳児	4歳児	5歳児
清音・撥音	30.4	75.4	95.2
濁音	19.3	63.0	90.3
半濁音	14.7	49.3	81.7
拗音	6.4	30.5	65.7
促音	8.7	36.2	72.9
長音	7.3	25.8	55.4
拗長音	6.6	28.2	60.1
助詞「は」	9.1	33.8	65.6
助詞「へ」	7.9	30.8	65.5

（出所）　島村・三神（1994）p.72.

第5章　文字の読み・書き（書きことば）の発達

3　いつごろに文字を書けるようになるか？

　書きの発達には，田中（2005）によれば，表記規則の理解（文字は絵とは異なる表現手段であることや，ことばの音を記号で表現できる，逆に記号を音に変換でき意味を伴うことを理解）と対応規則の理解（文字表記による表現が慣習的な規則に則ったものであることを理解。仮名の一つの文字は一つの音に対応し，仮名を並べることにより話しことばと同様に意味を表現できることを理解）が必要です。表記規則の理解は4歳から5歳で確立し，対応規則は6歳くらいに発達します。

　先に読字のところで紹介した島村・三神の研究の対象児への書字数の調査結果を表5-3に示しました。字形が正しく筆順も正しい書き方を正答としたとき，46文字の範囲では書字率は6歳7か月で75％を超え，71文字の範囲での書字率が50％を超える月齢は5歳9か月でした。

　表5-4は71文字の範囲での書字数の分布を示しています。3歳児では，0-4文字獲得の区間に4分の3以上の幼児が集中しています。4歳児でも0-4文字の区間に一番多く集中していますが，その割合は27.2％で全体の4分の1ほどになっています。5歳児ではおよそ半分の子どもが50文字以上書けるようになっています。3-5歳の幼児の書字数の分布をまとめてみると図5-4に示すように，書けない幼児が多く書ける幼児が少ない逆J字型の分布をしています。図5-3に示した読字の図は読字数が減少する10-14語の変曲点，読字数が増加する55-59語の変曲点をもつU字型の分布をしています。読みと書きでの文字の獲得は異なったメカニズムが働いていることが予想されます。文字

表5-3　書字率の月齢発達

	46文字の範囲	71文字の範囲
25％を超える月齢	4歳10か月	5歳2か月
50％を超える月齢	5歳9か月	5歳9か月
75％を超える月齢	6歳7か月	—
90％を超える月齢	—	—

（出所）　島村・三神（1994）p.74.

第Ⅰ部　ことばの発達についての基礎知識

表 5-4　書字数の分布
(%)

書字数	3歳児	4歳児	5歳児
0 - 4	76.7	27.2	3.4
5 - 9	8.3	10.2	3.8
10 - 14	4.6	9.3	2.0
15 - 19	3.4	7.4	3.1
20 - 24	1.5	6.5	2.7
25 - 29	1.9	7.6	5.6
30 - 34	0.6	6.3	6.1
35 - 39	0.6	5.3	8.5
40 - 44	0.3	5.1	7.0
45 - 49	0.6	5.6	8.7
50 - 54	0.0	3.7	11.2
55 - 59	0.9	3.2	12.6
60 - 64	0.6	1.9	14.6
65 - 69	0.0	0.7	9.4
70 - 71	0.0	0.0	1.3

(出所)　島村・三神（1994）p.74.

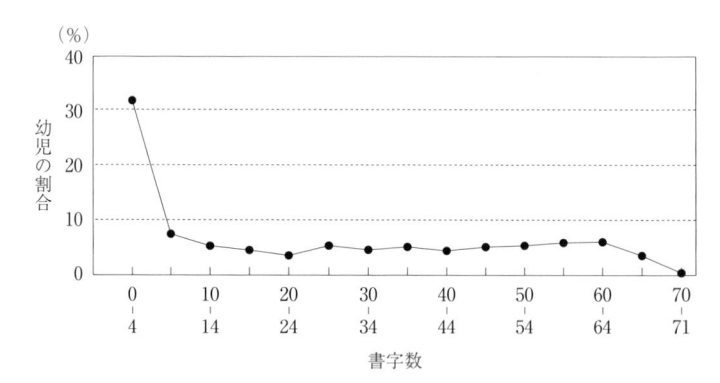

図 5-4　71文字の範囲での書字数の分布（全体）
(出所)　島村・三神（1994）p.74.

表 5-5　文字種別書字率
(%)

文字種	3歳児	4歳児	5歳児
清音・撥音	8.3	34.6	68.7
濁音	3.7	21.3	54.4
半濁音	1.9	14.1	43.8

(出所)　島村・三神（1994）p.74.

の種類別にみると（表5-5），読みと同じように清音・撥音が濁音・半濁音よりも習得がはやいことがわかります。

子どもは文字を読めたり，書けることの意義をどのようにとらえているのでしょうか。内田（1999）は，子どもが文字を読んだり書いたりすることの意義を幼稚園年長組と小学校1年生にインタビューした結果，「道具的価値（字が書いてある本を読める，手紙が書ける）」に気づくようになるのは小学校入学以降であることを報告しています。

4　一次的ことばと二次的ことば

岡本（1985）は，乳児期から生活の中で，具体的な事象や事物について，その際の状況文脈にたよりながら，親しい人との直接的な会話のかたちで使用する話しことばを一次的ことばとよび，一次的ことばの上に書きことばが加わり二次的ことばを発達させていくとしています。一次的ことばのコミュニケーションの媒体は音声中心でしたが，二次的ことばは音声であることもあれば，文字であることもあります。二次的ことばにおいては話しことばと書きことばが相互に影響しあい，より進んだ言語活動を生み出していきます（図5-5）。岡本（1985）から，一次的ことばと対比させながら二次的ことばのコミュニケーション上の性質を説明しておきます（表5-6）。

①ある事象や事物について，それが実際に生起したり存在したりしている現実の場面を離れたところで，それらについてことばで表現することが求められる。したがってそこでは，一次的ことばのように，現実の具体的状況の文脈の援用にたよりながら，コミュニケーションを成立させることが困難になり，ことばの文脈そのものにたよるしかすべがない。

②ことばをさしむけるコミュニケーションの対象が一次的ことばのように，自分の経験状況を共有してくれやすい親しい少数の特定者でなく，自分と直接交渉のない未知の不特定多数者にむけて，さらには抽象化された聞き手一般を想定して，ことばを使うことが要求される。

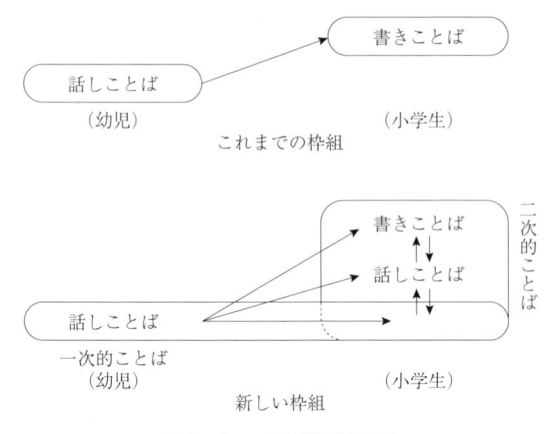

第Ⅰ部　ことばの発達についての基礎知識

図5-5　ことばの重層性
（出所）　岡本（1991）p.133.

表5-6　一次的ことばと二次的ことば

コミュニケーションの形態	状況	成立の文脈	対象	展開	媒体
一次的ことば	具体的現実場面	ことばプラス状況文脈	少数の親しい特定者	会話式の相互交渉	話しことば
二次的ことば	現実を離れた場面	ことばの文脈	不特定の一般者	一方向的自己設計	話しことば，書きことば

（出所）　岡本（1985）p.52.

　③一次的ことばが，原則的には一対一の会話による自他の相互交渉，相互照合によって展開していったのに対して，二次的ことばは自分の側からの一方向的伝達行為で，少なくともその行為の間では，相手から直接の言語的フィードバックは期待できない。そうした状況にあって，話のプロットは自分で設計し，調整してゆかなければならない。

　④一次的ことばは「話しことば」であるが，二次的ことばは「話しことば」だけではなく，そこに「書きことば」が加わってくる。コミュニケーションの媒体が一次的ことばは音声中心であったが，二次的ことばではその担い手が音声であることもあれば文字であることもある。

　二次的ことばの発達は思考としての言語（内言）や自我の形成，社会的対人性の発達に深くかかわっています。

第6章
ことばの発達を評価する方法

1 どのようなポイントをどのように評価するか？

　ことばの発達の遅れについては第Ⅲ部で概説します。この章ではまず，ことばの発達が遅れた子どもに対して，さまざまな要因のうちの何によりことばの発達の遅れが引き起こされているかをとらえ，対応の指針をえていきます。その第一段階として評価を行い，どのような遅れがあるのかを明らかにすることが重要です。

　ことばの遅れの評価・診断の手順を表6-1に示しました。

　まず，問診により，保護者の主訴を聞き取ることからはじまります。そして，胎生期・周産期の異常，生育歴，家族歴など子どもの発達経過にかかわる情報を収集します。また，実際に子どもの行動，とくに遊び，伝達行動，対人行動に着目して観察します。

　第5章までで述べたことをもとに，どのような情報を得ることが必要かのポイントを以下にのべておきます。

①聴覚（音に気がつくか）
②前言語コミュニケーション能力（視線があうか，音声を発するか，指さし，渡す，みせるなどの身振りがあるかなど）
③社会的認知能力（他者の意図性の理解：他者の視線をおうか，他者の表情をよみとるか，他者の指さした方をみるかなど）
④モノについての認知能力
　・象徴機能の能力（あるものをそれとは異なるもので代表させる働き。たとえ

第Ⅰ部　ことばの発達についての基礎知識

表6-1　ことばの遅れの評価の方法

①問診（胎生期，周産期の異常，生育歴，家族歴など）
②行動観察（遊び，伝達行動，対人行動）
③聴力検査
④精神発達検査
⑤言語検査
⑥神経学的検査
⑦耳鼻科，小児神経科，児童精神科診察
⑧診断

（出所）　西村（2001）p. 22.

ば，砂をごはんにみたてる見たて遊びなど）
・模倣能力（音声の模倣，身振りの模倣）
・カテゴリー化能力（環境からの物理的刺激の知覚的属性をもとに類似性を検出し，一群の事物を何らかの意味で同じものとして扱う）
・関連性（複数の情報を比較・統合して多次元の関連性を抽出する能力）
・記憶
⑤発声・発語に関する口腔機能（すう，かむ，吹く，飲み込む，食べ物の取り込み方，舌の動き）・随意運動（行為者の意思により目的に沿って身体部位を動かす運動。手指，顔面・口腔・躯幹，上下肢などの運動）
⑥言語発達の測度としては，
　(1)語数と種類
　・幼児語で言うかどうか（21か月ごろから成人語で言うようになる）
　・語の種類（物の名前，人をあらわす語，動作をあらわす語，様子・性質をあらわす語，社会的なインタラクションの語（バイバイ，うん，やだ，など），何・どこなどの疑問詞）
　(2)語結合（語をつなげて話すか）
　(3)文法（助詞，助動詞を使うか）
　(4)語用（ことばをどのように使えるか，場面にあったことばを使うか）
⑦言語環境の評価（養育者の働きかけ，一人でテレビやビデオを見ている時間などのメディア視聴環境など）

これらの情報を検査や観察,面接などにより得ます。

2 ことばの発達や遅れを評価する方法

　検査には,現在の症状を客観的に把握するためのものと,原因を査定するものがあります。聴力検査は聴力閾値を測定し,聴力障がいの有無を調べるものです。発達質問紙や知能検査などの精神発達検査は発達の水準をとらえるもので,言語検査は理解能力,発語能力,語彙量,構音の発達や言語能力のプロフィールなどをとらえるために行われます。

　言語発達の遅れに関連の深い医学領域は耳鼻咽喉科,小児神経科,児童精神科であり,専門医の診察は必須です。とくに反射,随意運動,脳波,画像診断などの神経学的検査も該当する疾患が疑われる場合には不可欠の情報です。これらの情報に基づき,正確な診断が可能となります。

(1) 聴力検査

　音声言語の獲得には聴覚からの言語入力が不可欠です。新生児期において,乳児は反射として突然の音にピクッとする（モロー反射）,突然の音に眼瞼(がんけん)がギュッと閉じる（眼瞼反射）,眠っているときに突然,大きな音がすると眼瞼が開く（覚醒反射）など音声に対する反応があります。生後3か月ごろには反射としての音への反応はほとんど消失し,テレビの音やドアホンの音に顔（あるいは眼）をむけるなどの行動があらわれます。田中ら（1978）があげている日常場面での子どもの聴性行動反応を表6-2に示しました。乳児の日常の聴性行動反応から聴覚の発達を捉えることができますが,正確には専門家に測定してもらうことが必要です。

　最近では聴覚障害を超早期に発見し,ことばの発達を保障することを目的として,出生した病院で新生児聴覚スクリーニング検査が,全出生児の60％で行われています。AABR（Automated Auditory Brainstem Response：自動聴性脳幹反応。前額部,頸部,肩に電極をつけ,両耳にヘッドフォンのような形のイヤー

表6-2 乳児の聴覚発達チェック項目

月齢	番号	項目
0か月	1.	突然の音にビクッとする（Moro反射）
	2.	突然の音に眼瞼がギュッと閉じる（眼瞼反射）
	3.	眠っているときに突然大きな音がすると眼瞼が開く（覚醒反射）
1か月	4.	突然の音にビクッとして手足を伸ばす
	5.	眠っていて突然の音に眼をさますか、または泣き出す
	6.	眼が開いているときに急に大きな音がすると眼瞼が閉じる
	7.	泣いているとき、または動いているとき声をかけると、泣き止むかまたは動作を止める
	8.	近くで声をかける（またはガラガラを鳴らす）とゆっくり顔を向けることがある
2か月	9.	眠っていて、急に鋭い音がすると、ビクッと手足を動かしたりまばたきする
	10.	眠っていて、子どものさわぐ声や、くしゃみ、時計の音、掃除機などの音に眼をさます
	11.	話しかけると、アーとかウーと声を出して喜ぶ（またはニコニコする）
3か月	12.	眠っていて突然音がすると眼瞼をピクッとさせたり、指を動かすが、全身がビクッとなることはほとんどない
	13.	ラジオの音、テレビのスイッチの音、コマーシャルなどに顔（または眼）を向けることがある
	14.	怒った声や、やさしい声、歌、音楽などに不安そうな表情をしたり、よろこんだり、またはいやがったりする
4か月	15.	日常のいろいろな音（玩具、テレビの音、楽器音、戸の開閉など）に関心を示す（振り向く）
	16.	名を呼ぶとゆっくりではあるが顔を向ける
	17.	人の声（特に聞きなれた母親の声）に振り向く
	18.	不意の音やききなれない音、珍しい音に、はっきり顔を向ける
5か月	19.	耳もとに目覚し時計を近づけると、コチコチいう音に振り向く
	20.	父母や人の声、録音された自分の声など、よく聞き分ける
	21.	突然の大きな音や声に、びっくりしてしがみついたり、泣き出したりする
6か月	22.	話しかけたり、歌をうたってやるとじっと顔をみている
	23.	声をかけると意図的にサッと振り向く
	24.	テレビやラジオの音に敏感に振り向く
7か月	25.	となりの部屋のもの音や、外の動物のなき声などに振り向く
	26.	話しかけたり、歌をうたってやると、じっと口もとをみつめ、ときに声を出して応える
	27.	テレビのコマーシャルや、番組のテーマ音楽の変り目にパッと向く
	28.	叱った声（メッ！ コラッ！ など）や、近くで鳴る突然の音におどろく（または泣き出す）
8か月	29.	動物のなき声をまねるとキャッキャッウとよろこぶ
	30.	気嫌よく声を出しているとき、まねてやると、またそれをまねて声を出す
	31.	ダメッ！ コラッ！ などというと手を引っ込めたり、泣き出したりする
	32.	耳もとに小さな音（時計のコチコチ音など）を近づけると振り向く
9か月	33.	外のいろいろな音（車の音、雨の音、飛行機の音など）に関心を示す（音の方にはってゆく、または見まわす）
	34.	「オイデ」、「バイバイ」などの人のことば（身振りを入れずにことばだけで命じて）に応じて行動する
	35.	となりの部屋でもの音をたてたり、遠くから名を呼ぶとはってくる
	36.	音楽や、歌をうたってやると、手足を動かしてよろこぶ
	37.	ちょっとしたもの音や、ちょっとでも変った音がするとハッと向く
10か月	38.	「ママ」「マンマ」または「ネンネ」などの人のことばをまねていう
	39.	気づかれぬようにして、そっと近づいて、ささやき声で名前を呼ぶと振り向く
11か月	40.	ラジオやレコードの音楽のリズムにあわせて身体を動かす
	41.	「……チョウダイ」というと、そのものを手渡す
	42.	「……ドコ？」ときくと、そちらを見る
12-15か月	43.	となりの部屋でもの音がすると、不思議がって、耳を傾けたりあるいは合図して教える
	44.	簡単なことばによるいいつけや、要求に応じて行動する
	45.	目、耳、口、その他の身体部位をたずねると、指さす

（出所） 田中ほか（1978）pp.56-57.

第6章 ことばの発達を評価する方法

カプラを装着し，35 dB のクリック音で刺激したときに発生する反応）の検査結果を自動解析する機能を持った機器で測定する方法や，OAE（Otoacoustic Emission: 耳音響放射）という刺激音を聞かせることによりおこる内耳が発生する微弱な反応を測定し，内耳の機能を測定する方法（この反応が得られた場合，約 40dB 以上の聴力がある）が使用されています。

オージオメーターを用いて，ヘッドフォンから音が聞こえたら合図する「標準純音聴力検査」が適用できるのは 6 歳以降と言われ，幼児に用いることはできません。1-2 歳児には COR（conditioned orientation response audiometry: 条件詮索反応聴力検査）という方法により調べます。2 つのスピーカーのいずれかから音が聞こえたときに子どもがその方向を見ると，検査者はそのスピーカーのそばにある人形をスイッチを介して照らします。これを繰り返して音が聞こえたら音源を見るという条件づけを行います。音圧を調節しながら子どもの反応を記録することによって聴力の程度を測定します。

3 歳以降には遊戯聴力検査により調べます。peep show test（ピープショウ検査）と言われる方法は，人形（あるいは電車）をいれた箱にのぞき窓を作っておき，内部に明かりがついたときだけ人形（あるいは電車）が見えるようにしておきます。音が出ているときに子どもがスイッチを押すと，明かりがつきます。これによって検査への動機づけを高めて，聴覚検査を行います（図 6-1）。

COR装置

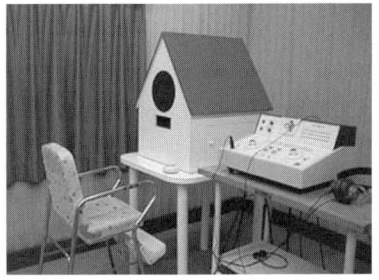

Peep Show装置

図 6-1　幼児用聴力検査装置の例
（出所）　立石ほか（2010）p. 16.

（2）精神発達の評価

知的な発達が遅れている場合，ことばの発達も遅滞します。発達の評価の方法として，保護者や子どもと日常接している人からの聞き取り検査と，子どもに直接，課題を与えての検査をいくつか紹介します。

①聞き取り検査

3歳までの子どもはまだ知能は未分化であり，身体運動，認知，言語，社会的行動，生活習慣などの各領域の能力を分析し，子どもの生活能力全般の発達評価が行われます。親の報告から評定する検査として津守・稲毛式／津守・磯部式乳幼児発達質問紙（0歳-12か月，1-3歳，3-7歳の3分冊）（津守・稲毛，1961；津守・磯部，1965）があります。この検査は運動，探索・操作，社会，食事・排泄・生活習慣，理解・言語などの領域が測定でき，多角的，分析的に子どもの発達を理解するのに役立ちますが，標準化から半世紀をへており，現在の子どもの生活とずれがある項目もあります。発達換算表から発達年齢を算出し，さらに発達輪郭表を作成します。ただし，1995年の改訂の際に従来行われていた3歳以下の発達指数の算出は行わないことになりました。

他には，KIDS乳幼児発達スケール（タイプAは0-12か月，タイプBは1-3歳，タイプCは3歳-6歳11か月の3分冊と発達遅滞児向きの0歳から6歳11か月までのTタイプ）（大村ほか，1989）があります。運動，操作，理解言語，表出言語，概念，対子ども社会性，対成人社会性，しつけ，食事の領域が測定できます。領域別と総合の発達年齢（DA）と発達指数（DQ）が算出できます。

親からの聞き取りに加えて，子どもへも直接，課題を与える検査として遠城寺乳幼児分析的発達検査法もあります。0歳から4歳8か月までの発達段階に対応した運動（移動運動，手の運動），社会性（基本的習慣，対人関係），言語（発語，言語理解）の領域を測定します。発達グラフを描き，便宜上，各下位領域のDQを算出し，6領域の平均をとり代表値としてのDQが算出できます。短時間で実施でき，医療機関で用いられることが多い検査です。

第6章　ことばの発達を評価する方法

②直接検査

　子どもに直接実施する検査として新版 K 式発達検査2001（生澤・松下・中瀬，2002）があります。検査項目のルーツはゲゼル（Gesell, A. L.），ビューラー（Buhler, C.）などの検査項目ですが，その組み合わせや配置の仕方は日本独自の工夫がなされています。0歳から成人までを対象とし，姿勢・運動領域（Postural-Motor Area: P-M），認知・適応領域（Cognitive-Adaptive Area: C-A），言語・社会領域（Language-Social Area: L-S）の3領域にわけられています。それぞれ3領域ごとの発達年齢（DA）と発達指数（DQ）と，この3領域のトータルとして全領域の DA と DQ を求めることができます。各項目は配当年齢の子どもの50%が通過できる項目です。

　また，新版 K 式発達検査と同じビネー式知能検査として，田中ビネー知能検査 V（松原ほか，2003）があります。2歳から成人までが適用年齢です。知能を「常識的に物事を理解し，判断するなどの精神機能にあらわれるもの」としたビネーの一般知能の考えに基づき作成された課題により測定を行います。

　各問題は年齢に応じてわけられています。各年齢児の75%が通過できる項目で構成されています。知能の発達水準を示すと考えられる精神年齢（Mental age: MA），知能指数（Intelligence quotient: IQ）が算出できます。適用年齢は2歳からですが，2003年の改訂により，1歳級の問題がとけない子どもへのケアの参考となる「発達チェック」が追加され，特別な支援が必要な子どもの発達診断と適切な指導のための参考資料を提供できるようにしています。また，成人の知能の分析的測定（結晶性領域，流動性領域，記憶領域，論理推理領域）が2003年の改訂により可能となりました。

（3）言語・コミュニケーション能力の検査

　日本には言語能力に特化した検査はいままでなく，発達検査の言語項目で代用されていました。最近，いくつかのコミュニケーション・言語能力を評価する検査が開発されました。ここではそのいくつかを紹介しましょう。

第Ⅰ部　ことばの発達についての基礎知識

①日本語マッカーサー乳幼児言語発達質問紙（JCDIs）（小椋・綿巻，2004；綿巻・小椋，2004）

　この検査は米国でフェンソン（Fenson et al., 1993）により開発され，英語以外の言語にも広く普及し，現在60言語版が作成されているマッカーサーコミュニケーション発達質問紙（Bates-MacArthur Communicative Development Inventories）を日本語の特性と日本の子どもの生活，文化に合わせて翻案したものです。

　日本語版は，乳児期の前言語コミュニケーション発達から幼児期の文法発達までを親の報告から評価します。8か月から18か月の子どもを対象とする「語と身振り」版と，16か月から36か月の子どもを対象とする「語と文法」版の2つが用意されています（図6-2）。「語と身振り」版，「語と文法」版の構成を表6-3に示しました。

(1)「語と身振り」版

　「語と身振り」版の語彙の検査項目は，語の理解と語の産出に関する20カテゴリーからなる448語の語彙チェックリスト項目で構成されています。日本の子どもの言語発達の特徴を加味し，幼児語（その2）を設け，ブーン（飛行機），ネンネなどの語彙を追加し，また，日本人のコミュニケーションの特徴である間をとる「えっと」や「ん」の会話語リストを設定しました。

　第二部「行為と身振り」の部では初期のコミュニケーションの身振り（「おもしろいものや目についた物を指さしして知らせる」など12項目），やりとり遊び（「イナイナイバーをする」など6項目），物の使用（「耳に電話をもっていく」など17項目），人形遊び（「ぬいぐるみや人形の口にスプーンをあてる」など13項目），大人の行為のまね（「そうじ機をかける」など15項目）と，「何かを他の物にみたてる遊び」をするかどうかを問う「物のみたて」の領域で構成されています。

　「語と身振り」版は言語発達の前段階として重要な役割を担っているコミュニケーションや象徴（シンボル）機能の発達に関する身振りの発達についても評価することができるので，ことばの遅れの原因を探ったり，コミュニケーションや象徴機能とことばの発達のズレを発見するのに利用することができます。

第6章 ことばの発達を評価する方法

子どもの名前 ＿＿＿＿＿＿＿＿＿＿＿＿＿＿＿	性別　男 ・ 女
誕生日　＿＿＿年＿＿＿月＿＿＿日	記入日　＿＿＿年＿＿＿月＿＿＿日
子どもの年齢　＿＿＿歳＿＿＿か月	記入者　母、父、祖母、祖父、保育士、
記入者氏名　＿＿＿＿＿＿＿＿＿＿＿＿＿	その他（　　　　　　　　　）

日本語マッカーサー
乳幼児言語発達質問紙
「語と身振り」

日本語版著者　小椋たみ子・綿巻 徹
© 2003 Tamiko Ogura & Toru Watamaki
All rights reserved.

実施上の注意
1. この検査はお子さんの身振りやことばの発達について知るために行うものです。お子さんの日頃のようすをよく思い出して、ありのままにお答えください。
2. 質問紙は14ページあります。回答していただく質問項目は3ページからです。よく読んで、当てはまる回答の ⇨ を黒くぬってください。━ のようにしてください。13〜14ページは「誕生時と発達の状況についての質問」があります。質問項目がたくさんありますが、最後までご記入ください。
3. 質問項目の中には、年齢（月齢）の低いお子さんには、まったく出現していない項目がたくさん含まれています。出現していなくても、ことばの発達が遅れているということではありませんので、ありのままにご記入ください。
4. 鉛筆を使用し、間違ったときは、消しゴムで消して訂正してください。

京都国際社会福祉センター

図 6-2　日本語マッカーサー乳幼児言語発達質問紙の検査用紙「語と身振り」版
（出所）小椋・綿巻（2004）

第Ⅰ部　ことばの発達についての基礎知識

表6-3　日本語マッカーサー乳幼児言語発達質問紙の内容

「語と身振り」版		「語と文法」版	
領　域	項目数	領　域	項目数
第一部　ことば		第一部　ことば	
Ⅰ．理解のはじまり	3	Ⅰ．表出語彙	711語
Ⅱ．指示理解	28	Ⅱ．ことばの使い方	5
Ⅲ．はなしはじめ(ことばの模倣、対象物の命名)	2	第二部　文と文法	
Ⅳ．語彙		A．くっつき（助詞や助動詞）	4
理解語彙	448語	B．助詞	25
表出語彙	448語	C．助動詞	30
第二部　行為と身振り		D．語結合	1
Ⅴ．身振り		E．最大文長（3つの最長発話）	
GA．初期のコミュニケーション身振り	12	F．文の複雑さ	37
GB．やりとり遊び	6		
GC．物の使用	17		
GD．人形遊び	13		
GE．大人の行為のまね	15		
身振り合計	63		
Ⅵ．物のみたて	1		

（出所）小椋・綿巻（2006）p. 6.

(2)「語と文法」版

　「語と文法」版は，第一部「ことば」の部と第二部「文と文法」の部から構成されています。第一部「ことば」は22のカテゴリーに属する711語を「言う」かについての語彙チェックリストと，ことばの使い方について5項目（目の前にいない人や目の前にない物（非現前の人・物）についての表出，理解。たとえば，「お子さんはその場にいない人の持ち物をさわったり，指さしして，その人の名前を言いますか。たとえば，"パパ"とか"トーチャン"と言いますか」）からなります。

　第二部「文と文法」は，「くっつき（助詞や助動詞）」（所有をあらわす助詞の「の」や否定をあらわす助動詞「ない」などくっつき4種類についての項目），「助詞」（25種類の助詞を言えるかどうか，たとえば，「が（おかあさんが）」のように当該の項目の後ろに括弧でくくって，例となる語に付加した場合の使用例を提示します），「助動詞」（30種類の助動詞を言えるかどうか。たとえば，助動詞「よう」の項目では「よう（食べよう）」の例を提示します），「語結合」（二語文が話

せるかどうか。例：ブーブーのった），最大文長（最近話されたことばの中で文の長さが一番長かった文を3つ書く），「文の複雑さ」で構成されています。

最大文長については，意味の最小単位である形態素にわけて平均最大文長を算出します。第3章2節の平均発話長（MLU）で述べた形態素MLU（活用形付属語MLU）と同じ算出方法です。たとえば，子どもが，「ぱぱ／かいしゃ」（2形態素），「まま／の／くつ」（3形態素），「おいしい／パン／たべ／た」（4形態素）の3つの発話をした場合は，合計9形態素で，3（発話数）でわって平均最大文長は3となります。助詞，助動詞の形態素わけについては「語と文法」版のマニュアルの付録の「助詞・助動詞逆引き辞典」に一覧が掲載されています。

もう一つの領域は「文の複雑さ」です。2つのペアの文を呈示し，たとえば，所有の格助詞つきの二語文が言えるかどうか尋ねるペアでは「パパ　ズボン」が上段に，「パパの　ズボン」が下段に記載され，この2つのペアのうち，子どもがこのようなことを話すとしたらどちらの文を話しそうか，子どもがより言いそうな方を一つ選んで，黒く丸を塗るようになっています。

(3)最終結果のまとめ方

最終結果のまとめは，各領域の得点合計をだし，マニュアルの数値表から，パーセンタイル順位をもとめます。パーセンタイル値とはある集団の成員を得点順に並べ，得点が一番低いものを1位（1パーセンタイル），最高点のものを100位（100パーセンタイル）としてあらわしています。50パーセンタイル値は集団の中で得点の順位が真ん中の人の得点（中央値）をあらわします（第3章1節（4）も参照）。

図6-3は表出語彙得点120点の20か月女児の例です。20か月のパーセンタイルの行をみますと，120点は55パーセンタイル値と60パーセンタイル値の間に位置しますので，低いほうの55パーセンタイル順位になります。

適用年齢を超えている場合（「語と身振り」版では19か月以上，「語と文法」版については37か月以上）では25パーセンタイル児群の得点を元にした言語発達年齢をだすようになっています。表出語彙得点440点の38か月女児の例では，

付表10　女児表出語彙　推定値（得点）

パーセンタイル順位	16か月	17か月	18か月	19か月	20か月	21か月	22か月	31か月	32か月	33か月	34か月	35か月	36か月
95パーセンタイル	107	160	230	313	372	431	48	676	680	684	687	690	693
90パーセンタイル	73	113	169	240	296	355	41	659	665	670	675	679	683
85パーセンタイル	56	88	134	196	247	304	36	642	650	657	663	669	674
80パーセンタイル	45	71	110	165	211	264	322	626	636	644	652	658	664
75パーセンタイル	37	60	93	141	183	232	287	610	621	631	640	648	655
70パーセンタイル	31	50	79	122	160	205	257	594	606	617	627	636	645
65パーセンタイル	27	43	68	106	140	182	230	577	590	603	614	625	634
60パーセンタイル	23	37	59	93	123	161	207	559	574	588	600	612	622
55パーセンタイル					108		185	540	556	571	585	598	610
50パーセンタイル	17	28	45	71	95	127	165	520	537	554	569	583	596
45パーセンタイル	15	24	39	62	84	112	14	498	517	535	551	567	581
40パーセンタイル	13	21	34	54	73	98	13	475	495	514	532	548	564
35パーセンタイル	11	18	29	46	63	86	11	449	470	491	510	528	545
30パーセンタイル	9	15	25	40	54	74	9	421	443	465	485	505	523
25パーセンタイル	7	12	21	33	46	63	85	390	413	435	457	477	497
20パーセンタイル	6	10	17	28	38	52	71	355	378	401	423	445	466
15パーセンタイル	5	8	13	22	30	42	57	314	337	360	383	406	428
10パーセンタイル	3	6	10	16	23	32	44	264	286	308	331	354	377
5パーセンタイル	2	4	6	11	15	21	29	197	216	236	257	278	301

図6-3　パーセンタイル順位の求め方の例（表出語彙得点が120点の20か月女児の場合）
（出所）綿巻・小椋（2004）p.17.

　図6-4の25パーセンタイル値をみますと，440点は33か月と34か月の間に位置しますので，表出語彙年齢は33か月となります。
　親からの情報を子どもの発達評価に利用することに関しては賛否両論があります。賛成意見としては，子どもについて一番よく知っているのは親だとする意見です。一方，親が子どもに対して自然にもつ期待から子どもの発達を過大に評価してしまう可能性があるという意見もあります。また，親は言語発達や言語構造についての特別の知識をもっていなかったり，言語使用の細かい側面には気がつくことができなくて，間違った判断をくだしたり，正確に報告できないかもしれないという研究者もいます。日本語マッカーサー乳幼児言語発達質問紙は，語彙表出，文法については母親と子どもとの遊び観察場面での発話と親の質問紙への報告での語彙数や文法発達の指標について高い相関が，語彙理解については選好注視法での語彙理解にかんする実験結果が質問紙への親の報告と一致しており，高い妥当性がえられています。

付表10　女児表出語彙　推定値（得点）

パーセンタイル順位	16か月	17か月	18か月	19か月	20か月	21か月	22か月	31か月	32か月	33か月	34か月	35か月	36か月
95パーセンタイル	107	160	230	313	372	431	48	676	680	684	687	690	693
90パーセンタイル	73	113	169	240	296	355	41	659	665	670	675	679	683
85パーセンタイル	56	88	134	196	247	304	36	642	650	657	663	669	674
80パーセンタイル	45	71	110	165	211	264	322	626	636	644	652	658	664
75パーセンタイル	37	60	93	141	183	232	287	610	621	631	640	648	655
70パーセンタイル	31	50	79	122	160	205	257	594	606	617	627	636	645
65パーセンタイル	27	43	68	106	140	182	230	577	590	603	614	625	634
60パーセンタイル	23	37	59	93	123	161	207	559	574	588	600	612	622
55パーセンタイル	20	32	52	81	108	143	185	540	556	571	585	598	610
50パーセンタイル	17	28	45	71	95	127	16	520	537	554	569	583	596
45パーセンタイル	15	24	39	62	84	112	14	498	517	535	551	567	581
40パーセンタイル	13	21	34	54	73	98	13	475	495	514	532	548	564
35パーセンタイル	11	18	29	46	63	86	11	449	470	491	510	528	545
30パーセンタイル	9	15	25	40	54	74	9	421	443	465	485	505	523
25パーセンタイル	7	12	21	33	46	63	85	390	413	435	457	477	497
20パーセンタイル	6	10	17	28	38	52	71	355	378	401	423	445	466
15パーセンタイル	5	8	13	22	30	42	57	314	337	360	383	406	428
10パーセンタイル	3	6	10	16	23	32	44	264	286	308	331	354	377
5パーセンタイル	2	4	6	11	15	21	29	197	216	236	257	278	301

図6-4　表出語彙発達年齢の求め方の例（表出語彙得点が440点の女児の場合）
（出所）　綿巻・小椋（2004）p.18.

②言語・コミュニケーション発達スケール（LCスケール）

　大伴ら（2005, 2013）により作成された0-6歳の語彙，文法，語操作，対人的なやりとり（コミュニケーション）などに関して64個の課題で子どもを個別に精査し，LC年齢（言語コミュニケーション年齢）とLC指数（言語コミュニケーション指数），下位領域である「言語表出」「言語理解」「コミュニケーション」のそれぞれにおけるLC年齢・LC指数を求める検査です。LCスケールが評価する観点は表6-4に示すように大きく分けて「言語固有の領域」と「関連領域」があります。言語固有の領域は，「語彙」，2語文，3語文といった「語連鎖」や文法を意味する「統語」，ことばで説明したり論理的に考えたりする「語操作」，また，複数の文をつなげて話したり，文章を聞いて理解したりする「談話」の領域があります。さらに，しりとり遊びのように，ことばを構成する音を意識化する「音韻意識」という領域もあります。LCスケールでは，これらの領域について，教示を聞いて指さしなどで応じる「言語理解」

表6-4　LCスケールの3つの評価軸と下位領域

下位領域		評価軸の名称	
言語	語彙（身近な人や物の名称から抽象的な語彙へ）	言語表出	言語理解
	語連鎖（二語連鎖から助詞・助動詞を含む複雑な構文へ）		
	談話・語操作（文をつなげて説明や論理的思考・表現の道具へ）		
	音韻意識（音声主体から文字言語へ）		
関連領域	視聴覚刺激への反応	コミュニケーション	
	対人的興味・共同注意		
	非言語的コミュニケーション		
	象徴能力・ルール理解		
	対人認知・状況認知		

（出所）　大伴ほか（2008）p. 47.

と，ことばで表現する「言語表出」という2つの観点で評価します。

「関連領域」は，非言語的な対人的かかわりの基礎や文脈に沿った発話の前提となる状況認知，表情・感情の理解，勝敗のルール理解などの限定した領域を対象としています。

LCスケールでは言語発達段階のおおまかな目安として5つの発達レベルを設けています。

①ことば芽生え期：表出言語をもたないが，コミュニケーションの基礎が築かれている時期

②一語文期：有意味語は獲得されており，語連鎖の形成にむかっている時期

③語連鎖移行期：二語連鎖の表現が可能であり，そのスキルを使った表現・理解を広げつつある時期。言語発達の程度により，語連鎖移行・前期と語連鎖移行・後期に分かれます。

④語操作期：ことばを説明や論理的思考・表現の道具として使うことが一層可能になりつつある時期

⑤発展期：より抽象的な語彙を獲得し，助詞・助動詞による複雑な表現へと展開しつつある時期。言語発達の程度により，発展前期と発展後期に分けています。

第 6 章　ことばの発達を評価する方法

　LC スケールは，基本的には，乳児期から学齢前までの幼児を対象にしています。しかし，小学校や中学校にいる児童・生徒でも，言語発達段階が 6 歳以下と考えられる場合には，適用することができます。検査の実施は，それぞれの課題が一種の年齢尺度として位置づけられているので，それぞれの発達水準を代表する手ごたえ課題（サンプリング課題）を実施し，それらの結果に基づいて必要な課題を与えていくという方法をとっています。手ごたえ課題は言語発達の順序に沿って図 6-5 に示すように 4 つあります。手ごたえ課題 A（課題13a）で一語以上の表出語彙がある場合（検査場面あるいは，親からの聞き取り）は，一語文期の課題を行います。手ごたえ課題 B（課題23）で二語連鎖の自立語をつなげて話すことができる場合は，語連鎖移行期課題に進みます。手ごたえ課題 C（課題35）で事物の定義の課題（それぞれの図版をみせて（○○（例：くつ）で何をするかお話ししてください）を通過した場合は，語操作期の課題へ進みます。手ごたえ課題 D の課題は 2 つあり，課題46の推論と課題47の位置の表現の課題です。推論課題は，最初は図版をみせないで，「○○ちゃんは，お外にいるときに急に雨がふってきたらどうしますか？」と尋ねます。次に，図版をみせて，「クマさんは，お散歩に出かけています。何ももっていません。そこに，急に雨がふってきたらどうしたらいいでしょうか？」と尋ねる課題です。他におなかがすいたときにどうするかの推論課題があります。位置の表現の課題はテーブルの「上」「下」「横」にいるネコが描かれた図版を見せ，「茶色いネコ（黒いネコ，白と茶色のネコ）はどこにいますか？」と位置を尋ね，「上」「下」「横」と表現できるかどうかをみる課題です。推論か位置の表現の手ごたえ課題のいずれかを通過したら発展期の課題に進みます。

　他にいくつか課題を紹介しておきます。語操作期・発展期前期の課題29の動詞の理解の課題は，子どもがそれぞれの動作をしている図版をみせて，「○○（a．遊ぶ，b．作る，c．座る，d．歩く）はどれですか？」と聞きます。

　コミュニケーション領域の課題の例としては，課題27の「見立て」の課題では，ぬいぐるみ，赤い立方体の積み木，黄色い直方体の積み木を机の上に置き，「クマさんにリンゴ（バナナ）を食べさせてあげて」と教示します。赤い積み

第Ⅰ部　ことばの発達についての基礎知識

```
課題 No. 1     10      20      30      40      50      60
         ┌─────────────┐
         │ 1 ────── 15 │  ( ことば芽生え期 )
         │ 手ごたえ課題A × │
         └─────────────┘
           ┌───────────────┐
           │ 1 ──────────→ 26 │  ( 一語文期 )
           │ 手ごたえ課題A○ │
           │ 手ごたえ課題B × │
           └───────────────┘
                  ┌─────────────────────┐
                  │ 13 ──→ (31) ──→ 39 │  ( 語連鎖移行期 )
                  │ 手ごたえ課題AB○    │
                  │ 手ごたえ課題C ×    │
                  └─────────────────────┘
                          ┌──────────────────┐
                          │ 26 ──────→ 45    │  ( 語操作期 )
                          │ 手ごたえ課題A～C○ │
                          │ 手ごたえ課題D ×   │
                          └──────────────────┘
          ( 発展期　前期 )
                              ┌──────────────────────────┐
                              │        開始46 ──→ 上限or55 │
                              │ 26 ──→ 終了              │
                              │      手ごたえ課題D○      │
                              └──────────────────────────┘
                  ( 発展期　後期 )
                                  ┌──────────────────────────┐
                                  │        開始46 ──→ 上限or64 │
                                  │ 33 ──→ 終了              │
                                  │      手ごたえ課題D○      │
                                  └──────────────────────────┘
```

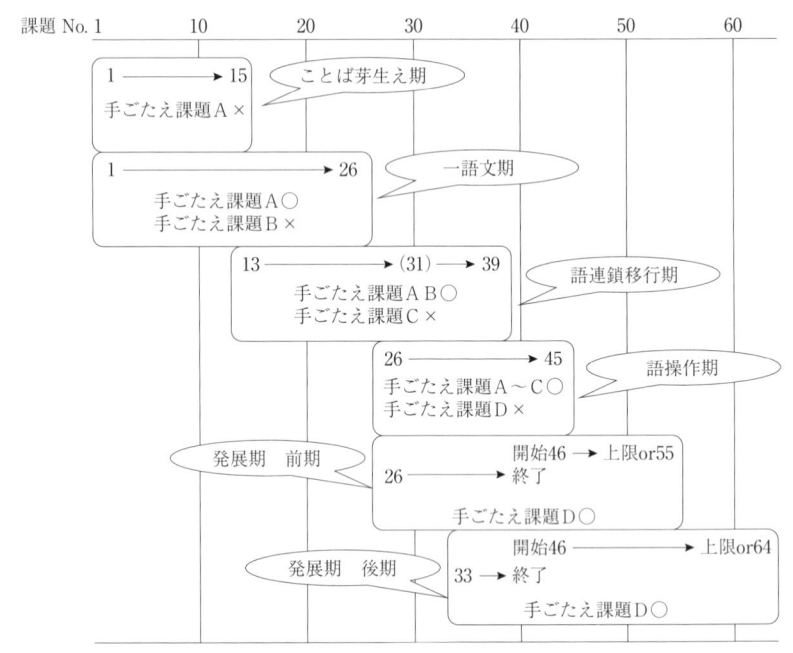

図 6-5　手ごたえ課題の結果に基づく言語発達段階（期）の見きわめと実施課題の範囲
（出所）大伴ほか（2008）p. 67.

木（黄色い積み木）をリンゴ（バナナ）に見立ててぬいぐるみに食べさせるふりで大人に応じてくれるかどうかをみます。課題25「表情の理解（1）」の課題では線画の表情図を見せて，「うれしい顔はどれかな？」などと尋ね，対応する表情を選ぶことができるかどうかを調べます。

　LC言語スケールでは「発展期」の課題のみについては4連続課題中，3課題で不通過になった場合を上限としますが，そのほかの段階（「語操作期」など）は，指定された範囲の課題すべてを行います。言語表出，言語理解，コミュニケーションの領域別得点と総合得点からマニュアルの得点換算表に基づいて各領域と総合のLC年齢を算出できます。また，異なる年齢段階や領域の間で比較できるように基準化された換算点であるLC指数を領域別と総合について換算表から求めることができます。

言語表出，言語理解課題を中心とした試用版（103課題）の粗点と田中ビネー知能検査による IQ，ITPA（言語学習能力診断検査）による言語学習年齢（PLA），絵画語彙発達検査（PVT）の語彙年齢（VA）との相関を調べた結果，すべての指標との間に言語表出得点とは0.80から0.96，言語理解得点とは0.76から0.96の相関がえられています。

③ PVT-R 絵画語い発達検査

PVT（Picture Vocabulary Test）は米国の臨床現場でよくつかわれているピーボディ絵画語い検査（Peabody Picture Vocabulary Test：PPVT）に刺激され，上野一彦らにより1978年に作成され，2008年に PVT の改訂版が出版されました（上野・名越・小貫，2008）。15枚の図版に描かれた絵に対して（全部の問題をしなくてよいように上限，下限を設けています），音韻的理解と意味的理解を中心に3歳-12歳3か月の基礎的な語い理解力を測定します。言語的応答が不十分な発達段階でも，聞いた単語について，その単語が意味する図版を指し示す（ポインティング）方法で子どもは回答します。

たとえば，三輪車，犬，バナナ，くつの4つの絵が1頁にかかれていて，「くつはどれですか」「くだものはどれですか」「乗り物はどれですか」「ほえる（はどれですか）」などと尋ねます。語い年齢と個人の成績が同一年齢水準ではどのあたりに位置するかをあらわす評価点が算出できます。併存的妥当性について，6歳から10歳の子どもに対して実施した PVT-R と ITPA（言語学習能力診断検査）の「ことばの理解」との相関は0.83で，高い相関がえられています。

④ J. COSS 日本語理解テスト

J. COSS（JWU, Japanese Test for Comprehension of Syntax & Semantics）とは，英語版文法理解テスト（Test for Reception of Grammar：TROG, Bishop, 1989）とそのフランス語版をもとに作成した「日本女子大学式日本語版統語と意味の理解テスト」です（中川・小山・須賀，2010）。

第Ⅰ部　ことばの発達についての基礎知識

　このテストは，日本語における幼児期から老齢期にかけての文法理解の発達水準を評価することや，言語発達遅滞や失語・失読症状の障がい領域を特定するために開発されました。

　適用年齢は3歳以上で聴覚版と視覚版（文字での問題文の提示）があります。

　第一部：語彙の理解（名詞27問，動詞8問，形容詞5問）と第二部：文の理解（20項目）で構成されています。第一部は第二部で使用している語彙を理解しているかどうかを検査するものです。第二部が文法発達を測定する尺度です。各項目に問題が4問ずつ設定された20項目80問題から構成されています。各項目4問題を通過したらその項目を通過したとみなされ，1項目内で1問でも誤ったら非通過となります。20項目の通過状況から，対象児・者の日本語理解の発達水準や障がいの特質を評価します。発達水準として以下の6つの水準を設けています。

第一水準：1語文理解レベル（1．名詞，2．形容詞，3．動詞）
第二水準：3歳〜4歳レベル（4．2要素結合文，5．否定文，6．3要素結合文）
第三水準：5歳〜6歳レベル（幼稚園年長）（7．置換可能文，8．XだけでなくYも）
第四水準：6歳〜7歳前半レベル（小学校1〜2年前半）（9．XだがYはちがう，10．多要素結合文，11．XもYもちがう）
第五水準：6歳〜7歳後半レベル（小学校1〜2年後半）（12．位置詞，13．主部修飾（左分枝型）[1]，14．受動文，15．比較表現，16．数詞，17．述部修飾）
第六水準：8歳以上レベル（小学校3〜6年）（18．複数形，19．格助詞，20．主部修飾（中央埋込型）[2]）

（1）主部を左の枝から修飾している文で，「四角の上にある星形は赤い」の文では「四角の上にある」の左の枝が主部の星形を修飾している例があげられます。
（2）主部と述部の間に補充成分である節を埋め込んだ文で，たとえば，「牛は馬が追いかけていて小さい」という「中央埋め込み型」の文では牛（主部）と小さい（述部）の間に「馬が追いかけていて」という補充成分である節が埋め込まれています。

図6-6　3要素結合文の理解
(出所)　中川・小山・須賀 (2010)

図6-7　「女の子だけでなく猫も座っています」理解課題
(出所)　中川・小山・須賀 (2010)

　いくつかJ. COSS日本語理解テストの例をあげてみましょう。たとえば、第二水準の3要素結合文の理解を調べる項目6の「男の人はりんごを食べています」の問題では図6-6の4つの絵の中から問題文に該当する絵を選びます。

第Ⅰ部　ことばの発達についての基礎知識

　第三水準の項目8の「XだけでなくYも」の理解を調べる項目8の「女の子だけでなく猫も座っています」の問題では，図6-7の4つの絵の中から問題文に該当する絵を選びます。
　20項目のうちの通過項目数と水準通過状況から日本語理解の発達水準を正常，遅れ，特殊な発達（該当する年齢レベルの水準内に非通過項目があるにもかかわらず，年齢レベル以上の水準にも通過項目があり，それが特異的である場合）の3段階で推定します。

（4）発音の検査

　第2章2節で触れましたが，咽頭と口腔（発声管）の形をいろいろに変化させることによって，共鳴のしかたを変えることができ，その結果，種々の種類の音声がつくられます。このうち言語音声をつくりだす働きを構音活動といい，この働きにより音声がつくられることを構音といいます。語音を正しい場所で正しく構音する行動は，1歳後半に著しい発達を示しますが，まだ，十分に分化するには至っておらず，言語行動の一環として体制化されるのは2歳を通してです。4歳ごろに，構音能力はきわめて高い水準に達し，発達速度が著しいのは，3歳半から4歳半の間です。獲得が遅い音は /s/（サ行音），/ts/（ツ），/dz/（ザ行音）や /r/（ラ行音）です。構音が容易な音は，構音運動として容易な音，耳で聞いて弁別しやすい音，ことばの中に頻繁にでてくる音，p, b, m など相手の口や唇の動きがみえる音です。よりたくさんの筋肉を使い，細かい協応を必要とする音は産出がむずかしいのです。

①新版　構音検査

　構音臨床研究会により2010年に発行された検査で，構音障がいの評価・診断，構音治療の適応の判断をし，構音治療の内容について具体的方針をえることを目的とする臨床検査です。この検査は，①会話の観察（会話にみられる構音特徴，声・プロソディー（韻律），会話明瞭度），②単語検査（すべての語音の正誤，誤りの種類と置換・歪みの内容をみる。誤り音にみられる語音の操作の特徴をみる。

音声環境（ある音がどのような音に隣接しているか）や語内位置による誤りの起こり方や誤りの一貫性をみる），③音節検査（音節レベルでの構音をみる。とくに単語レベルで誤った音の音節単位での構音の状態をみる），④音検査（音節レベルで誤った音の構音状態をみる。誤って構音している音について，正しい音を聴覚的刺激として呈示し復唱させ，その誤り方の変化をみる），⑤文章検査（文レベルでの構音をみる。連続発話の構音を評価する際にはとくに文章検査を行う必要がある），⑥構音類似運動検査（目的とする音の構音操作に類似する構音器官の構えや動作を随意に行うことができるかをみる）で構成されています。

　検査結果および検査場面でえられた情報を総合し，被検児の構音の特徴を明らかにし，対処方針を導きだします。

②ことばのテストえほん

　3歳から8歳までの幼児から小学生を対象として「話しことばの障がい」をできるだけ早期に発見し，適切な指導を行うために作成され，新訂版は田口・小川口（1987）により出版されているスクリーニング検査です。検査はテスト1からテスト4で構成され，絵本を提示し，以下の検査を行います。①ことばの理解力検査（テスト1の8つの絵が描かれたページを提示して，「…はどれですか」「…するときに使うものはどれですか」と尋ね，該当するものの絵を指さきせる。例：お空を飛ぶことができるのはどれですか），②ささやき声でことばを聞き分ける検査（テスト2の8つの絵が描かれたページを提示し，検査者の口もとが見えないようにして，ささやき声で，たとえば，「三輪車はどこにありますか」と尋ねる），③発音検査（テスト3の上段の7枚の絵カードを見せて「これは何ですか？」「これは何？」「これは？」と順番にものの名前を言わせる。発音に異常がないかどうかを確かめる。疑わしい点があれば，下の段の絵のうちから疑わしい音を含む絵を使い発音を確認する），④声，話し方その他の表現能力検査（テスト4の絵を見せて自由に話をさせ，どもりの症状がないか，話し声に異常がないか，話のまとめ方や表現能力をみる）。個票に記録し，検査の結果に異常が認められた場合はより詳細な診断検査を行います。

（5）随意運動発達検査

　言語表出にかかわる運動面の発達指標を測定する検査として，田中（1989）の随意運動発達検査があります。手指，顔面・口腔，軀幹・上下肢の3領域の課題について静止形態と左右両側性の協調運動を含み，さらに軀幹・上下肢領域には，バランスをみる課題と跳躍をみる課題を含んでいます。検査は検査者が呈示した非日常的な運動パターンを模倣する手続きにより実施されます。2歳から6歳11か月の子どもの90％が通過した課題により基準年齢が示されていて，検査結果は得点化したり，発達年齢を算出したりする手続きはとらず，各検査課題の可否をそのまま結果として用い，健常発達からの逸脱の有無，あるいは逸脱傾向を検討します。

　口腔機能面の発達は摂食と関係があるので，食事のときに，吸う，嚙む，飲み込む，食塊の取り込み方，水分摂取の仕方，舌の動きなどを観察したり，ラッパや笛などをうまく吹けるかなど，日常生活場面での観察も必要です。

　以上，コミュニケーション・言語発達とその基盤となる能力を評価する検査について紹介しました。検査だけでなくことばに問題をもつ子どもに対して観察や保護者への面接などを行い，どのような領域がどのように遅れているか，またその原因を明らかにし，適切な支援をしていくことが必要です。「ことばの発達の遅れと支援」については第Ⅲ部においてより詳しくみていきます。

第Ⅱ部

保育所・幼稚園における支援

第Ⅱ部では，保育所保育指針や幼稚園教育要領にみる「言葉」の領域について概説し，豊かなことばをはぐくむための保育活動について考えていきます。
　豊かなことばをはぐくむために3歳未満児担当の保育者が重視している絵本やままごと遊びの発達的意義についての調査研究を紹介します。また，保育の質は子どもの発達に大きく影響することがわかってきていますので，保育の質をとらえる方法を紹介し，ことばの発達への影響についての研究を紹介します。さらに，第Ⅰ部で述べたことばの発達の理論的な観点や保育所保育指針から重要だと考えることをとりあげ，どのように保育所の活動の中で具体的に展開されているか，「豊かなことばをはぐくむ保育実践」について現場の保育者の実践を紹介します。

第7章

豊かなことばをはぐくむ保育活動

1 幼稚園教育要領,保育所保育指針にみる「言葉」の領域

　2008年に改訂された幼稚園教育要領第2章「言葉」の「ねらい及び内容」と保育所保育指針第3章「保育の内容」の「言葉」の領域を以下に抜粋しました（成田，2013，pp.176-178）。

幼稚園教育要領より「言葉」関係部分抜粋（2009（平成21）年4月1日施行）

第2章　ねらい及び内容

言葉

⎡経験したことや考えたことなどを自分なりの言葉で表現し，相手の話す言葉⎤
⎢を聞こうとする意欲や態度を育て，言葉に対する感覚や言葉で表現する力を⎥
⎣養う。　　　　　　　　　　　　　　　　　　　　　　　　　　　　　　⎦

1　ねらい
　(1)　自分の気持ちを言葉で表現する楽しさを味わう。
　(2)　人の言葉や話などをよく聞き，自分の経験したことや考えたことを話し，
　　　伝え合う喜びを味わう。
　(3)　日常生活に必要な言葉が分かるようになるとともに，絵本や物語などに親
　　　しみ，先生や友達と心を通わせる。
2　内　容
　(1)　先生や友達の言葉や話に興味や関心をもち，親しみをもって聞いたり，話
　　　したりする。

(2) したり，見たり，聞いたり，感じたり，考えたりなどしたことを自分なりに言葉で表現する。
(3) したいこと，してほしいことを言葉で表現したり，分からないことを尋ねたりする。
(4) 人の話を注意して聞き，相手に分かるように話す。
(5) 生活の中で必要な言葉が分かり，使う。
(6) 親しみをもって日常のあいさつをする。
(7) 生活の中で言葉の楽しさや美しさに気付く。
(8) いろいろな体験を通じてイメージや言葉を豊かにする。
(9) 絵本や物語などに親しみ，興味をもって聞き，想像をする楽しさを味わう。
(10) 日常生活の中で，文字などで伝える楽しさを味わう。

3　内容の取扱い

上記の取扱いに当たっては，次の事項に留意する必要がある。

(1) 言葉は，身近な人に親しみをもって接し，自分の感情や意志などを伝え，それに相手が応答し，その言葉を聞くことを通して次第に獲得されていくものであることを考慮して，幼児が教師や他の幼児とかかわることにより心を動かすような体験をし，言葉を交わす喜びを味わえるようにすること。
(2) 幼児が自分の思いを言葉で伝えるとともに，教師や他の幼児などの話を興味をもって注意して聞くことを通して次第に話を理解するようになっていき，言葉による伝え合いができるようにすること。
(3) 絵本や物語などで，その内容と自分の経験とを結び付けたり，想像を巡らせたりするなど，楽しみを十分に味わうことによって，次第に豊かなイメージをもち，言葉に対する感覚が養われるようにすること。
(4) 幼児が日常生活の中で，文字などを使いながら思ったことや考えたことを伝える喜びや楽しさを味わい，文字に対する興味や関心をもつようにすること。

保育所保育指針より「言葉」関係部分抜粋（2009（平成21）年4月1日施行）

第3章　保育の内容

1　保育のねらい及び内容

(2)　教育に関わるねらい及び内容

　エ　言葉

　　経験したことや考えたことなどを自分なりの言葉で表現し，相手の話す言葉を聞こうとする意欲や態度を育て，言葉に対する感覚や言葉で表現する力を養う。

（ア）ねらい

①自分の気持ちを言葉で表現する楽しさを味わう。

②人の言葉や話などをよく聞き，自分の経験したことや考えたことを話し，伝え合う喜びを味わう。

③日常生活に必要な言葉が分かるようになるとともに，絵本や物語などに親しみ，保育士等や友達と心を通わせる。

（イ）内容

①保育士等の応答的な関わりや話しかけにより，自ら言葉を使おうとする。

②保育士等と一緒にごっこ遊びなどをする中で，言葉のやり取りを楽しむ。

③保育士等や友達の言葉や話に興味や関心を持ち，親しみを持って聞いたり，話したりする。

④したこと，見たこと，聞いたこと，味わったこと，感じたこと，考えたことを自分なりに言葉で表現する。

⑤したいこと，してほしいことを言葉で表現したり，分からないことを尋ねたりする。

⑥人の話を注意して聞き，相手に分かるように話す。

⑦生活の中で必要な言葉が分かり，使う。

⑧親しみを持って日常のあいさつをする。

⑨生活の中で言葉の楽しさや美しさに気付く。

⑩いろいろな体験を通じてイメージや言葉を豊かにする。

⑪絵本や物語などに親しみ，興味を持って聞き，想像する楽しさを味わう。

⑫日常生活の中で，文字などで伝える楽しさを味わう。

第Ⅱ部　保育所・幼稚園における支援

　幼稚園教育要領，保育所保育指針とも「ねらい」は同じです。「内容」のうち3歳未満の子どもに該当する項目としては，保育所保育指針だけにある項目（①の保育士等の応答的なかかわりや話しかけと②のごっこ遊びなどをする中でのことばのやりとりの項目）があります。保育所保育指針の「内容」の③以降は幼稚園教育要領の「内容」の(1)からと同じです。0歳から就学前までの子どもの言語発達についての概観は第Ⅰ部で概説しましたが，前言語段階から書きことばの獲得の段階に至るまで，それぞれの段階で大きく様相は異なっています。各年齢に応じたねらい，内容の実現が必要です。

　『保育所保育指針解説書』（p.123）の「子どもの発達過程における保育の視点」は，この①から⑫の内容に関して子どもの年齢に応じてどのような視点が必要かを例として示していますので，表7-1に示しました。

　保育所保育指針第2章「子どもの発達」には次の記載があります。

　「子どもは，様々な<u>環境との相互作用</u>により発達していく。…（中略）…特に大切なのは，<u>人との関わりであり</u>，愛情豊かで思慮深い大人による<u>保護や世話</u>などを通して，<u>大人と子どもの相互の関わりが十分に行われることが重要である</u>。この関係を起点として，次第に他の子どもとの間でも相互に働きかけ，関わりを深め，<u>人への信頼感と自己の主体性</u>を形成していくのである。

　これらのことを踏まえ，保育士等は，次に示す子どもの発達の特性や発達過程を理解し，発達及び生活の連続性に配慮して保育しなければならない。その際，保育士等は，子どもと生活や遊びを共にする中で，<u>一人一人の子どもの心身の状態を把握しながら，その発達の援助を行うことが必要である</u>。」（下線筆者）

　人とのかかわりの中で子どもは発達していきます。保育所での「人」は保育士です。保育士は子どもの命を守り，衣・食・住の世話をする養護とことばや生活に必要なことを教える教育の両方の役割を担っています。第Ⅰ部第1章5節でも述べましたが，人やモノとの相互作用により子どもは発達していきます。

　保育所保育指針第3章では保育の内容の2つの視点（養護，教育）があげられています。「養護」とは，「子どもの生命の保持及び情緒の安定を図るために

第7章 豊かなことばをはぐくむ保育活動

表7-1 子どもの発達過程における保育の視点（例：「言葉」）

発達過程＼言葉	子どもの発達と保育をとらえる視点		
Ⅰ．おおむね6か月未満	○あやされて声を出したり笑ったりする。	○保育士等の子守歌を聴いたり，保育士等が話している方をじっと見る。	○保育士等の声や眼差しやスキンシップ等を通して，喃語が育まれる。
Ⅱ．おおむね6か月から1歳3か月未満	○身近な大人との関わりを通し，喃語が豊かになる。指さしやしぐさなどが現れはじめる。	○保育士等に優しく語りかけられることにより，喜んで声を出したり，応えようとする。	○保育士等と視線を合わせ，喃語や声，表情などを通してやり取りを喜ぶ。
Ⅲ．おおむね1歳3か月から2歳未満	○指さし，身振りなどで自分の気持ちを表したり，徐々に簡単な言葉を話し始める。	○保育士等の話しかけややり取りの中で，声や簡単な言葉を使って自分の気持ちを表そうとする。	○保育士等の話しかけや絵本を読んでもらうこと等により言葉を理解したり，言葉を使うことを楽しむ。
Ⅳ．おおむね2歳	○保育士等と触れ合い，話をしたり，言葉を通して気持ちを通わせる。	○保育士等を仲立ちとして，生活や遊びの中で簡単な言葉でのやり取りを楽しむ。	○絵本などを楽しんで見たり聞いたりして言葉に親しみ，模倣を楽しんだりする。
Ⅴ．おおむね3歳	○生活に必要な言葉がある程度分かり，したいこと，してほしいことを言葉で表す。	○友達の話を聞いたり，保育士等に質問したりするなど興味を持った言葉や，言葉によるイメージを楽しむ。	○絵本，物語，視聴覚教材などを見たり，聞いたりしてその内容や面白さを楽しむ。
Ⅵ．おおむね4歳	○自分の経験したことや思っていることを話したりして，言葉で伝える楽しさを味わう。	○様々な言葉に興味を持ち，保育士等や友達の話を聞いたり，話したりする。	○絵本，物語，視聴覚教材などを見たり，聞いたりしてイメージを広げる。
Ⅶ．おおむね5歳	○自分で考えたこと経験したことを保育士等や友達に話し，伝え合うことを楽しむ。	○様々な機会や場で活発に話したり，保育士等や友達の話に耳を傾ける。	○絵本，物語，視聴覚教材などを見たり，聞いたりしてイメージを広げ，保育士等や友達と楽しみ合う。
Ⅷ．おおむね6歳	○自分の経験したこと，考えたことなどを言葉で表現する。	○人の話を聞いたり，身近な文字に触れたりしながら言葉への興味を広げる。	○絵本，物語，視聴覚教材などに親しみ，保育士等や友達と心を通わせる。

（注）　子どもの様々な発達の側面は0歳からの積み重ねであることや実際の保育においては，養護と教育の一体性及び5領域の間の関連性に留意することが必要である。
　　　子どもの発達を見通しを持ってとらえることが，保育課程の編成や指導計画の作成などに生かされる。
（出所）　厚生労働省（2008b）p.123.

保育士等が行う援助や関わり」です。「教育」とは、「子どもが健やかに成長し、その活動がより豊かに展開されるための発達の援助であり、「健康」「人間関係」「環境」「言葉」及び「表現」の5領域から構成され」ています。「この5領域並びに「生命の保持」及び「情緒の安定」に関わる保育の内容は、子どもの生活や遊びを通して相互に関連を持ちながら、総合的に展開され」ます。

　ことばはことばの領域だけで発達するのではなく、認知、人間関係、運動などの精神機能と相互に関連して発達していきます。小林（1990）は幼児期におけることばの教育の目標を「一次的ことば」としての話しことばを獲得し、ことばで生活する、つまり人間として生活する基礎を築き、就学後に訪れる「二次的ことば」の本格的な習得に備える発達課題を達成することとしています。この発達課題を達成することを助け、支える上での保育者の基本姿勢のポイントについて次のように述べています。

　第一点目は、子どもの心を理解するように努め、子どもとの間に信頼感に基づき心が通い合う、愛情に満ちた温かい人間関係が生まれるようにこころがけることです。話しことばは音声による人とのかかわり合いであり、それが相互的に成り立つためには、気持ちを交わし合い、経験をわかち合える心の触れ合いを欠かすことができないからです。

　第二点目として、保育者がたんにことばで一方的に幼児に働きかけるのでなく、幼児が、実際の具体的な生活の中で自ら活動し、経験することを通してことばをものにしていくように支えることです。

　第三点目として、幼児のさまざまな生活体験に即したものや、幼児が興味や関心を抱くことを話題として保育者が多くの機会をとらえて個々の子どもと会話をかわしたり、子ども同士の会話を促したりして、人間としての交わり方やことばの意味と用法をわがものとしていくことができるように、幼児のことばの成長にふさわしい体験となるようにすることです。

2　3歳未満児への豊かなことばをはぐくむ保育内容

　小椋らが平成21年度にこども未来財団の研究助成をうけ実施した「ゆたかなことばの発達を育む乳幼児期の保育内容の研究」の調査結果のいくつかを紹介します。全国の保育所1,136か所に質問紙を郵送配布し，203か所から回収されました。各年齢クラス（4月時点での年齢）の回答者（保育者）は0歳児クラス202人，1歳児クラス203人，2歳児クラス203人でした。回答時点の0歳児クラスの最低平均月齢は8.7か月（SD（標準偏差）3.67），最高平均月齢は17.6か月（SD 2.07），1歳児クラスの最低平均月齢は19.4か月（SD 3.22），最高平均月齢は29.5か月（SD 2.87），2歳児クラスの最低平均月齢は31.7か月（SD 2.54），最高平均月齢は41.6か月（SD 2.83）でした。この調査の結果から「3歳未満児の豊かなことばを育むために保育士が重視していること」と「3歳未満児の保育活動と発達的意義」について紹介します。

（1）3歳未満児の豊かなことばをはぐくむために保育士が重視していること

　この研究の分担者の鶴（2009）は3歳未満児に対して豊かなことばをはぐくむために保育士が重要だと考えていること，重視している活動を分析しました。無回答があったものを除いた554の調査票（0歳児171，1歳児189，2歳児194）を分析し，次のようにまとめています。

①日常生活や遊びの中で
　保育士が豊かなことばをはぐくむために重要だと考えていること，重視している活動の傾向として，①0歳児ではことばを認識できるような援助や発語が楽しくなるような援助，②1歳児では保育士とのコミュニケーションを楽しむ援助や日常生活で用いることばを認識するような援助，③2歳児では1歳児時の援助がより明確になると同時に，子ども同士でのコミュニケーションを促す援助が意識されていました。

具体的な記述としては0歳児で特徴的なのは、「話しかける」「語りかける」「一人ひとり」「表情」「喃語」「優しい」「繰り返す」「表情」が1歳児・2歳児に比べて多かったことです。「ゆっくりと話しかける」「たくさん話しかける」「優しく（優しい）話しかける」「喃語に答える」「喃語を受け止める」「一人ひとりに話しかける」「絵本や手遊びを繰り返す」「繰り返し（繰り返す）の多い絵本や手遊びを楽しむ」「子どもの表情を見て関わる（関わり）」「保育士が表情を豊かにして関わる」などの記述がありました。

　1歳児では他の年齢と比べて「丁寧」の単語が多く、「丁寧なことばかけをする」「丁寧に話しかける」の記述がされていました。0歳児と比べると「あいさつ」「紙芝居」「ごっこ遊び」「会話」「日常生活」の頻度が高くなっています。これらの単語は2歳児においてさらに高い頻度で出現しており、「日常生活の中のあいさつ」「あいさつをする」「紙芝居の読み聞かせ」「ごっこ遊びを通したかかわり」「保育士との会話を楽しむ」などの記述がありました。

　2歳児は前述した「あいさつ」「紙芝居」「ごっこ遊び」「会話」「日常生活」の出現頻度がより高くなっていました。また、「友達」が他の年齢より多く見られ、「友達同士のやりとりをことばで伝えていけるようにする」「友達との関わりを沢山作る」などの記述がありました。

　具体的な活動や遊びとして、「絵本の読み聞かせ」が各年齢ともっとも多く、「手遊び」や「歌遊び」がこれに続きました。また1歳児・2歳児では「ごっこ遊び」の割合が年齢を追うごとに高くなっていました。「ごっこ遊び」を通して、保育士や友達（他児）とのやりとりが意識されていたのではないかと考えられます。このように、保育士は子どもの年齢や発達に応じて、日常生活や遊びの中で、保育士とのやりとり、子ども同士のやりとりを通して、豊かなことばをはぐくむための援助や働きかけを意識していました。

②絵本，ビデオ，テレビ番組
　さらに「日頃読み聞かせをする絵本」「日頃子どもにみせるビデオ」「日頃子どもにみせるテレビ番組」についても自由記述をしてもらいました。

第 7 章　豊かなことばをはぐくむ保育活動

表7-2　各年齢で選択された絵本（上位10冊）

0歳児		1歳児		2歳児	
絵本名	数	絵本名	数	絵本名	数
いないいないばあ	87	いないいないばあ	23	はらぺこあおむし	63
もこもこもこ	24	ノンタンシリーズ	22	おおきなかぶ	50
おつきさまこんばんは	22	ねないこだれだ	20	3びきのやぎのがらがらどん	42
ねないこだれだ	20	はらぺこあおむし	19	ノンタンシリーズ	30
くだもの	15	もこもこもこ	19	3びきのこぶた	23
あーんあん	10	おつきさまこんばんは	17	ねないこだれだ	23
あっぷっぷ	10	きんぎょがにげた	17	アンパンマンシリーズ	16
がたんごとんがたんごとん	10	大きなかぶ	15	おおかみと7ひきのこやぎ	15
ノンタンシリーズ	10	たまごのあかちゃん	15	ぐりとぐら	12
・いいおかお ・だるまさんが ・おべんとうバス ・じゃあじゃあびりびり	9	きれいなはこ	13	ぞうくんのさんぽ	11

（注）　0歳児については，同数のものが4冊あったため，13冊記載している。
（出所）　鶴（2009）pp.60-61.

　日頃保育士が読み聞かせる絵本について0歳児，1歳児，2歳児の上位10冊を表7-2に示しました。
　①0・1歳児では，子どもと大人とのやりとりが楽しめる絵本，繰り返しのあるオノマトペを主体にした絵本，身近なものが登場する絵本が選択されていました。②2歳児では，よりストーリーが明確な絵本が選択される傾向にありました。また，選択された絵本は，発行されてから20年以上経つものがほとんどで，さまざまなブックガイドにおいてかならず紹介されていました。つまり，保育士は長く読み継がれてきたスタンダードな絵本を選択する傾向にあり，同時にそれは先行研究との比較から，子どもが好きな絵本でもありました。
　次にテレビ番組，ビデオについても調査をしました。絵本と比べるとテレビやビデオの記入数は少なかったです（絵本総数2,769，ビデオ総数546，テレビ総数336）。これは視聴覚教材に対する否定的な考え方も反映し，絵本に比べると所蔵数などが少ないことがわかりました。日頃見るビデオの上位5本を表7-

表7-3　各年齢で選択されたビデオ（上位5本）

0歳児		1歳児		2歳児	
ビデオ名	数	ビデオ名	数	ビデオ名	数
それいけ！アンパンマン	18	それいけ！アンパンマン	46	それいけ！アンパンマン	44
しましまとらのしまじろう	12	しましまとらのしまじろう	29	まんが日本昔ばなし	22
おかあさんといっしょ	8	おかあさんといっしょ	10	しましまとらのしまじろう	16
いないいないばあ	6	まんが日本昔ばなし	10	トムとジェリー	8
しまじろうシリーズ	6	ノンタン	7	・しまじろうシリーズ ・となりのトトロ ・ノンタン	6

（注）　2歳児については，同数のものがあったため，7本記載している。
（出所）　鶴（2009）p.62.

表7-4　各年齢で選択されたテレビ番組（上位5番組）

0歳児		1歳児		2歳児	
番組名	数	番組名	数	番組名	数
おかあさんといっしょ	42	おかあさんといっしょ	53	おかあさんといっしょ	42
いないいないばあっ！	24	いないいないばあっ！	34	いないいないばあっ！	16
それいけ！アンパンマン	5	それいけ！アンパンマン	11	ぜんまいざむらい	9
みいつけた	5	みいつけた	7	それいけ！アンパンマン	8
にほんごであそぼう ピタゴラスイッチ	3	えいごであそぼ	5	ピタゴラスイッチ えいごであそぼ	6

（注）　0歳児・2歳児については，同数のものがあったため，それぞれ6番組記載している。
　　　下線の番組はNHKのEテレこどもポータルサイトのKIDS WORLDに位置づけられている。
（出所）　鶴（2009）pp.62-63.

3．テレビ番組を表7-4に示しました。

　ビデオではキャラクターもの，テレビについてはNHKの番組が高い割合で選択されていました。また，絵本に比べて活用している保育所はかなり少ないことがわかりました。おそらく，保育士は遊びや絵本に比べて，ビデオやテレビでは相互のやりとりがしにくいと考えているのではないでしょうか。子どものビデオ・テレビ視聴には賛否両論ありますが，使用するのであれば，これらを視聴する意図を明確にし，子どもの育ちに資するような活用が求められます。

(2) 3歳未満児の保育活動と発達的意義

小椋ら（2011）は（1）で述べた鶴らと同じ調査の中で，3歳未満児で絵本，ままごと，テレビ・ビデオ視聴が実際の保育活動の中でどのように行われているか，また，保育士が絵本，ままごと，テレビ・ビデオ視聴の発達的意義をどのようにとらえているかを明らかにしました。

①活動の時間

(1)絵本活動

保育士が保育の中で，読み聞かせを行う頻度は「毎日する」が0歳，1歳，2歳児クラスとも一番高い選択率で，0歳児40％，1歳児61.5％，2歳児61.4％で，全年齢平均54.8％でした。0歳クラスは5分未満が44.8％，次に5-10分が41.4％でしたが，1歳児は5-10分が49.0％，2歳児も5-10分が54.2％で最高でした。全体では，一日の読み聞かせ時間は，5-10分の読み聞かせが48.5％で一番多かったです。一日に読み聞かせをする時間は0歳から1歳で有意に上昇しました。また，自由場面でも子どもが絵本をみる時間を毎日つくる保育士が多く，その時間は，0歳は5-10分が43.2％，次に11-20分が17.6％，1歳は5-10分が39.0％，次に11-20分が24.6％，2歳は11-20分が39.0％，次に5-10分が31.2％で，2歳では11-20分くらい集中して本読みができました。時間は年齢差がありましたが，5-20分の出現率が高かったです。自由場面で子どもが本をみる時間は0歳から1歳，1歳から2歳で有意に上昇しました。

絵本の所有冊数は0歳，1歳，2歳児クラスとも11-20冊が一番高く50％台で，全年齢平均52.6％でした。0歳から1歳にかけてクラスでの本の保有数は増加しました。

1歳台でことばの理解が進み，2歳で表象の世界を理解できるのと並行して，保育場面で絵本に子どもが接触する機会が増えているといえます。

(2)ままごと遊び

ままごと遊びについても調査しました。保育の中でままごと遊びをする頻度は「時々する」の出現率が全年齢で一番高く，41.8％でした。年齢差があり，

0歳よりも1歳, 2歳ではままごと遊びをする頻度はふえていました。設定保育での一日のままごと遊びの時間は, 21-30分行うとの回答は全年齢の平均では一番高い出現率で, 0歳では18.1％でしたが, 1歳で36.7％, 2歳で44.4％でした。0歳よりも1歳, 2歳ではままごと遊びをする時間はふえていました。自由場面でのままごと遊びは,「毎日ある」が全年齢平均で30.9％,「ほとんど毎日ある」が全年齢平均で30.6％で高い頻度で行われていました。1歳, 2歳児が0歳児よりも頻繁に自由遊び場面でままごとをしていました。自由遊び場面でままごと遊びをする一日の時間は11-20分が全年齢平均では一番高い比率で, 全年齢平均の出現率は34.5％で, 次が21-30分の24.5％でした。自由場面でのままごと遊びの時間も0歳より1歳が, 1歳よりも2歳が高いという結果がでました。

(3)テレビ・ビデオのメディア視聴

テレビ・ビデオのメディア視聴は「毎日みせる・ほとんど毎日みせる・時々みせる・たまにみせる」が全年齢平均で33.6％,「めったにみせない・みせたことがない」の出現率が全年齢平均で66.4％にのぼりました。視聴時間について, 340のデータで0分で, この0分のデータを除いて視聴時間の平均を算出しても, 視聴時間の平均は18.30分でした。テレビ・ビデオのメディア視聴は保育所では頻度, みせる時間も非常に低く,（1）で述べた鶴らの報告でもビデオ・テレビの視聴内容の記載が少なかったこととも一致していました。

②活動の発達的意義

村瀬（2009）の1歳半児の親への絵本読みについての意義についての信念に関する質問項目, 秋田・無藤（1996）の幼稚園年中組, 年長組の親への読み聞かせの意義に関する質問項目をもとに, 保育所, 各活動にあてはまるようにことばを一部変更して以下の8項目を作成しました（小椋ほか, 2011）。①子どもに集中力がつく, ②ことばがふえる, ③日常生活に必要なことが身につく, ④はなしをする力がつく, ⑤子どもが空想したり夢をもつ, ⑥（本, ままごと遊び, テレビ・ビデオ）を通して保育士とのふれあいができる, ⑦ものごとを

深く考えるきっかけとなる，⑧（本，ままごと遊び，テレビ・ビデオ）を通して他の子どもとふれあいができる。

項目は，「全くそう思わない」(1)から「非常にそう思う」(7)の7件法で回答をもとめました。

この調査から見た絵本，ままごと遊び，テレビ・ビデオについて保育士が考える発達的意義といままでに報告されている文献から，各活動の意義について検討してみます。

(1)絵本の発達的意義

小椋ら（2011）で本を読んだり，みたりすることの意義として出現率が高かった項目の第1位は「本を通して保育士とのふれあいができる」が85.8％，第2位が「子どもが空想したり夢をもつ」が80.4％でした。第3位が「ことばがふえる」で79.3％，第4位が「子どもに集中力がつく」で69.9％，第5位が「はなしをする力がつく」が56.0％でした。最下位は「ものごとを深く考えるきっかけとなる」で36.6％でした。0-2歳児を対象とした調査なので，「ものごとを深く考えるきっかけとなる」の思考の意義は低かったと考えられます。絵本については先にあげた表7-1に示した保育所保育指針の「子どもの発達と保育をとらえる視点」にみられるように，1歳3か月から6歳のすべての段階で絵本が取り上げられ，ことばの発達への意義が強調されています。

保育活動と「ことば」という視点から，永野（2008）は，絵本の特徴として，①語彙を豊かにし，ことばで表現する力を育てる，②感動する心が育ち，情緒が安定する，③想像力を豊かにする，④知的な関心を育てたり，満足させたりする，⑤経験を再認識することによって知識や理解を深める，⑥絵本の内容を他の活動で表現しようとする意欲を育てる，⑦文字に関心をもつ，⑧絵本を大切に扱うことを知らせるという8つの点をあげています。また，近藤・辻元（2006）は，絵本の読み聞かせは，大人と子どもの親密な人間関係を基盤として，文字で書かれた文章を大人が朗読し，子どもは本に描かれた絵を見ながら耳で大人の音読を聞くという独特のコミュニケーションスタイルを備えていて，語りかける人の情愛のこもった声が子どもの心を安定させ，心を育て，想像力

をめばえさせるとしています。絵本は心的表象の世界であるので、第Ⅰ部で解説したことばの発達の認知的基盤からみると象徴能力、想像力を育て、文字への関心を高めるといえます。寺田（2004）は、2歳ごろに大人と子どもの絵本の読み語りにおけるフォーマット（型、形式）が形成されること、そして、1歳半から3歳までの子ども同士の会話は定型から想像の世界へひろがっていく傾向があり、2歳ごろには登場人物と同一化し、絵本の世界に入り込んで楽しむことができるようになるということを述べています。

　ニニオとブルーナー（Ninio, A., & Bruner, J.（岩崎，2014より））は母親の読み聞かせの仕方には一定のフォーマットが形成されていて、読み聞かせ時の母親の会話は「注意喚起」（みて！）、「質問」（これは何？）、「ラベルづけ」（これは○○よ）、「フィードバック」（そうね）という4つの基本的会話に分類され、このフォーマットは言語発達や会話のやりとりを促すのに適した方法であると述べています。他の研究でも絵本の読み聞かせ場面が子どもの語彙獲得を促す足場づくりをしやすい場面であることが報告されています。飽戸・酒井・菅原（2006）では、「子どもに良い放送プロジェクト」の3時点目（Time 3）の調査に参加した1,095名のデータをもとに、2歳時点での絵本読み時間の長さと表出語数の多さとの間に関連があることを報告しています。

　また、高山智津子（近藤・辻元，2006より）は、絵本にであってきた子どもの特徴として、文脈の中でことばを使えるようになること、ことばの意味だけでなくイメージも豊かに描けるようになること、絵本にであうことで、「想像」から豊かな「創造」をもてるようになることをあげています。

　保育所や幼稚園のような集団の場での読み聞かせにおいては、一対一の母子の絵本読み場面とは異なった点も多くありますが、絵本を介した大人とのやりとりは、子どもの心の安定をもたらし、豊かな言語発達を保障するのに有効な活動であるといえます。また、保育士もことばをはじめとして、子どもの発達を促進する意義ある活動と評価していました。

(2)ままごと遊びの発達的意義
　小椋ら（2011）の0-2歳の保育士を対象としたままごと遊びの意義につい

ての調査結果では，第1位は「ままごと遊びを通して他の子どもとのふれあいができる」で90.1％，第2位が「ままごと遊びを通して保育士とのふれあいができる」で87.9％，第3位が「ことばがふえる」で71.2％，第4位が「子どもが空想したり夢をもつ」で65.4％で，最下位は「ものごとを深く考えるきっかけとなる」で25.2％でした。

　第Ⅰ部第2章4節で，事物操作（遊び）の意義について述べました。ピアジェの感覚運動期の第6段階にあたる生後2年目の終わりに「あるものを他のもので表現する」象徴機能の発達が生起し，この象徴機能の発達により，ことば，延滞模倣，象徴遊び，心的表象，描画の獲得が可能となります。見たて，ふりの象徴遊びがみられたり，日常の生活が延滞模倣でままごと遊びの中で再現されており，先に述べた1歳，2歳のままごと遊びの頻度，時間の増大は子どもの精神発達にそい，保育環境が整えられていることを示していると言えます。小椋（2008）によれば，遊びは人へのかかわり，物へのかかわりを促進します。言語は音声に意味づけがなされ，遊びは事物に意味づけがなされ，両者は象徴機能の発達を反映し密接に関係していて，言語と遊びの平行発達がみられます。また，事物を介した遊びは人との関係を育て，物の世界への認識を深め，象徴機能を育てるのには有効な場であるといえるでしょう。

(3)テレビ・ビデオの発達的意義

　小椋ら（2011）の調査で，テレビ・ビデオの意義として「ことばがふえる」の項目は「どちらかといえばそう思う」が全年齢平均30.1％，「どちらともいえない」が29.3％とほぼ同じ出現率であった以外，他の項目の回答は「どちらともいえない」が一番高い出現率でした。「保育士とのふれあいができる」は全年齢平均をみると「全くそう思わない」が21.9％，「そう思わない」が20.6％，「どちらかといえばそう思わない」が14.6％で，触れ合いを否定する回答の比率が57.1％と高くなっていました。また，ことばについては「はなしをする力がつく」との回答で「どちらかといえばそう思う」が19.4％，「そう思う」が5.0％，「非常にそう思う」が0.9％で肯定的な回答は25.3％，「ことばがふえる」は「どちらかといえばそう思う」が30.1％，「そう思う」が12.6％，「非常

にそう思う」が2.2％で肯定的な回答は44.9％でした。

　調査の対象が0歳から2歳ということばの出現期であるので，テレビ・ビデオを大人からの働きかけなくして見せることはゆたかなことばの発達を育む保育環境とはいえないと保育士は考えていることが明らかとなりました。

　小平（2007）が報告したNHK放送文化研究所による全国の幼稚園519，保育所512（有効回答数）の調査では，NHK幼児向け番組の利用率は幼稚園33.3％，保育所45.5％でした。小平（2007）によると，NHK幼児向けテレビ番組で，幼稚園では「こどもにんぎょう劇場」と「つくってあそぼ」が，保育所では「おかあさんといっしょ」「ピタゴラスイッチ」「いないいないばあっ！」が高く利用されていました。幼稚園・保育所での幼児向けテレビ番組利用減少の理由として表7-5を小平（2007）はあげています。「保育の内容が多く，テレビを利用する時間の余裕がない」「放送時刻が保育の時間と一致しない」「幼児は家庭で十分テレビを見ているので，幼稚園・保育所までテレビを見せたくない」「教育要領，保育指針で，現場の活動や直接体験が重視されている」というのがテレビ番組の利用が低い主な理由でした。一方，幼児向け番組そのものへの期待は大きく，「子どもの心情を豊かにし，想像力を育てる」「音楽・リズムの楽しさ，音楽に対する親しみを育てる」「生き物に対するやさしさと，自然とのふれあい，身近な環境とのかかわりを強める」「子どものあそびや活動の意欲を高める」ことなどへの期待が多くあげられました。

　テレビ視聴と言語発達の関係も報告されています。家庭で養育されている子どもを対象とした一色・飽戸・松本（2005）のNHKの「子どもに良い放送プロジェクト」についての報告では，日本語マッカーサー乳幼児言語発達質問紙の「語と身振り」版（第Ⅰ部第6章2節参照）を18-24か月に実施し，テレビ接触時間，テレビ視聴時間を「特に多い」「かなり多い」「それ以外」（下位群）

---

(1) テレビ接触時間とは，「専念視聴時間（他のことはせず専念して見ていた）」，「ながら視聴時間（他のことをしながら見ていた）」および「ついているだけの時間（画面がついているだけだった）」の3つを合計したものです。テレビ視聴時間は，「専念視聴時間」と「ながら視聴時間」を合計したものです。

第7章　豊かなことばをはぐくむ保育活動

表7-5　幼児向けテレビ番組利用減少の原因　(100%＝全園・所)

		幼稚園(%)	保育所(%)
1	保育の内容が多く，テレビを利用する時間の余裕がない	45.3	24.0
2	放送時刻が保育の時間と一致しない	42.4	35.0
3	幼児は家庭で十分テレビを見ているので，幼稚園・保育所でまでテレビを見せたくない	32.2	43.9
4	教育要領，保育指針で，現場の活動や直接体験が重視されている	27.9	32.4
5	番組内容についての事前情報が十分得られない	17.1	14.5
6	簡単に利用できるビデオ・DVD教材がたくさんある	17.0	15.0
7	教師・保育士がテレビ利用に関心を示さない	11.0	9.2
8	テレビ番組の録画がめんどうである	9.8	4.5
9	自由に利用できるテレビやVTRがない	7.7	5.3
10	保育で利用したいと思う幼児番組が見当たらない	7.7	8.8
11	保育におけるテレビ番組の効果的な使い方がわからない	6.9	6.6
12	テレビは幼児の成長にとって好ましくない影響を及ぼすと思う	5.0	11.5
13	テレビ以外の教材の方が，教育効果がみられる	4.8	8.2
14	幼稚園・保育所でのテレビ利用に保護者が反対する	4.0	7.8
15	とくに問題はない	5.4	5.1

(注)　複数回答：幼稚園で回答が多い順
(出所)　小平(2007) p.75.

の3層に分けると，テレビ接触時間，テレビ視聴時間の下位群で語彙表出数が多いという結果を得ました。テレビの視聴が低い方が表出語彙数は高いという結果でしたが，語彙理解については，関連は認められませんでした。また，菅原(2006)の同じNHKの調査では，0，1，2歳の両親の解説行動（テレビ内容に関する会話）と1歳時，2歳時の表出語彙との関連をみると，両親の0歳時点の解説行動は1歳時点での語彙獲得に促進的な作用をし，母親についてはその後も1歳時の解説行動が2歳時の語彙獲得を促進し，かつ1歳児の子どもの語彙量が2歳時での母親の解説行動を促進するという関係を見出しています。テレビの映像を媒介にして親が解説することは絵本場面とも類似し，言語発達にはプラスの効果があると言えます。一人で子どもにテレビを見させておくのではなく，働きかけてあげることが大事だと言えるでしょう。

映像は一瞬に呈示されるだけで場面が次々にかわってしまい，子どもが働きかけてもテレビ・ビデオ自体からは反応がないなどといった問題もあります。しかし，我々の毎日の生活の中にテレビ・ビデオは浸透しており，子どもへの見せ方など，今後検討を行い，子どもの発達に意義あるものにしていく必要があります。

小椋ら（2011）の研究で3種類の活動について保育士が考える発達的意義をみました。絵本，ままごとでは保育士との触れ合いができる，他児との触れ合いができるといったコミュニケーションの側面の意義を一番高く評価し，次が言語面の発達についてでした。また，絵本，ままごと，テレビ・ビデオの各保育活動に対して発達的意義が高いと保育士が考えているほど，保育場面，自由場面で実際に行う頻度，時間が高いことも明らかになりました。日常の保育活動は保育士の信念の反映でもあることの一端が質問紙調査から明らかになりました。保育士の信念が実際の子どもの保育活動にどのように反映され，子どもの発達にいかなる影響を及ぼしているのかを明らかにすることが今後必要です。ここでは3歳未満児の豊かなことばを育てる保育内容について紹介しました。

3　保育の質とことばの発達

（1）保育の質をとらえる方法

保育の質をどのように規定していくかは多面的でむずかしい問題です。秋田・佐川（2011）は，保育の質は，その文化が保育の機能や方向性をどのようにとらえ価値づけているかという社会文化的な価値判断に依存すると言っています。質は文化に依存するので，どの国の保育や施設制度が良質であるかという国間の比較は不可能であり，また，同一の国や社会の中でも担う主体の立場により課題は異なります。

研究上，保育の質をどのように分節化してとらえていくかという観点から，OECD（2006）は保育の質を「方向性の質，構造の質，過程の質，操作性の質，成果としての質」の5点に分節化してとらえる観点を提出し，保育の質にかか

第 7 章　豊かなことばをはぐくむ保育活動

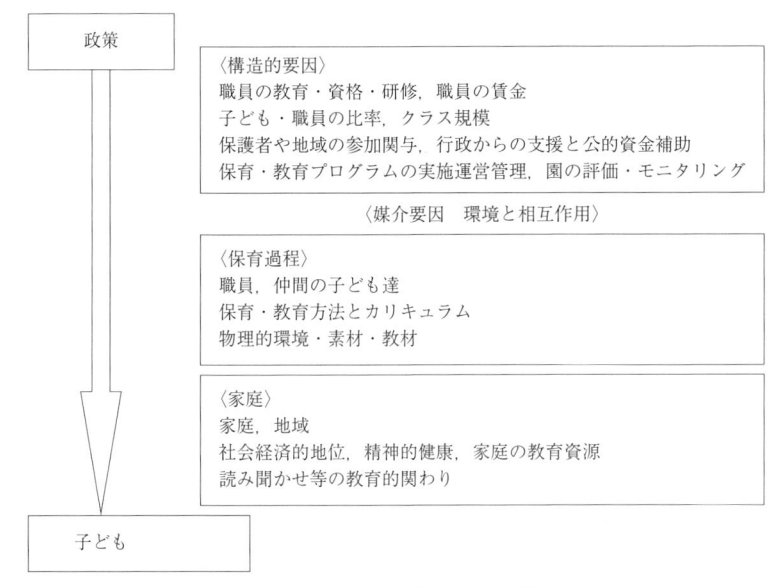

```
┌──────┐
│ 政策 │
└──────┘
         ┌─────────────────────────────────────────────┐
         │ 〈構造的要因〉                              │
         │ 職員の教育・資格・研修，職員の賃金          │
         │ 子ども・職員の比率，クラス規模              │
         │ 保護者や地域の参加関与，行政からの支援と公的資金補助 │
         │ 保育・教育プログラムの実施運営管理，園の評価・モニタリング │
         └─────────────────────────────────────────────┘
                    〈媒介要因　環境と相互作用〉
         ┌─────────────────────────────────────────────┐
         │ 〈保育過程〉                                │
         │ 職員，仲間の子ども達                        │
         │ 保育・教育方法とカリキュラム                │
         │ 物理的環境・素材・教材                      │
         └─────────────────────────────────────────────┘
         ┌─────────────────────────────────────────────┐
         │ 〈家庭〉                                    │
         │ 家庭，地域                                  │
         │ 社会経済的地位，精神的健康，家庭の教育資源  │
         │ 読み聞かせ等の教育的関わり                  │
         └─────────────────────────────────────────────┘
   ↓
┌────────┐
│ 子ども │
└────────┘
```

図 7-1　保育の質に関する要因
（出所）　Litjens 秋田（訳）(2010) を秋田・佐川（2011）p. 218 より転載

わる要因を図 7-1 のように概括しています（秋田・佐川，2011）。保育の質を検討・評価するには，第一には構造的要因と過程的要因を分節化し，それぞれを具体的にとらえ，測定や記述評価をすることです。構造の質は学級規模や保育者の教育歴といった指標で把握しやすいですが，子どもの発達に直接的な影響を与えると考えられる過程の質は，子どもと保育者，子ども同士，保育者と保護者，保育者同士のやりとりが中心にあるために，観察や評定が困難です。秋田は，この保育過程の質をいかに観察し，評価するかが保育の質評価の最大の課題であるとしています。1980年代から先進諸国では保育の「質」保証のための評価のありかたが議論されるようになりました。秋田・佐川（2011）は保育の質を測定するために開発された尺度と，それを使用して行われたプロジェクトについて報告しています。

　秋田・佐川（2011）を参考にして，世界で開発されている保育の質を測定するいくつかの尺度を次に紹介します。

①ITERS-R (Infant/Toddler Environmental Rating Scale-Revised：保育環境評価スケール乳児版（改訂版））と ECERS-R (Early Childhood Environmental Rating Scale-Revised：保育環境評価スケール幼児版（改訂版））

　日本では幼児版（Harms, Clifford, & Cryer, 1998）が埋橋（2008）により，乳児版（Harms, Cryer, & Clifford, 2003）は埋橋（2009）で翻訳され出版されています。乳児版は誕生から2歳半まで，幼児版は2歳から5歳に適用されます。保育環境を，①空間と家具配置，②日常的な個人のケア，③言語―推理（乳児版は聞くことと話すこと），④活動，⑤相互作用，⑥保育の構造，⑦保護者と保育者の7領域からなり，さらに各領域について乳児版39項目，幼児版43項目に分けて外部の観察者もしくは保育者が観察・質問することにより，1点（不適切）から7点（とてもよい）の評点をつける数量的評価法です。たとえば，幼児版「言語―推理」の15．本と絵・写真の項目を紹介しましょう（例や注釈は省きます）。評定するときは，「不適切」の項目から開始し，相当するレベルのところまで続けます。

「不適切」の項目は
・1.1　子どもが手にとれる本がほとんどない。
・1.2　スタッフが子どものために本を読むことがほとんどない。

「最低限」の項目は
・3.1　本が何冊かおいてある。
・3.2　1日に1度はスタッフが主導する言語活動がある。

「よい」の項目は
・5.1　1日の相当の時間でいろいろの本を選ぶことができる。
・5.2　いろいろな言語教材が日常的に使われている。
・5.3　絵本センター（コーナー）が設けられている。
・5.4　スタッフが自然な形で読み聞かせをしている。

「とてもよい」の項目は
・7.1　子どもの興味が保たれるように本や言語教材は入れ替えが行われる。
・7.2　何冊かの本は現在クラスで進行中の活動やテーマに関係している。

```
              ┌──────────────┐
              │  クラス環境   │
              └──────────────┘
          ↙         ↓         ↘
┌─────────────┐ ┌─────────────┐ ┌─────────────┐
│〈情動的サポート〉│ │〈クラスの構成〉│ │〈教授的サポート〉│
│ 肯定的雰囲気  │ │ 行動管理    │ │ 概念発達    │
│ 否定的雰囲気  │ │ 生産性     │ │ フィードバックの質│
│ 教師の敏感さ  │ │ 教授的学習形式│ │ 言語によるモデリング│
│ 子どもの視点への配慮│ │         │ │         │
└─────────────┘ └─────────────┘ └─────────────┘
```

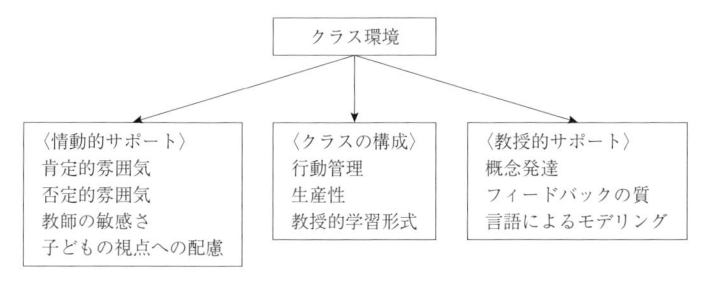

図7-2　CLASSの領域と次元

(出所)　野口（2009）p.128.

② CLASS（Classroom Assessment Scoring System）

ピアンタら（Pianta, La Paro, & Hamre, 2008（秋田・佐川，2011より））により開発された教師と子どもの相互作用の教育的（あるいは指導的）営みの質に重点を置く評価システムです。乳児（Infant）向け，3歳未満（Toddler）向け，3，4歳児（Pre-Kindergarten）向け，初等教育（Elementary, K-3）向け，初等教育高学年向け，中学生向けの評価システムがあります。野口（2009）を参考に，その特徴を紹介します。図7-2に示すように，クラス環境の3領域（情動的サポート，クラスの構成，教授的サポート）と下位項目11次元について観察者が低い状態（1, 2），中の状態（3, 4, 5），高い状態（6, 7）の7段階で評定を行う仕組みです。

　情動的サポート領域は4つの次元からなっています。肯定的雰囲気，否定的雰囲気，教師の敏感さ，子どもの視点への配慮です。クラスの構成領域は3つの次元（行動管理，生産性，教授的学習形式）から構成されています。教授的サポート領域は3つの次元（概念発達，フィードバックの質，言語によるモデリング）から構成されています。さらに各領域，各次元には詳しい説明が加えられています。たとえば，情動的サポート領域の肯定的雰囲気には次の説明がされています。

　教師と子どもの間の情動的つながりであり，そして言語的・非言語的相互作用によるやりとりによってもたらされる温かさや敬意，喜びを反映するものです。①関係性（親密さ／共同活動／仲間の援助／感情の一致／社会的会話），②肯

定的感情（笑顔／笑い声／熱中），③肯定的なコミュニケーション（言語的に示される肯定的感情／身体的に示される肯定的感情／肯定的な期待），④敬意（アイコンタクト／温かさ・穏やかな声／敬意あることば／協同・共有）。

野口（2009）は日本での適用を想定した場合の課題点として，日本の保育文化においては観察者の数値に抵抗感をもたれるおそれがあること，保育者が自らの実践を主体的に研究し，専門家集団による同僚性の中で協同的に専門的成長をはかる日本の保育文化と，CLASS の背景にある文化とは異なる点を指摘しています。

③ CIS（Child Involvement Scale）

ベルギーのラーバース（Laevers, 1994）が作成した CIS（Child Involvement Scale）があります。秋田・佐川（2011）から紹介します。保育の過程の質は，保育者と子どもの相互のやりとりを情緒的な安心・安定度（Emotional Well-being），子どもの夢中度（Child Involvement）と大人の関与（Adult Engagement）の3要素からとらえています。夢中度（involvement）は，レベル1からレベル5までの5段階で評定し，その評価をもとに保育を振り返る仕組みになっています。CIS は，ラーバースが唱える「経験に根ざした保育」の理念と哲学に基づく評価尺度であり，一人一人の子どもの主体的体験を評価対象としています。そして，その子どもの能力や発達の未熟さや家庭環境など外的な要因に子どもの不安定さや没頭できない状況を帰属させるのではなく，「環境」「活動への子どもの主体性」「保育者のかかわり」「1日の保育の流れ」「クラスの雰囲気」という5点から保育を振り返り，具体的に何が実践可能かを考えて，変えられる部分を変えるということが大事であるとするとらえ方です。情緒的な安心・安定度と夢中度を測定するために SICS（Process-oriented Self Evaluation Instrument for Care Setting），大人の関与を評価するために ASOS（Adult Style Observation Schedule）が開発されています。秋田ら（2010）は日本の保育文化に適応する日本語版の SICS 尺度の開発を行っています。

（2）保育の質はことばの発達に影響を及ぼすか？

英米を中心として1970年代，1980年代から保育の質が子どもの発達に及ぼす影響に関する縦断研究が行われてきました。

①NICHD（National Institute of Child and Human Development）による研究

NICHD は，1991年から米国の10地点の約1,000人の子どもたちを0歳から18歳まで追跡しました。誕生から3歳までの保育の質の要因が言語面，認知面への発達をどのように予測するかについての研究（NICHD ECCRN, 2000）を紹介しましょう。母親の言語得点（PVT-R（第Ⅰ部第6章2節参照）で測定），家族の収入，子どもの性別，観察での家庭環境の質（Home 環境尺度得点），観察での母親の子どもへの認知的な働きかけ評定（玩具を母親に渡して母親が子どもに刺激を与えようとするか，教えようとするか）を調整した（これらの要因の影響が結果に反映されないようにした）分析の結果，15，24，36か月の認知，言語の結果に一貫して関係していたのは応答的で敏感な保育と言語の刺激でした。

言語の刺激は子どもに質問する，子どもの発声に反応する，子どもに否定的でない話しかけをするというもので，これらの合成得点が，生後2年間の子どもの言語発達にとくに重要でした。

保育施設で過ごす週あたりの平均保育時間は言語，認知発達には関係ありませんでした。保育のタイプ（施設型保育，保育者の自宅での家庭保育，親戚／自宅での保育）は，6か月以上の子どもでは，施設型の保育施設に預けられている経験がより多い子どものほうが認知，言語発達において3歳まで一貫してよい発達を遂げていることがわかりました。

応答的で敏感な保育が生後3年を通して認知，言語に関係していたことから，第Ⅰ部第4章2節で述べた「共同注意」状況でのことばかけや応答性が重要であることが保育の研究でも実証されたと言えます。また，上記の研究では，応答的で敏感な保育の経験は4歳半時点での文字や数の就学前の学習能力とも関係が深いことが明らかになっています。

②バーチナル (Burchinal, M. R.) による研究

　次に6か月から3歳の施設型の保育の質が認知，言語，コミュニケーションと関係があるという研究を紹介します (Burchinal et al., 2000)。アフリカ系アメリカ人の子ども89人を対象とした調査で，子どもと家族の特徴の調整後も，ITERS (Infant/Toddler Environmental Rating Scale　2歳児以前に実施) (前述)，ECERS (Early Childhood Environmental Rating Scale　2歳児以降に実施) の保育環境得点が高いほど，認知 (ベイリー乳幼児発達検査)，言語理解・言語表出 (Sequenced Inventory of Communication Development)，コミュニケーション (Communication and Symbolic Behavior Scales) の得点が12か月，24か月，36か月で高いという結果でした。また，子どもと大人の比率が推奨される比率 (24か月以下では3：1あるいはそれ以下，24-30か月では4：1かそれ以下，31-35か月では5：1かそれ以下，36か月以上では7：1かそれ以下) で行われた保育は言語発達がよかったこと，また，保育者の教育歴が推奨年数 (14年以上) のクラスの女児で認知，理解言語の得点が高かったという結果が報告されました。

③モンティ (Montie, J. E.) による研究

　もう一つ，4歳時点で参加した子どもの就学前施設の構造的な特徴や活動が7歳時点の認知，言語の遂行にどのような影響があるかを10か国 (フィンランド，ギリシャ，香港，インドネシア (ジャワ)，アイルランド，イタリア，ポーランド，スペイン (カタロニア)，タイ，アメリカ (6か所)) で行った研究 (Montie, Xiang, & Schweinhart, 2006) を紹介します。10か国で共通していた結果は次の通りでした。

(1)大人と子どもの相互作用が7歳時点の言語得点に関係し，大人主導の集団での活動が少ないほうが言語得点は高かった。
(2)子ども同士の相互交渉が7歳時点の言語得点に関係していた。
(3)全体活動を行うことが少なく，かつ就学前教育で発達の8つの領域 (言語，運動，前アカデミック，自己評価，自己表現，自己充足，大人との社会スキル，

子どもとの社会スキル）で学習すべき技能としてもっとも重要であるとして言語技能を選択した教師で7歳の言語得点が高かった。
(4)大人と子どもの相互作用が7歳の認知得点に関係していて，たくさんの自由選択活動を教師が提供しているほうが7歳の認知得点が高かった。
(5)教員の教育年数が高いほうが7歳の言語得点が高かった。

この研究の結果は小グループでの活動，子どもが主導し，子どもが選択できる活動が言語発達によい影響を与えるという結果でした。

④日本での研究

日本でも最近，保育の質が子どもの発達に及ぼす影響についての研究が行われています。とくに言語面を取り上げた野口ら（2014）の研究を紹介しておきましょう。幼稚園，保育所計17園の4歳児クラス410名を縦断的に5歳（385人）でも調査しました。言語測度は高橋・中村（2009）の適応型言語能力検査（ATLAN）の語彙得点です。保育の質については先に紹介したハームスら（Harms et al., 1998/2008）のECERS-R（保育環境評価スケール幼児版（改訂版））（保育環境を①空間と家具配置，②日常的な個人のケア，③言語―推理，④活動，⑤相互作用，⑥保育の構造，⑦保護者と保育者の7項目で測定），SICS，CLASSおよび幼稚園教育要領，保育所保育指針を参考に保育観察評定，保育環境評定の項目を作成し，実施しました。その結果，言語領域に関する保育観察評定の高い園（日常生活の中で子どもが絵本や物語に親しみ，文字に関心をもつ傾向，保育者が子どもの思いや経験をことばにする傾向が高い園）の幼児が4歳では語彙得点が高かったのですが，5歳児では有意差がみられないという結果でした。

3歳未満児の言語発達と4歳以降の言語発達では大人と子どもの関係，活動内容も大きく異なります。子どもの各年齢での言語発達に応じた保育の質の影響の研究が日本でも実施されることが期待されます。

保育の質の評価については（1）で紹介した秋田を研究代表者とする「保育・教育の質が幼児・児童の発達に与える影響の検討」の研究が行われていま

⑤日本での保育の質のとらえ方

　日本では,保育の質を数量的な尺度で評価することに対しての批判もあります。日本では「子どもの活動に対して保育者がどのように携わるか」といった『保育者のあり方』を保育の「質」として位置づけてきました（秋田・箕輪・高櫻,2007）。鯨岡（2000）は,保育者の専門性は知的専門性に還元されるものではなく,知性と感性が交叉する保育者の人間性に根差し,また,そこに帰還する性格のものであるとしています。保育者の専門性が十分発揮されるためには,子どもが安心し,十分に活動できるような保育室の設定等の物的環境の充実や保育者が心身ともに生き生きと保育にあたるための労働条件の保障,よりよい人間関係（保育者と子ども,保育者同士,保育者と保護者）が保育実践の基盤として必要不可欠なものであるということが明らかにされています（秋田・箕輪・高櫻,2007）。日本においては保育実践の質は質尺度を利用するよりも,主にカンファレンスや研修を通して保育実践を省察することで検討する点や,人間性や専門知識・技術とが複合的に絡まり合う「保育者の専門性」を高めることで,保育の「質」を確保し,向上させていこうとする点に特徴があります（秋田・箕輪・高櫻,2007）。

　日本における保育の歴史の上につみあげられてきた保育者の質の向上の方法は,一人一人の保育者の力量を高めていく上には必須のものでしょう。しかし,第三者による尺度を使った保育の質の測定と背反するものではないでしょう。保育者自身が実践を省察すると同時に尺度を用いた客観的な評価を行うことも,保育の質を高めていくためには重要と言えます。

⑥保育の質と保育者の役割

　浅井（2007）は,保育の質として①構造的な質（職員配置や施設設備等の基本

条件),②保育実践の質(子ども・家族との対面的具体的な保育実践),③チームワークの質,④保護者との共同の質(子育てで何を大切にするか,どんな子どもに育てたいのかの目標の基本的一致をつくっていくこと)をあげています。②の保育実践の中身とは,子どもそれぞれの発達段階に即して,身体と健康を育てる,意欲探究心をはぐくむ,自立と共生能力を形成する,コミュニケーション能力の発達を促すなどとともに,保育全体を通して,幸せだなと実感できる環境を保障することによってなりたっているとしています。また,「保育者の発達の質」として,ア)子どもの発達を見通し,保障することができること,イ)子どもとの応答・コミュニケーションが豊かにとれること,ウ)家族の子育て問題に対して援助することができること,エ)子育て・保育問題を社会的に発信すること,そしてそれらのことを実践できるために,オ)主体的な学習を通して実践課題に挑戦し続けていることをあげています。

　保育における保育者の役割は言うまでもなく最重要です。保育所保育指針解説書「第1章　総則　2．保育所の役割」で(4)保育士の専門性について次のように述べられています。「①子どもの発達に関する専門的知識を基に子どもの育ちを見通し,その成長・発達を援助する技術,②子どもの発達過程や意欲を踏まえ,子ども自らが生活していく力を細やかに助ける生活援助の知識・技術,③保育所内外の空間や物的環境,様々な遊具や素材,自然環境や人的環境を生かし,保育の環境を構成していく技術,④子どもの経験や興味・関心を踏まえ,様々な遊びを豊かに展開していくための知識・技術,⑤子ども同士の関わりや子どもと保護者の関わりなどを見守り,その気持ちに寄り添いながら適宜必要な援助をしていく関係構築の知識・技術,⑥保護者等への相談・助言に関する知識・技術などが考えられます。こうした「専門的な知識・技術」をもって子どもの保育と保護者への支援を適切に行うことは極めて重要ですが,そこに知識や技術,そして,倫理観に裏付けられた「判断」が強く求められます。日々の保育における子どもや保護者との関わりの中で,常に自己を省察し,状況に応じた判断をしていくことは,対人援助職である保育士の専門性として欠かせないものでしょう。」

また，保育所保育指針解説書「第7章　職員の資質向上」によれば，「子どもの最善の利益を考慮して保育するためには，職員の人間観，子ども観などの総体的なものとして現れる人間性や，保育所職員として自らの職務を適切に遂行していく責任に対する自覚」，「子どもの人権を尊重することへの格段の配慮」，「高い倫理性」が求められ，「日頃から職場内研修や職場外研修，自己研鑽により保育の専門性を高めること」の重要性が指摘されています。

　子どもを取り巻く環境についてわが国の現状を見ると，保育施設（保育所等，幼稚園型認定こども園等，地域型保育事業）を利用する子ども（0歳児から6歳児）は全国で2,546,669人（厚生労働省保育所等関連状況取りまとめ（平成29年4月1日））で，そのうち3歳未満児は1,031,486人，3歳以上は1,515,183人です。日本の就学前児童数の42.4％（3歳未満児は35.1％，3歳以上児は49.3％）が保育所で保育をうけています。また，幼稚園児は文部科学省平成29年度学校基本調査（平成29年12月22日）によれば，1,271,918人が在籍しています。子どもの養育，教育の公的機関への依存度が高くなり，保育所，幼稚園への期待と責務が増大しています。保育者の専門性，保育の質の向上についてはその内容を明確にすること，保育士，幼稚園教諭の再研修や養成教育機関での教育内容の充実が喫緊の課題です。次の第8章では豊かなことばを育てる保育実践を紹介します。

第8章
豊かなことばをはぐくむ保育実践
――事例をとおして学ぶ――

1　0歳児のコミュニケーションを豊かにする実践

　おおむね6か月未満児の実践について第7章表7-1（保育所保育指針解説書からの抜粋）の6か月未満の保育の視点に書かれている項目を取り出してみます。
○あやされて声を出したり笑ったりする。
○保育士等の子守歌を聴いたり，保育士等が話している方をじっと見る。
○保育士等の声や眼差しやスキンシップ等を通して，喃語が育まれる。
　子どもがもつ人への志向性を基盤に，保育者が子どもにあわせて情動的なコミュニケーションを行うことが大切です。
　また，おおむね6か月から1歳3か月未満について第7章表7-1に次のことがあげられています。
○身近な大人との関わりを通し，喃語が豊かになる。指さしやしぐさなどが現れはじめる。
○保育士等に優しく語りかけられることにより，喜んで声を出したり，応えようとする。
○保育士等と視線を合わせ，喃語や声，表情などを通してやり取りを喜ぶ。
　子どもと大人のやりとりがさかんになり，物への関心もでてきて，物を媒介にした保育者とのコミュニケーションが活発になる時期です。以下に6か月から1歳3か月未満の実践を紹介します。

(1) ふれあい遊び（0歳児の事例）

◆事例（0歳児）

場面……"一本橋"を保育士にしてもらっている場面

保育士：M男に「M君の好きな"こちょこちょ"やろうね。」と目を合わせて，手でこちょこちょの動作をつけながら言う。

M　男：ニコニコと笑顔で保育士に寄り添っていく。

保育士：M男を仰向けに寝かせ，「M君，こちょこちょやるよー。」と声をかけ「いっぽんばし　こーちょこちょ……。」と歌いながら，M男の体をくすぐる。

M　男：保育士の顔を見る。くすぐられると声を出して喜ぶ。

M男の様子を見て，R子も同じようにしてほしくてM男の横に寝転がる。

保育士：「Rちゃんもこちょこちょしてほしいねー。」とR子に声を掛ける。「じゃあ，一緒にいくよ。"いっぽんばし　こーちょこちょ。たたいてつーねって。かいだんのぼって（ちょっと間をあけて2人の顔をみつめて）こーちょこちょ"。」と歌いながら2人をくすぐる。

R子とM男：保育士を見て，声を出して笑う。

0歳児は，入園当初，人見知りのため保育士や保育室になかなか慣れません。そのため，一日でも早く，慣れてほしいと願い，子どもとの関係づくりに力をいれます。子どもの好きな遊びをきっかけにしたり，抱いたり背負ったりしてスキンシップをとったり……いろいろな方法を考え，子どもの様子を見て，そ

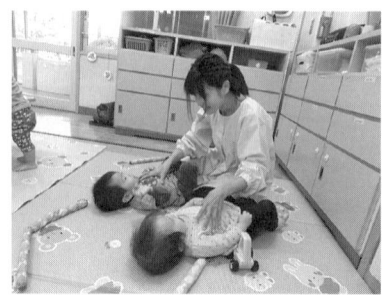

の子にあった援助をしていきます。関係作りができてくると、この保育士ならば心が許せる＝大好きな保育士が存在します。大好きな保育士にふれあい遊びをしてもらうことは、子どもにとって大きな喜びの一つです。

（2）いないいないばあ遊び（0歳児の事例）

◆事例（0歳児）

場面……手作りおもちゃを使って子どもと"いないいないばあ"をしている場面

保育士：D男が穴を覗いているのを見て、反対側の穴から「ばあー。」と笑顔で声をかける。

D　男：保育士の顔が見えたので声を出して笑う。

保育士：箱の角から顔を出して反対側にいるD男に「ばあー」と笑顔で声をかける。

D　男：ちょっとびっくりした表情をするがすぐに声を出して笑う。

保育士：もう一度反対側から「D君（ちょっと間をあけて）ばあー。」と声をかけながら横から顔を出す。

D　男：保育士とは反対側から顔を出し「ばあー」と言う。大きな声で笑う。

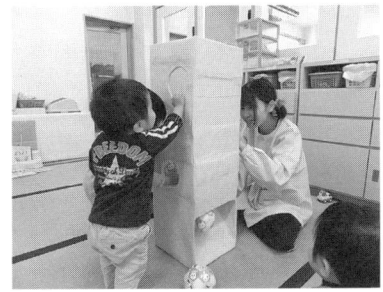

見えたり，見えなくなったり，隠れたり，現れたりの簡単な繰り返しですが，子どもはとても喜びます。ちょっとずつ変化を入れることで遊びに幅ができます。

このような手作りのおもちゃを使って保育士がかかわることで，声が出たり，表情が豊かになったり，喃語が出たりして発達を促しています。

（3）絵本（0歳児の事例）

◆事例（0歳児）

場面……保育士に絵本を読んでもらっている場面

『赤ちゃんにおくる絵本』（作・絵　とだ　こうしろう，詩　のろ　さかん，1989年　戸田デザイン研究室）

保育士：「S君の好きなイチゴだね。イチゴ。」

S　男：保育士の顔を見ている。

保育士：「S君イチゴ食べたいね。はいどうぞ。」と絵本からイチゴを取り出すふりをしてS男の口に持っていく。

S　男：口を開け，食べる真似をする。

T　男：S男の食べる様子を見ている。

保育士：「T君もイチゴ食べたいね。」とT男の様子を見て声を掛ける。

S　男：イチゴの絵を触り，取り出すふりをしてそのままT男の口へ持っていく。

保育士：「S君，T君にイチゴ食べさせてくれたんだね。ありがとう。T君，お口にあーんしてもらえたね。よかったね。」

この絵本は，子どもたちのお気に入りの絵本です。簡単な繰り返しの絵本です。保育士とのやりとりの中で，食べる真似をしたり，見立てにつながったり，または，他児とのかかわりへとつながったりしています。

2　保育の中ではぐくまれることばの発達の基礎能力

　第2章4節で，子どものことばの発達に必要な能力として，象徴機能，模倣，カテゴライゼーションの能力をあげました。ことばの発達にはあるものを他のものであらわす象徴機能の発達が基盤になっていることや，子どもが多数のモノや出来事の中の知覚的類似性や共通性をみつけだしカテゴリーを形成し，そこにラベルを付与し，ことばを学習していくことを述べました。

　保育所保育指針第3章「保育の内容」1（2）エ（イ）②に「保育士等と一緒にごっこ遊びなどをする中で，言葉のやり取りを楽しむ」があげられ，その説明として保育所保育指針解説書には以下のことが書かれています。

　「子どもは玩具や遊具などを何かに見立てたり，保育士等や友達のしぐさをまねたりする中で，簡単なごっこ遊びを保育士等と楽しめるようになっていきます。そして，保育士等と心を通わせながら簡単な言葉を交わしたり，やり取りを重ねたりしていきます。保育士等が挨拶を交わしたり，返事をしたり，擬音語や擬態語を口にしたり，場面に適した言葉を話したりすることで，言葉への感覚を豊かにし，自らもこうした言葉を使おうとする意欲を高めていきます。」

朝の会や絵本の読み聞かせの前,昼食の前など保育士がモデルになり歌に合わせて行われる手遊びは多くの保育所で毎日行われています。手遊びはことばの発達の基盤となる模倣の能力も育てています。

ここでは手遊びの実践とままごと遊びの実践事例を紹介します。

(1) 手遊び(1歳児の事例)

◆事例(1歳児)

場面……うた絵本を見ながら保育士が歌ったり,手遊びをしたりする様子を見て,子どもたちが真似をする場面

A　子:うた絵本を持って保育士のところへいき,保育士に渡す。

子どもたち:A子と保育士の様子を見て,そばに寄っていく。

保育士:「Aちゃん,どの歌をうたってほしいのかな?」と声をかけながら,絵本をもらう。1ページずつめくっていく。

A子と子どもたち:めくられていく絵本をじっと見ている。

保育士:「この歌うたう?」とA子の表情を見ながらめくっていく。"むすんでひらいて"のページになったところで

A　子:手でページをおさえる。

保育士:「Aちゃん,"むすんでひらいて"がよかったんだね。」A子に向かって声をかける。

A　子:微笑む。

保育士:「じゃあ,歌うよ。みんな,おてては,グーにして!」と声をかけ,「"むーすーんーで　ひーらーいーて……"」と歌に合わせて,手遊びをしていく。

A子と子どもたち:保育士の様子をよく見て,真似をする。

保育士:歌の最後が近づいてきたところで「"そーのーてをあたまー

に"」と少しゆっくりめに歌いながら手を頭に置く。

A子と子どもたち：保育士の動作を見ながら，手を頭に置く。

"うた絵本"が子どもたちは大好きです。うた絵本を見ながら保育士が歌うと，子どもたちは，微笑んだり，部分的に一緒に歌ったりしています。また，手遊びうたも多く含まれているので，保育士が歌いながら手を動かしていくと，真似る姿もあります。

保育士が歌ったり手遊びをしたりする様子と，絵本からの視覚に訴えるものとが合わさって，子どもたちが手遊びに夢中になっている様子が感じられます。

(2) ままごと遊び（1，2歳児の事例）

◆事例（1歳児）

場面……B子が手提げ袋を提げていたことに影響されてC男も手提げ袋を持って出かける場面

B　子：手提げ袋を提げて歩いている。

保育士：「Bちゃん，お買い物，行ってきたの？」

B　子：保育士に袋の中の物を見せる。

保育士：袋の中にペットボトルが入っているのを見つけて「ジュース買ってきたんだね。」と話す。

B　子："うん"とうなずき，保育士の顔を見る。

保育士：「どこのお店に行ってきたの？」

167

B　子：「バロー（スーパーの名前）。」と言い，手提げ袋を持って"バイバイ"と手を振って歩いて行ってしまう。

B子が行ってすぐに，手提げ袋を持ったC男が保育士の所に寄ってくる。

C　男：保育士に手提げ袋を見せる。

保育士：「C君もどこ行くの？」

C　男：「バロー」

保育士：「いってらっしゃーい。」と手を振る。

C　男：手を振る。

◆事例（2歳児）

場面……保育士を介して2人の子どもがやりとりをする場面

保育士：「W君，お皿に乗っているもの何？」と尋ねる。

W　男：皿に乗った色玉（白，みどり，赤）を指さしながら「これが，おにぎりで，これがおさかなで，これがたまご」と答える。

保育士：「先生，おにぎり大好きだよ。」とW男に声をかける。

E　男：保育士の膝に座り，この色玉をじっと見ている。

保育士：E男の様子を見て，色玉を指さしながら「これがおにぎりで，これがお魚で，これが卵。E君は，おにぎりとお魚と卵の中で好きなものはどれ？」とE男に尋ねる。

E　男：色玉を見ながら白玉を指さす。

保育士：「E君は，おにぎり好きなんだね。」とことばでE男に確認する。
　E男の欲しい気持ちを察して，W男に「E君がおにぎり好きなんだって。E君におにぎりくれる？」

W　男：「いいよ。はい。」と皿に乗せてE男に渡した。

保育士：「W君，ありがとう。」とW男の顔を見てお礼を言う。E男に

向かって「E君，よかったね。W君に"ありがとう"言おうね。」
　E　男：「ありがとう。」とW男に言う。

　W男の持っている色玉を，E男が欲しそうにしている気持ちを保育士が察して，代弁し，W男とE男の間であげたり，もらったりというやりとりをすることができました。自分の気持ちがまだ，うまくことばに出せない子どもに対して，保育士が代弁し，子ども同士の仲立ちをし，子どもが満足して遊べるようにしています。

3　豊かなことばをはぐくむ実践

（1）絵本，紙芝居，劇遊び

　保育所保育指針第3章保育の内容「言葉」の領域の中の「ねらい」に「③日常生活に必要な言葉が分かるようになるとともに，絵本や物語などに親しみ，保育士等や友達と心を通わせる。」，「内容」に「⑪絵本や物語などに親しみ，興味を持って聞き，想像する楽しさを味わう。」と書かれています。私たち保育士は，この保育指針をもとに目の前の子どもの姿を把握しながら，指導計画を立てています。計画も立てっぱなしではなく，日々の保育の振り返りをし，指導計画の加除修正，環境の再構成をしながら子どもに合った指導計画のもと，子どもたちの健やかな成長を願い，保育をしています。

　ここでは豊かなことばを育てる実践として絵本の読み聞かせと紙芝居，劇遊びの事例を紹介します。

①絵本

　子どもたちは，絵本を読んでもらうことが大好きです。ここでは，理解できる語彙数が急激に増加し，文法発達も進み，日常生活でのことばのやり取りが不自由なくできるようになった3歳児クラスの事例を紹介します。

◆事例（3歳児）

場面……保育室で外遊び後の休息時，保育士の声かけにより，クラスの子どもたちが集まってきて，保育士の読む絵本をみる場面

『ぴょーん』（まつおか　たつひで，2000年　ポプラ社）

保育士：子どもたちに向かって，「お話はじまるよ。みんな先生のところへ寄っておいで。」と声をかける。

子どもたち：クラス全員，保育士の周りに集まってくる。

保育士：子どもたちの顔を見て，「みんないるかな。」と全員を見わたす。子どもたちに向かって，手を叩きながら「はじまるよったらはじまるよ。はじまるよったらはじまるよー。これからお話はじまりますよー。」と歌をうたう。

子どもたち：保育士の様子を注視する。

保育士：絵本を子どもたちの見える位置に出し，「みんな見えるかな。」と子どもたちの様子を見る。「今日のお話は，"ぴょーん"。」と言い，「かえるが　ぴょーん。」1ページずつめくりながら，ゆっくり読んでいく。「うさぎが　ぴょーん。」と読むと

子どもたち：手を上にあげ，飛ぶ真似をしようとする。隣りの子と顔を見合わせて，微笑む。

保育士：「かたつむりが　だめか。」と読む。

子どもたち：しょんぼりした顔をして，肩を落とす。

保育士:「わたしも　ぴょーん。」と読む。
子どもたち:「ぴょーん。」と真似て言い，笑って，隣りの子どもと顔を見合わす。

　この絵本は簡単なことばの繰り返しがある楽しい絵本です。かえる・ねこ・バッタなどの親しみやすい小動物の登場や「ぴょーん」という擬態語の繰り返しを子どもたちは喜んだり，話の展開を楽しんだりしています。子どもたちの中には，登場人物になりきって，"ぴょーん"と飛ぼうとしている子どもがいたり，隣りに座った子ども同士，笑顔で顔を見合わせたりして，おもしろさを共有する様子も見られました。

②紙芝居

　紙芝居は，現在は出版物であるため，絵本と同じような利用が考えられますが，もともとは大衆の前で演じることを目的としており，脚本にしたがって芝居をするためのものであり，絵本とは異なったものです（成田，2013）。ここでは，3歳児から5歳児への紙芝居の事例を紹介します。

◆事例（3歳児から5歳児）
大型紙芝居『おおきく　おおきく　おおきくなあれ』（まつい　のりこ　脚本・絵，1983年　童心社）
場面……集会（おたのしみ会）の場面
保育士:「じゃーん」と大型紙芝居を子どもたちの目の前に登場させる。
子どもたち:「わー」と声が出る。
保育士:びっくりした子どもの気持ちに共感しながら「大きな紙芝居でしょ。」「こんな大きな紙芝居はじめて見たね。」
（間をとって）
「おおきく　おおきく　おおきくなあれ。はじまりはじまり。」
子どもたち:拍手する。
保育士:紙芝居を見せながら「ぶーぶーぶー。……みんなで1，2の3で

"おおきく　おおきく　おおきく
　　なあれ"って言ってみて。さあ，
　　1，2の3。」と読む。
子どもたちと保育士：「おおきく
　　おおきく　おおきくなあれ！」と
　　紙芝居の小さいぶたの絵を見つめ
　　ながら大声で言う。
　（さっと1枚めくる）
子どもたち：「わー。」「うおー。」と歓声をあげたり，「おおきい！」と言
　　ったりする。
保育士：「おおきくなった！　ぶーぶー。」元気な声で鳴き声はブタになっ
　　たつもりで言う。

　　　　　　　　　　　　（中略）

保育士：小さいケーキの絵が描かれている場面を見せて「あれ，今度は何
　　かな？」と子どもたちに問いかける。
子どもたち：「ケーキ。」と口々に言う。
保育士：「そうだね。ケーキだね。でも，ちっちゃいね。みんなで，おお
　　きく　おおきく　おおきくなあれって　言ってみようか。せーの。」と
　　誘う。
子どもたち：「おおきく　おおきくなあれ！」と大声で言う。
　（さっと1枚めくる）
保育士：「大きくなった？」
子どもたち：めくられた絵が中くらいの大きさの絵だったので「ちっちゃ
　　ーい。」「まだ，ちいさーい。」と口々に言う。
保育士：「これじゃあ，まだ小さいね。じゃあもう1回言ってみようか。
　　もっと大きな声で，1，2の3はい。」
子どもたちと保育士：「おおきく　おおきく　おおきくなあれ。」と大きな
　　声で言う。

（さっと1枚めくる）
　子どもたち：「うわー。」「おおきーい。」と言いながらびっくりしたり，笑ったりする。
　保育士：「おいしいケーキだよ。みんなでたべようね。どーぞ。」手でどうぞのポーズをする。
　子どもたち：「ぱーく・ぱーく・ぱく。」と声を出し，食べる真似をする。
　保育士：「おいしかったね。ごちそうさま。お・し・まい。」
　子どもたち：手を叩いたり，笑顔で隣り同士で顔を見合わせたりする。

　集会には，異年齢での参加のため，どの年齢でも理解しやすいものを用意します。この事例のように，簡単な繰り返しのものであったり，子どもと保育士とのやりとりのできるものであったり，また，子どもが話の中に参加できるものであったりすると場が盛り上がります。「おおきくなあれ」と全員で一緒に声をかけるので他児との距離が縮まり，一体感が感じられます。
　集会をみんなで一緒に楽しむために，このような大型紙芝居を使用することもあります。
　次に保育士が絵本や紙芝居を読むときに気を付けていることをまとめてみます。

(1) 読み聞かせる前にすること
　子どもの年齢や興味にあったものを選びます。選んでもヒットしないものもあるので，一度，保育者自身が読んで，内容を把握します。あらかじめ読んでおくことで，どのように読むと，このお話が子どもたちの心に響いていくのかがわかってきます。

(2) 読み聞かせるときの保育士と子どもの位置
　絵本の場合，1対1で読み聞かせた方が子どもは落ち着き，集中できると思います。しかし，クラス全体での読み聞かせをすることもあるので，子どもの座る位置と保育士の読む位置に気を付けています。絵本や紙芝居は，子どもに視覚で訴えることも多いので，全員の子どもたちが見えるように子どもの椅子

の並び方を工夫したり，保育士が座って読んだ方がよいのか立った方がよいのかなど臨機応変に考え対処しています。

(3)読み方について

子どもたちを紙芝居や絵本などに集中させたいので，読み手に気持ちが向くように簡単な手遊びをすることがあります。また，話を読む前にどんな話なのか，予告編をすることもあります。

読み方としては，登場人物ごとに声色を変えたり，読み方に抑揚をつけたり，声に強弱をつけたりします。また，子どもが安心できる声で早口でなく，ゆっくりはっきり話すようにしています。

心を込めて，読み聞かせをすることがとても大事です。そして，保育士も楽しみながら読めると子どもの気持ちに寄り添うことができるのではないかと思っています。

③劇遊び

劇遊びは小池（1973）によれば，子どもたちを現実的な時間，空間をこえた特別な世界に連れ出して，その中で，イマジネーションをいっぱいに広げさせ，「お話」という虚構の世界に集団で遊ぶところに特徴があります（小田・芦田・門田，2003）。ここでははじめに5歳児が保育者の劇遊びをみている事例を紹介します。

子どもたちが保育士の演じる劇をみて活発にコミュニケーションを行っている事例です。

◆事例（5歳児）
場面……保育士の劇「グリーンマントのピーマンマン」（おたのしみ会の場面（遊戯室で行う））
ピーマンマンがのどいたバイキンやはらいたバイキンと戦っている。
Y　子：「ピーマンマンがんばれー！」席を立ち，応援する。劇が終了すると，

第8章　豊かなことばをはぐくむ保育実践

Y　子:「ピーマンマンつよかったね！」とJ子に話しかける。
J　子:「うん、ピーマンつよかったね。」とY子に話す。
〈クラスの部屋に戻った後の場面〉
F　男:「はらいたバイキンよわかったなあ。」とがっくりした様子で言う。
G　男:「せんせい、ピーマンのにがにがは、はらいたバイキンとのどいたバイキンをやっつけるんだよね。」と保育士に話しかける。
保育士:「そうだよね。ピーマン食べると元気モリモリになるから風邪引かないね。」とY子に話しかける。
Y　子:「Yちゃんだってしっているよ。ピーマンのにがにがで、かぜひかなくなるんだよー。」と得意げに保育士に話す。

　知っている話をいつも一緒にいる保育士が演じることで、劇に対する子どもたちの興味、関心がますます高まっていきます。正義の味方に子どもたちが肩入れしていき、子ども自身、話の中に入り込んで、声援を送ったり、動作で気持ちを表したりするなど、子どもは正直に表現します。
　また、気の合った友達同士で、劇の話をしたり、話が発展したりして、子どもの世界が広がっていく様子が感じられます。

　次に子どもたち自身が行う劇遊びの事例を紹介します。

　◆事例（5歳児）
　場面……生活発表会に向けて子どもたちが話し合いをしている場面
　生活発表会で、「アリババと40人の盗賊」をやることになった。
　台詞の中の「ひらけ！　ごま」の部分でなぜ、カシムが呪文を間違えて「ひらけ！　こめ」と言ったのか、子どもたちの間で話題になった。

U 子：「"ひらけ　ごま"だから"ごま"はたべものだから，たべものならなんでもいいとおもって"ひらけ　こめ"っていったんだよね。」

保育士：「なるほど，Uちゃんは食べ物だからそう思ったんだね，みんなはどう思うかな？」

V 男：「じゃあ，"ひらけ　チョコレート"っていったかもしれないね。」

H 子：「"ひらけ　アイスクリーム"もいいね。」

X 子：「"ひらけ　おかし"でもいい？」

保育士：「いろいろあって，いいね。」

Z 男：「でも"ごま"と"こめ"ってにてるね。」

U 子：「あっ！　だから"ごま"と"こめ"をまちがえたのかもしれない!!」

保育士：「Z君の言うとおり"こめ"と"ごま"って似てるね。だから間違えたんだろうね。」

　子どもたちは，生活発表会で家族やお客様たちに「アリババと40人の盗賊」を見てもらおうと，役作りや小道具，壁面作りなどクラスで力を合わせて頑張りました。

　話に入り込んでいくと，ところどころで子どもたちから疑問に思ったことや想像したことなどがことばになって出てきます。子ども同士のやりとりの中から新たな発想が生まれてきます。

（2）ことばへの関心をはぐくむ実践

　保育所保育指針第3章「保育の内容」1（2）エ（イ）⑨に「生活の中で言葉の楽しさや美しさに気付く。」があげられています（第7章冒頭参照）。その内容として保育所保育指針解説書には以下のことが書かれています。

　「子どもは気に入った言葉が見つかると何度も使ってみたり，また響きの愉快な言葉を見つけると，友達と一緒に使いながら笑い合ったりします。保育士等が話す美しい言葉に惹き込まれたり，繰り返す言葉のリズムの楽しさや音の響きのおもしろさに気付いたり，自ら使って楽しもうとします。

　保育士等は，生活の中で，子どもが言葉に親しむことのできる環境を整えるとともに，日頃から言葉への感覚を豊かに持つことが望まれます。また子どもが美しい，おもしろい，楽しいと感じていることに気付く感受性の豊かさも必要です。子どもの興味や好奇心を満たすような絵本や詩や歌などを通し，言葉の世界を味わいながら，子どもが言葉への豊かな感覚を身に付けていくことができるようにしていきます。」

　子どもは友達と，また一人でさまざまなことば遊びを楽しみます。ことば遊びはことばそのものへの関心のあらわれです。次の事例は手遊びの中でのことば遊びの一例です。

　◆事例（4歳児）ことば遊び
　　場面……「キャベツはキャッ」の手遊び（手遊びの中にことば遊びも含まれている。手遊び（ことば遊び）から食へつなぐ。）
　　保育士：子どもたちの顔を見てから「さあ，みんな，手を出して。やるよ。キャベツはキャッキャッキャッ……」と歌いながら手を動かす。
　　子どもたち：ニコニコしながら保育士の真似をして歌ったり，手を動かしたりする。
　　N　男：「……キャッキャッ。」擬音語の部分は大きな声になる。
　　保育士：「もやしは～（ちょっと間をおく）こちょ　こちょ～。」と言いながら，子どもたち，一人一人をくすぐる。

子どもたち：「キャアー！」と喜びながらくすぐりをよけようと体をくねらせる。
N　男：「もう1かい，もう1かい！」と身を乗り出して言う。
O　男：「せんせい，もう1かいやって！」と立ち上がって言う。
保育士：「よーし，もう1かいやるね。」とくすぐる仕草をする。

◆事例（5歳児）ことば遊び　伝言ゲーム

場面……クラス全員（30人）で6人ずつに分かれて並んでいる。
保育士：「今から果物伝言ゲームをします。先生が言ったことばを順番に後ろのおともだちに言ってね。一番後ろのイちゃん，ロちゃん（名前を言っていき，後ろの子どもを明確にする。）……は前のお友達から言われたことばからどの果物のことを言われたのか考えて，廊下に果物のカードを置いてきたので，その中から選んで先生のところに持ってきてください。それでは，始めるよ。一番前のハ君，ニちゃん……（5人の名前を呼んで）先生のところに来てください。」
一番前にいる子ども：保育士のところに集まってくる。
保育士：「小さい声で言うからみんなよーく聞いてね。橙色で丸くて甘いもの。わかった？」
子どもたち：「わかった。」
保育士：「じゃあ。みんな，自分の場所に戻って。」
子どもたち：自分の列の一番前に走っていく。すぐに，後ろの子に言いそうになる。
保育士：「まだ，後ろの子に言ってはダメだよ。先生が"スタート"と言ったら始めてね。」と言い，クラス全員を見渡す。
子どもたち：先生の顔をじっと見ている。
保育士：「スタート。」と元気に言う。
子どもたち：次々にことばが伝言されていく。最初は，小さい声だったが，次第に伝える声が大きくなってきた。最後の子は，伝言されると急いで

廊下に行き，いろいろな果物カードから"みかん"のカードを選んでくる。選んだカードを持ち，保育士のもとへ走ってくる。
保育士：「P君，速いね。一番だね。」
P　男：はあはあと息をしながら，「いちばんだぜー！」と自分のグループの方を向いて両手を上げる。
次々に子どもたちがカードを持って保育士の元に来る。
保育士：「どのグループもカードを持ってくることができました。それでは，答えを言います。答えは"みかん"です。」
子どもたち：「イエーイ！」「ヤッター。」など思い思いの感動をことばにして盛り上がった。

(3) 文字への関心をはぐくむ実践

　保育所保育指針第3章「保育の内容」1 (2) エ (イ) ⑫に「日常生活の中で，文字などで伝える楽しさを味わう。」があげられています。
　保育所保育指針解説書には「お店屋さんごっこや郵便屋さんごっこのように，文字や記号のやり取りのある遊びを楽しみながら，文字などに親しみ，保育士等や友達と文字で伝え合う喜びが芽生えていくよう見守ることが大切です。」との記載もあります。
　5歳児が育てた"さつまいも"が大きくなり，収穫しました。クラスみんなで掘ったさつまいもで調理員さんにさつまいもごはんを作ってもらい，その日の給食のメニューに入れてもらいました。

◆事例（5歳児）給食の場面
　I　子：「このさつまいもなんかホクホクする。」
　K　男：「おいしい。」
　I　子：「いままでのごはんでいちばんおいしい。」
　H　男：「ちいさいぐみさん，よろこんでいるかな？」
　保育士：「後でどうだったか聞きにいこうか。」

子どもたち:「うん。いくー。」

給食後に,各クラスに"さつまいもごはん"の感想を聞きに行った。小さい組が「おいしかった。」「おかわりしたよ。」と言ってくれたので,子どもたちは嬉しそうにしていた。

I 子:「おかあさんに"さつまいもごはん"たべたことおしえてあげたいな。」

H 男:「ちいさいぐみさんもおいしいっていってたもんね。」

I 子:「そーだ。さつまいもしんぶん,つくろっか。」

K 男:「いいよ。」

話がまとまり,さつまいも新聞を作ることになりました。その日の夕方からクラスの部屋の前にさつまいも新聞を掲示し,保護者に見てもらえるようにしました。

(4) 食事とことば

人は食事を誰かと摂ることで,コミュニケーション能力が育ち,相手を思いやる気持ちがはぐくまれ,やりとりの中でことばが増え,人としての社会性を身につけていくと思われます。保育園や幼稚園の食事(給食)は,いつもの仲間と同じものを一緒に食べ合うことができ,献立の味,使っている食材など共通の話題で会話を持つことができます。また,保育士や友達が食べている姿を見て,苦手なものも食べてみようとしたりすることができるなど,子どもにとって「食べることが楽しくなる」場であるといえます。

◆事例 (3歳児)給食の場面

保育士:「今日の給食は,野菜がいっぱいあるね。」と給食を見渡す。

L 男:「にんじんあったよ。」と保育士を見て言う。

保育士:「本当,人参あるね。」L男の顔を見て答える。

第8章　豊かなことばをはぐくむ保育実践

L　男：「にんじん　ニンニン。」と
　　　　いって手遊びを始める。
K　子：「あ！　きゅうり!!」笑顔
　　　　で保育士を見て言う。
保育士：「ほんとだ。Kちゃん、き
　　　　ゅうりみつけられたね。きゅうり
　　　　は……。」
K　子：「キュッキュッ。」と続きをうたう。

　子どもたちは、手遊びが大好きです。そのため、給食の食材が出てくる手遊びは子どもが食材に興味を持つきっかけになります。手遊びうたをうたいながら、食材を探したり、見つけた食材を保育士に認められる経験が給食を楽しんで食べることにつながったりします。そして、語彙が増えることにもつながると言えます。また、子どもたちは、擬音語に大きな関心を示します。「キャッキャッ」「キュッキュッ」「トントン」などの擬音語が出てくると、真似して言ってみたり、表情が柔らかくなって、微笑む様子が見られたりします。
　食事の場面は保育士、子ども同士のコミュニケーションの場であり、また、生活習慣を身につける場でもあります。第6章2節（5）で述べましたが、吸う、噛む、飲みこむという摂食の行為は口腔機能の発達と関係があり、子どもの音をつくる構音に大きく関係しています。

　本章では豊かなことばをはぐくむ保育の実践に焦点をあてましたが、保育の場での毎日の保育者の実践は子どもの身体的、精神的発達のすべてに寄与しています。

　　本章での保育実践の報告は刈谷市内の保育園の職員の方々や園児の方々の多大な協力により可能となりました。ここに心より感謝申し上げます。なお、写真も許可をいただき掲載しております。

第Ⅲ部

ことばの発達の遅れと支援

幼児期のことばの遅れの背景には，発達障がいや知的発達症（知的発達障がい）などが考えられる場合があり，早期からの対応が大切です。また，保育場面では，指示が通らない，集団の中で行動しようとしないといった，ことば以外の面のほうが気になっていて，意外とことばの発達における偏りに保育者が気づいていないこともあります。この第Ⅲ部では，日常の保育の中で，ことばの発達に遅れがみられる子どもや，一見，ことばは遅れていないように思われる発達障がいの子どもへの保育場面における言語発達支援を考えていくうえでの基本について述べます。

第9章
ことばの発達支援における基本的視点

1　ことばの発達の基盤

（1）原初的な共有状況からことばは発達する

　ことばの発達は，人との関係と物との関係が統合されてくる過程でみられてきます。ウェルナーとカプラン（Werner & Kaplan, 1963/1974）は，生まれたばかりの子どもは，自己と他者と，そして対象（物）が一体となったものとして世界をとらえているとし，それを「原初的な共有状況」と呼んでいます。この原初的な共有状況から子どもと人との世界と子どもと物との世界が広がり，統合されてくる過程でことばが発達してきます（図9-1A）。この原初的な共有状況から子どもと他者との関係が分化し，子どもと対象や出来事との関係が分化していきます。そこに図9-1Bのように，それぞれの要素間での因果的な影響に気づくという新たな認知発達がみられてきます（McCune, 2008/2013）。この認知発達に，たとえば，自閉スペクトラム症／自閉症スペクトラム障がい（Autism Spectrum Disorder）の子どもの場合，何らかの生物学的，神経学的要因により，偏りがみられ，早期からのその偏りに対しての発達支援が日常生活の中でなされていくことが彼らの後のことばの発達支援においては必要であると筆者は考えています。

（2）ことばの獲得に必要な条件とは——象徴機能の発達
①象徴機能とは
　さらに，ことばの獲得の条件として，「象徴機能（symbolic function）」がみ

第Ⅲ部　ことばの発達の遅れと支援

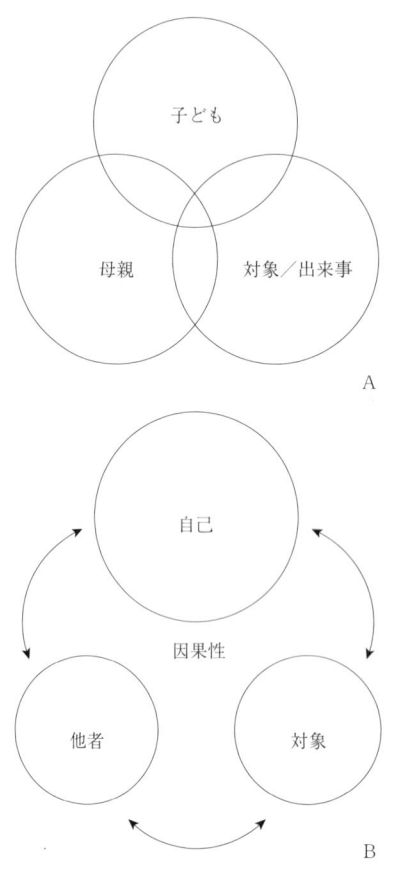

[図: 上にA（子ども・母親・対象/出来事の三つの円）、下にB（自己・他者・対象、因果性）]

図9-1　原初的な共有状況からの発達
（出所）McCune（2008/2013）

られてくることがあげられます。象徴機能は，ある物を別の物であらわすというもので，ことばは，社会的な記号，つまりシンボル（象徴）です。象徴機能によって，対象（物）や出来事の子どもにとっての「意味」を子どもは表現するわけです。古代エジプトの石版に刻まれた絵などを見ると，人は対象や出来事をその質や意味をとらえたうえでシンボル（何か別のもの）で表現すること，あるいは現実から未来を表象することを古くから発達させてきたと考えられます。

定型発達の子どもでは，生後9か月ごろになると，子どもは這い這いなどによって，養育者から身体的に離れることができるようになり，認知発達にとっては重要な探索行動が始まります。しかし，養育者との一体感は大切で，物理的には離れているけれども心理的には養育者の心理と統合されていることが必要で，そこで，シンボルが発達してきたと考えられます（McCune, 2008/2013）。また，対象（事物）の質をとらえることは，人の象徴化能力を発達させます（McCune, 2008/2013）。人の象徴機能やシンボルの発達には，他者認識の発達が密接に関係していると考えられます。

ウェルナーらは，シンボルが発達する状況として，図9-2のような図式をあげています（Werner & Kaplan, 1963/1974）。

図9-2の話し手と聞き手の軸において，会話が行われている状況（コンテ

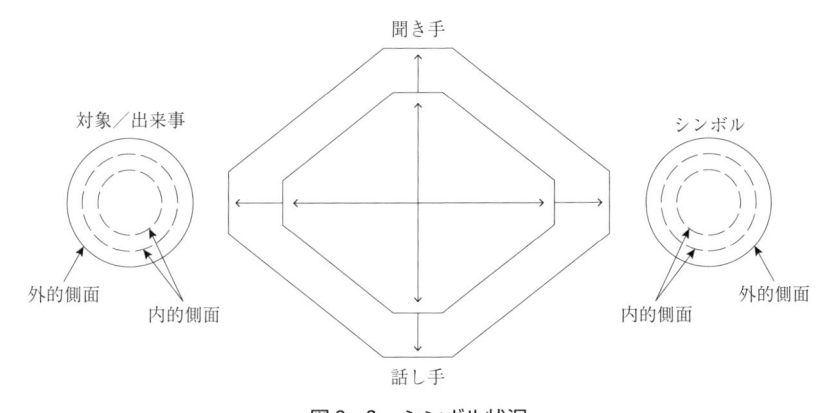

第9章 ことばの発達支援における基本的視点

図9-2 シンボル状況
(出所) Werner & Kaplan (1963/1974) を McCune (2008/2013) より転載

キスト）を考えると，コンテキストは，「心理的構築物 (psychological construct)」で，話し手と聞き手との間での，発話を解釈するために実際に使われる心的に表示された複数の「想定」と言えます (Wilson & Wharton, 2009)。発話は，思考過程，目的＋命題，語用論と意味構造，基本方略，音声構造と音響記号のプロセスを経てなされていきます (Steinberg, 1993/1995)。図9-2の状況の中で，これらの過程が進展し，発話が生成されてくると考えられます。

②象徴機能とことば

保育所に出向くと，天気のよい日は，外遊びが取り入れられています。筆者らに，カップに入れた砂をショウイング（物を差し出して見せる）してくれる子どもはどの園を訪問しても多いものです。よく見かける行為ですが，そこには，象徴化能力の一端がうかがえますし，このようなショウイングは，自閉スペクトラム症の子どもでは早期には見られにくいと言われています。

象徴化能力の発達とその支援に関して，ピアジェ (Piaget, 1950) は，象徴機能の出現によって，象徴遊び，描画，イメージ，延滞模倣（時間をおいて延期されて見られる模倣），言語が子どもに出現するとしています。これらの行動は象徴機能の出現を基礎にしています。ですから，たとえば，象徴遊び，すな

187

わち何かに見たてるといったような見たて遊びが言語発達に非常に強い関係があると言われています。乳幼児期には直接的な言語指導を行わなくても，こういうことを大切にしておけば，後々のことばの発達にプラスになる，あるいは出てきたことばが豊かになるということをピアジェは示唆していると言えます。

　そうすると，一方では，象徴遊びと言語は関係があるということで，言語発達のために象徴遊びを教えるといった考え方が出てきます。ことばは自発ですから，自発性とか能動性は，とくに乳幼児期にはことばの発達支援の前提として重要視されなければなりません。子どもたちの遊びが指導的・訓練的にならないように，「象徴遊びが育つ条件」を整えていかなければならないのです。そのことが結果的に言語発達に寄与すると考えてよいでしょう。

③階層的な象徴遊びの意義

　子どもが象徴機能を駆使して，象徴的世界を形成していくには，非常に時間がかかる場合もありますし，ユニークなプロセスを踏んでいく場合もあるわけです。多様な経験を通して，われわれとの間に個々の子どもにとっての「意味されるもの」が形成されることが大切なのではないかと筆者はいつも考えています（小山，2009）。自発性とも関係しますが，筆者は障がいのある子どもの言語発達支援において，核となる語の学習を他者認識の発達との関係で考え，統語的関係の広がりとそれを促す意味の深まりによる「生産的なことば」の発達を検討しています。生産的なことばは，子どもの象徴化能力の発達が基礎にあると思います。

　たとえば，マッキューンが，一つの主題の下にいくつかのふりや見たてが展開されていく階層的な象徴遊びの出現とともに多語発話がみられることを指摘しています（McCune, 2008/2013）。階層的な象徴遊びとは，子どもの遊びに内的な目的が基になり，計画性がみられて，ふり遊びが体制化されてくることです。ある物を別の物に見たてて遊ぶといった物の見たてもそこに含まれてきます。マッキューンのあげている例では，子どもがおもちゃの食べ物をポットに入れ，かき混ぜ，母親に食べさせる前に「スープ」あるいは「おかあさん」と

言い,「もっと」とスプーンを母親に差し出すような行為です。この例では,子どもの内的な目的（計画性）が言語的に示され,行為が結びついて,遊びが展開されています（McCune, 2008/2013）。このような象徴遊びにおける行為の結合があって,ことばとことばの結合が増加することをマッキューンは示しています。すなわち,内的なシェマ化（シェマとは認識の枠組み）があって多語発話がみられると言えます。階層的な象徴遊びは,表象の分化によるもので,マッキューンは,そのことと「ワーキングメモリ」への影響を指摘しており,その点については発達障がいの子どもの支援を考えるうえで参考になると思います。象徴遊びの中での発達が,彼らが認知的課題として抱えることが多い,言語学習などの認知的課題に必要とされる情報の操作や一時的な貯蔵といった（Hulme & Snowling, 2009）「ワーキングメモリ」の発達支援につながると言えるのです（小山, 2015b）。

（3）他者認識の発達との関連
①命名機能の安定と象徴化・他者認識の発達

命名は思考の現れであると言われます（村井, 1987）。自閉スペクトラム症の子どもの発達においては,命名機能の発達と並行して社会的参照（後述）がみられます（小山・神土, 2004）。命名機能は,たとえば,絵本場面での養育者と子どもとの命名のやりとりといった命名ゲーム（naming game）などの相互交渉の過程で,原理・推論の学習につながっていきます。

他者認識の発達に関連して,トマセロ（Tomasello, 1999/2006）は,①生命ある行為者としての他者理解（乳児期）,②意図的な行為者としての他者理解（生後9か月ごろ）,③心的行為者としての他者理解（4歳ごろ）という段階的な変化を指摘しています。他者認識とは「他我認識」（他者のつもりがわかってくること）でもあると言えます（廣松, 1989）。

フリス（Frith, 2003/2009）は,自閉スペクトラム症の子どもの認知的困難さとして,「空白の自己」といった点を取り上げ,自閉スペクトラム症の子どもの自己意識の障がいを指摘しています。フリスの指摘は,筆者がここで述べて

いる他者認識の発達と密接に関係していると言えます。「自己感」があって他者や他我が認識できてくると考えられます。先にふれた図9-1の原初的共有状況から，図9-2の話し手と聞き手，そしてその関係性に持ち込まれる対象との関係の中でのよい自己感の形成に移行して，他者認識につながっていくものと考えられます。そのような他者認識の発達とともに命名機能が定着してくることは当然と言えば当然かもしれません。

　自閉スペクトラム症の子どもでは，命名機能の発達・安定と並行して，判断に迷うような場面でそばにいる先生や養育者の顔を見るという「社会的参照（social referencing）」が頻繁にみられるようになります。社会的参照は，定型発達の子どもでは，比較的早くから発達してきます。養育者の側の情緒的調整と乳児の養育者への社会的参照は，1歳までには，十分に機能し，相互に影響するシステムとして言語による象徴的コミュニケーションの情緒的な基盤を提供しているとマッキューン（McCune, 2008/2013）は述べています。自閉スペクトラム症の子どもにおいて，命名機能の安定と社会的参照がよくみられてくることとの時間的対応は，マッキューンの指摘する発達が揃ってきたことを示すと考えられます。子どもが泣いたとき，彼の痛みをわれわれが感じ，苦痛を和らげたい気持ちにかられていることを示したり，彼の経験を考えたりするといった「情緒的調整」により，身体的には分離していますが，養育者との心理的統一性を子どもが経験できます（McCune, 2008/2013）。そのようなプロセスを経て，子どもはそばにいる大人の反応をモニターします。それが社会的参照で，このような理解が子どもの言語の発達につながっていくと言えます。

②事物についての認識

　事物の名称は，図9-1AからBのように，子どもと対象や出来事との関係が広がっていくことを基礎に獲得されていくと考えられます。初期の物の名称の獲得は事物についての認識が反映されます。したがって，自閉スペクトラム症の子どもの言語発達支援においては，先にもふれたように，他者認識の発達とともに，事物についての認識がいかに変化しているかが，またその発達を支

援することが重要です。個人―社会語，修飾語の発達については，生活をともにする人との間で交わすことばが浸透していきますが，物の名称に関しては，事物についての認識とその広がりに目を向けていくことが大切です。

　最近の言語発達研究からは，話し手と聞き手の関係性の中で，物（対象），人，出来事の表示性を意識化，共有していくことが重要で，ウェルナーらが指摘した対象のもつ力動性や方向性といった「対象の表現性」への「子どもの身体的・心的反応性」をことばで表現しながら共有することも大切です（McCune, 2008/2013）（第11章1節参照）。ウェルナーらは，対象の表現性をとらえていくプロセスを「力動的シェマ化」　と呼んでいます（Werner & Kaplan, 1963/1974）。このような力動的シェマ化は，擬音語や擬態語で表現されることで促されます。われわれとのやりとりの中での子どもの身体的・心的反応性と一体になった「ブラン，ブラン」「ユラユラ」「ブーブー」（車の音）などの擬音語，擬態語表出の重要性があらためて確認されます。

③一語発話期にみられるジャーゴンの乏しさと抑揚の問題，「自他の表現のぎこちなさ」

　一語発話期における抑揚は，子どもの情緒的欲求状態の徴候であると言われます（Werner & Kaplan, 1963/1974）。抑揚の機能は次第に指示的機能から統合的機能へと移行し，語音を結合してセンテンスを形成するのに役立ってくるとウェルナーらは述べています。定型発達の子どもでは，初語期に反復される音節の子音と母音との組み合わせが異なる非重複性の反復喃語，すなわちジャーゴンがみられて，そこで抑揚の学習をしていると考えられますが，自閉スペクトラム症の子どもの言語発達における抑揚の問題には，ジャーゴンの乏しさに加えて，他者認識の発達が関係していることが考えられます。

　また，「自他」の表現にみられるぎこちなさに関してもよく指摘されることですが，定型発達の場合，自分の名前から身近な大人や家族の名前，他称語が使用される時期があって自分のことを「ぼく」とか「わたし」といったことばで表現し始める子どもが多く，二者の個人的な体験（エピソードの蓄積）から

自他の認識の上に立って,ことばで他者や自分を表示することが可能になってきます。前言語期からの他者認識に向けた支援が大切になってきます。保育・教育場面では,「ぼく」とか「わたし」,あるいは子どもの名前の入った発話に注目し,子どもの話を真摯に受け止めていくことが大切ではないか,と思います。

基本的な信頼感が形成され,そこを基盤に人への志向性が発達してきます。それとともに単調な抑揚が豊かになってくる事例を筆者は多くの事例で確認しています。その後,自称語や他称語がみられてくることは興味深いと言えます。

2 行為の論理から思考の論理への移行

(1) イメージスキーマへの注目

ことばが出現する以前には,実践的行為によって子どもは思考を重ねています。ピアジェ(Piaget, J.)は,最初の概念は感覚運動的シェマ(第Ⅰ部第1章4節参照)がシンボルの形態へと変化したものであるとマンドラー(Mandler, 2004a)は述べています。ことばが発達する時期には,そのような実際の行為が内面化していくことが注目されてきました(Piaget, 1950)。すなわち,実際に行わなくても心内で操作できるようになるということです。

内面化や知覚的経験からの概念の形成に関して,近年の認知言語学や言語発達心理学では,イメージスキーマ(image schema)が注目されています。ことばが出る以前の子どもは,物を出したり,入れたり,あるいはボールを転がしたり,ボールが転がっているのを見るといったたくさんの経験をしています。イメージスキーマは,そのような実践的行為から,種々の身体経験を基に形成されたイメージをより高次に抽象化,構造化して得られる知識のことで,包含,図と地,経路などのイメージスキーマがあると考えられています(Mandler, 2004a, 図9-3)。マンドラーは,初期の他者認識に関係していると考えられる動作主(agency)のイメージスキーマを指摘し,その中で,それ自身では動かないものに動くものが行為する空間的な表象について注目しています。そこで

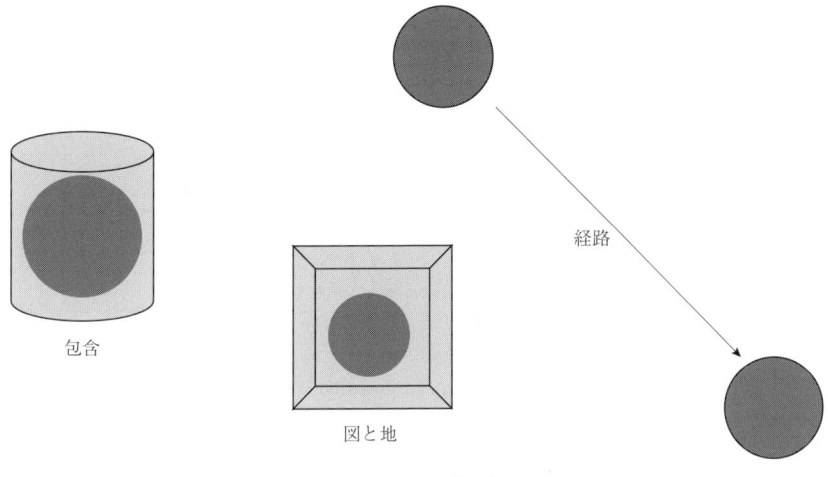

第 9 章　ことばの発達支援における基本的視点

図 9-3　イメージスキーマ
（出所）　Mandler (2004a) より筆者作成

は，動作主の「目的」がポイントになってきます。彼女は，そのようなイメージスキーマを，ソース・経路・目的イメージスキーマと呼んでいます（Mandler, 2004a）。ソース・経路・目的イメージスキーマは，自らの力を意図的に用いることによって対象の位置や状態に変化をもたらす動作主性イメージスキーマと密接に関係しており，子ども（動作主）が物に行為することと，目的への経路を追うことの過程で，「期待」が生じ，そのような期待により意図性の理解が明確になってくるのかもしれません。そして，イメージスキーマの形成が，1節で述べた想定や構文パターンの抽出を促進し，ことばにおける隠喩やたとえの産出・理解にかかわっていると言われています（山梨，2012）。

　自閉スペクトラム症の子どもは比喩を理解するのが難しいということや，文字通り受け止めてしまうといった困難さを理解する観点として，このことは重要であると思われます。しかし，マンドラーが指摘しているように，イメージスキーマのような前言語的概念と学習される言語の特徴との関係は複雑で，自閉スペクトラム症の子どもの言語獲得過程を詳細に検討していくことによって，その点について，今後，明らかになり，さらに有効な支援を考えていけるもの

と思われます（小山, 2015a）。

（2）ことばの内面化

次に、「内面化」に関して、考えさせられる問題は、自閉スペクトラム症の子どもの言語発達のある時期の相談でよく聞かれる、「おうむ返し」が多いという現象です。「おうむ返し」といってもさまざまなレベルがあり、個々の事例で検討していかねばなりませんが、一つは、子どもの他者のことばによる意味の作り直しがあると考えられます。筆者は、そのようなプロセスを「他者のことばの取り入れ」と呼んできましたが、それまでの子どもの実際的な行動が周囲で語られることばによって再体制化される時期に、他者のことばを取り入れて、その後、主体的にそのことばを使用していくプロセスの現れとしておうむ返しがみられると思われます。それは、ことばによる思考につながり、独り言や内なる対話との関連が考えられます。おうむ返しは、行為の論理から思考の論理への移行期にみられる一つの発達的現象ととらえられるのです。

マンドラーは、ヴィゴツキー（Vygotsky, L. S.）の理論から、言語の内面化は、特定の例の記憶から子どもを自由にし、より抽象的で基本的な表象を用いることを可能にすると説明しています（Mandler, 2004a）。彼女の指摘は、注目すべきことで、日々のことばを他者と交わすことが、このような子どもの発達につながり、語用能力（人との関係の中でのことばの使用）の発達につながっていくと考えられます。「行為の論理から思考の論理への移行」は、保育・教育場面での子ども理解や発達支援において、重要な観点であると言えるでしょう。

3　会話・対話の問題

（1）「了解問題」からみることばの発達

ことばの遅れた子どもの言語発達の過程において、どの保護者からも相談を受けることが多いのが、「この子は保育所でのことを聞いても答えてくれませ

ん」あるいは「保育所で今日，給食何食べた？」と聞いても答えてくれませんといった相談です。「先生，まだ会話ができないんですが」などと尋ねられます。「今日保育所で何したの？」とか「給食何食べたの？」など，そういうことについて答えることができる，それは相手のことばを聞いて，お母さんとお父さんのことばを聞いて，そして頭の中で思い起こして，自分の経験からまとめて答えることが必要です。このようなことは一定のプロセスを経て可能になります。

たとえば，「新版K式発達検査2001」（生澤・松下・中瀬，2002）の中に「了解問題」という項目がありますが，この課題は，会話につながる力を見ていると思われます。了解Ⅰでは「お腹がすいたときには，どうしたらよいでしょうか」「眠いときには，どうしたらよいでしょうか」「寒いときにはどうしたらよいでしょうか」といった問いに対して，子どもの反応として，じっと黙っているとか，他のおもちゃで遊ぶなどと問いに対応しない反応を示すという段階の子どもがおり，おうむ返しで，「お腹すいたときどうしたらよいでしょうか」「眠いときにはどうしたらよいでしょうか」というように答える子どももみられます。空腹になったときを尋ねられた場合，まず，そのことを頭の中で思い浮かべることがここでは要求されています。子どもの回答例として，「お腹と」とか，「痛い」といった断片的に関連したことばを言うようなことがみられます。そして，これまでの経験をまとめて「何か食べる」といった問題解決するような答えがみられるようになります。このような，了解問題の回答に，その子どもの認識や経験から抽象化された「言語化」の過程が非常に明確に反映していると思います。

日常的な経験が，一定の時間をおいて，子どもの中で内在化されて，経験をまとめることで，ことばでの表現が可能になってきます。会話は，表象化とその他者との共有の発達に密接に関係していますし，さまざまな経験・体験をことばで表現する，客観化できてくるということが働いています。考えてみれば，大人の場合もそうで，ことばで上手く表現できないことが，ことばで表現できるようになったら，自分の中でかなり対象化できてきます。「了解問題」は，

よい問題だと思いますが、これらの課題に答えられるようになるということは、自分の経験をまとめて、これまでの経験を表象して、頭の中で考えて、そしてことばによって、まとめて答えることができるということです。そのような発達が、会話・対話の発達につながっていきます。

(2) 語用能力の発達

一方、会話の発達には、語用能力の発達がかかわっています。図9-2の聞き手と話し手の軸において、ことばが交わされるとき、話し手が発話したことによって伝えようとする意味が文字通りの言語的な意味を超えて、聞き手に伝わることが必要です。また、会話の成立には、聞き手が話し手の発話を解釈するときに、どのような心的過程を経るのかについての説明を語用論では考えています (Wilson & Wharton, 2009)。ウィルソンらによれば、本章1節で述べたように、話し手と聞き手との間の「心理的構築物」でいくつかの想定がなされ、そこでは知覚、記憶、推論が働いています。会話における聞き手の課題は、話し手が伝えようとしていることについて、コンテクストとして表明され言われたこと（明示的意味）と、示唆され暗示されたこと（非明示的意味）との組み合わせから、話し手の意味について仮説を立てることです (Wilson & Wharton, 2009)。

発達障がいと言われている子どもの場合、この点に多くの子どもが困難さを抱えています。その一つとして、個人的な意味にこだわってしまうということがあります。たとえば、「コンタクトを取って」と言われた場合に「コンタクトレンズを取って」と解釈して、その解釈を変えられなくなってしまうことです。そこには、子どもが推測している意味からの「切り離し (decoupling)」が必要となってきます。この切り離しの問題は、レスリー (Leslie, 1987) が、「心の理論」（第3章3節参照）の発達との関連で指摘しましたが、語用の点においてもことばの文脈での切り離しの重要性が再確認されます。

第 10 章
発達障がいの子どものことばの問題

　これまでの研究結果から，発達障がいと考えられる子どもが抱える困難さは，神経発達の問題として考えられるようになり，「神経発達症（neuro developmental disorder）」という用語が用いられています。イギリスでは，発達障がいの研究においては，生物学的レベル，認知レベル，行動レベルで考えられ，検討されています（Hulme & Snowling, 2009）。そして，フィリッピとカーミロフ-スミス（Filippi & Karmiloff-Smith, 2013）は，環境との相互作用を通しての遺伝子の表現と，脳の発達とのダイナミクスに注目しています。発達障がいの子どもの発達を考えるうえで，彼女らは「神経構成主義（neuro constructivism）」を主張しています。このような考え方は，今後，保育・教育場面でことばの発達支援を進めていくうえにおいても重要になってくるものと思われます。

　保育・教育に携わるものは，ことばの発達を行動レベルでとらえて，そこから子どもの認知レベルでの問題を考えています。しかし，実際には，特異的言語発達障がいと発達性協調障がいや，ADHD（注意欠如・多動症／注意欠如・多動性障がい）と読みの障がいといったように，一人の子どもが異なる障がいをもつ，すなわち「併存症（comorbidity）」がみられる事例が多く，併存性を説明する脳の発達のメカニズムと環境的影響に関して研究が進められています（Hulme & Snowling, 2009）。

1 自閉スペクトラム症におけることばの問題

(1) 自閉スペクトラム症とは
①自閉スペクトラム症の症状

　幼児期のことばの遅れ，あるいはことばが出ないという主訴の事例で多いのが，自閉スペクトラム症（Autism Spectrum Disorder: ASD）の子どもです。自閉スペクトラム症は，現在では，脳の発達障がいと考えられ，養育者の育て方という要因や環境的要因は否定されています（心因論の否定）。自閉スペクトラム症は，極端な孤立，同一性の保持，言語・コミュニケーションの障がいが中心症状とされています。しかし，そのような症状の重さは事例によって異なり，定型発達の子どもと差がない症状の軽い子どももみられるということから「連続体（spectrum）」という用語が用いられるようになりました。また，自閉スペクトラム症の子どもには，知的発達症（知的障がい）を伴うことが多く（約3分の2と言われています），全般的な学習上の困難さの程度や併存症による自閉スペクトラム症の症状との関連で自閉スペクトラム症の子どもは事例によって一人一人異なると言って過言ではありません。

　自閉スペクトラム症の症例をはじめて報告したカナー（Kanner, 1943/1995）は，彼らの言語症状を的確に指摘しています。言語開始の遅れ，反響言語（エコラリア）（他者が発したことばやフレーズを意味をとらえずに繰り返して発する），人称代名詞の置換，独り言などです。これらの言語・コミュニケーションの発達にみられる症状は，他者認識の発達と関連していることが明らかです。

②共同注意

　自閉スペクトラム症について，近年では，広瀬ら（2006）は，臨床的特徴から，視線認知，感覚過敏に注目し，さらに「心の理論」（第3章3節参照）と，ミラー・ニューロン（相手の動作を見たとき，それを通して，脳内で相手の動作を自動的に自分のものであるかのように共鳴する神経細胞），前頭葉機能にも注

目しています。視線認知に関しては，共同注意（joint attention）の問題が注目されています。共同注意とは，一つの対象が他者と視線的に共有されることですが，この共同注意については，すでにかなり以前からブルーナー（Bruner, 1983）が注目していました。一つの物（対象）に対して注意を共同化する。たとえば，子どもが母親の視線を追って，母親が注視している対象に注意を向ける状態を言います。共同注意の欠如は，自閉スペクトラム症の兆候として，注目されてきました（Frith, 2008）。

　一般的には，1歳後半ぐらいのところで明らかに他者の意図がわかってきます。たとえば，養育者がある対象を嫌そうに扱っていたら子どももその対象に対して嫌な情動を感じるとか，養育者の行為の背景には養育者の心的状態があるといった他者の意図への気づきがみられるとか，他者の行動の予測がついてくるのです。共同注意の発達は，そのような他者理解や，定型発達の子どもでは，4歳ごろにはみられる「心の理論」（他者の心の理解）の前兆であるとして，注目されます。

③アスペルガー障がい

　自閉スペクトラム症の子どもでは，乳幼児期には，視線が合わなかったり，こちらが指さしてもそのほうを見てくれなかったりと，共同注意の発達が遅れます。このことは，他者の意図理解や他者の心の動きが推測できるという他者認識の発達に影響を与えていくと考えられます。他者認識と言語発達のある側面とは関連があり，他者認識の発達に困難さを抱えることによって，ことばやコミュニケーションの発達に障がいがみられてくると言えます。

　自閉スペクトラム症の子どもと関連するのは，アスペルガー障がいです。現在のDSM-5（アメリカ精神医学会の「精神疾患の診断・統計マニュアル」）では（American Psychiatric Association, 2013/2014），アスペルガー障がいは，自閉スペクトラム症に含まれていますが，以前は分けて考えられていました。教科書的には，この子どもたちは，ことばの遅れがないと言われています。しかし，ことばの理解や使い方について，幼稚園や保育所では気になることが多いと思

います。後でふれる ADHD の子どもたちと同様に，集団の中では，ことばの発達面よりも，他児とのかかわり方や集団に馴染めないこと，人を叩いたり，保育室から出ていったりといったような行動面・対人面のほうで先生方は悩まれるかもしれません。アスペルガー障がいの子どもにみられる社会的困難さの背景には，他者が示す情動の理解における障がい，他者理解の発達における遅れや社会的状況の理解における困難さ，これらのことから生じる他児との遊びや相互交渉における困難さがあげられます。しかし，これらの子どもたちにも言語・コミュニケーションの発達支援が非常に重要なのです。

（2）自閉スペクトラム症の子どもの初語期の発達から

　自閉スペクトラム症の子どもの言語発達にみられる主な特徴を表10-1に示しました。自閉スペクトラム症の子どもの初期の言語発達からいろいろと考えてみたいと思います。

　自閉スペクトラム症の子どもは，本節（1）で述べたように知的発達症や ADHD などの併存症によって，一人一人が言語発達上に抱える困難さは異なると考えられます。自閉スペクトラム症の子どもの中には初語の出現時期そのものは遅れない事例もありますが，ただ知的発達が比較的ゆっくりである事例の場合には，なかなか有意味語の発語がみられない場合があります。さらに，一生涯，音声言語による表現が難しいと考えられる子どももいます。現在はあまり使われなくなっていますが，以前は「折れ線型自閉症」と言われて，有意味語の発語がみられた後，消失したという経過がある事例もみられます。このことは，言語の消失がみられた時期に何らかの神経系の発達上の変化がみられていると考えられます。

　ことばの表現がみられている事例では，ことばの使い方，すなわち言語の機能の広がりとしての困難さが当初より目立ちます。その前兆は，ことばの出現がみられる前の時期，すなわち前言語期（prelinguistic period）から明らかで，前言語的伝達では，指さし，とくに少し離れたところにある対象への指さしの出現が遅れる事例が多いように思われます。

表10-1 自閉スペクトラム症の子どもの言語にみられる特徴

前言語期
・早期診断の難しさ。
・音声的発達は，障がいを受けていないと考えられるが，乳幼児期の喃語あるいはジャーゴンについて研究報告があまりない。
・イントネーションは特徴がみられ，単調であるというような特徴はかなり長く続く場合もある。
・共同注意における困難さ。このことは他者の精神的状態についての情報を構成する能力における障がいを示す。ことばの使用における語用の障がいにもつながる。
・即時反響言語・遅延反響言語や繰り返し（同じことばやセンテンスを何回か繰り返して言う）があるが，彼らは限られた表現でコミュニカティブに意志を表現している。

語彙
・基本レベル（basic level）での概念，上位概念は定型発達の子どもたちと差がない。
・絵画語い発達検査（PVT-R）（第Ⅱ部第6章2節（3）参照）などの結果では，語彙の領域は自閉スペクトラム症の子どもにとって得意なところであると言われるが，語の意味の広がりに特徴がみられる。
・使用となると新造語や特異的なことば，カナーが指摘した隠喩的なことばがみられる。
・親の正しい使い方を示すようなフィードバックにセンシティブでないのは，社会的な障がいによる。

文法
・全体的で，模倣的なとらえ方がみられる。繰り返し，フレーズの模倣を通して文法的形式が身につく事例もみられる。そのため二語発話などのセンテンスのレパートリーは狭い事例もある。
・長い発話をする子どもは文法的発達がよい。

構音（音韻）
・年中児あたりまで音韻が未熟な事例がみられるが，自然に改善してくることが多い。

会話・対話
・ターン・テーキング（turn-taking）の頻度は他の知的障がいの子どもとの差がない。
・会話のトピックを推測することはうまくなってくる。
・対話に新しい情報ももり込むことや，会話のトピックに関連するように応答することの難しさがある。
・質問行動が目立つ事例がある。子どもによっては青年期まで続く。
・とっぴな発話やその場面に不適切な発話がみられる。

絵本
・絵を見て話すことが難しかったり，出来事の語る順序がとらえられない。
・そのページに記述されていることとは別のことについて話す。
・因果説明の枠組みにおける登場人物の情緒的状態について適切な説明が難しい（「心の理論」，他者認識の発達との関連）。

また，発語がみられている事例では，初期には，音韻（語音）の発達が遅れる（未熟な）事例がみられ，このことは協調運動のぎこちなさとの関連性が示唆されます。保育の中で集団から外れるといった人との関係性の面だけでなく，音韻の未熟さから発達障がいがわかる事例もあります。注意の集中の問題や音韻の未分化，そしてことばの遅れが関連している事例もあります。

（3）動作語・動詞の獲得

自閉スペクトラム症の子どもにおいては，動作語は，要求語から他者認識が

進み，体験，他者の行為が客観化できてくることとともに広がりをみせてきます（小山・神土，2004）。子どもは，最初は，「落ちる」「こわれる」「走る」「行く」といった動詞から学習し，そこには，第9章2節でふれたイメージスキーマの「経路」が分化していることが背景にあります（Mandler, 2004a）。「考える」「思う」といった心的状態を示す心的動詞（mental verbs）や「座る」といった身体状態を示す動詞を学習するのは後になってからです（Mandler, 2004a）。心的動詞の獲得においては，自閉スペクトラム症の子どもではそのレパートリーに偏りがあることが指摘されています（Tager-Flusberg, 2007）。これらの心的動詞の発達には，先にふれた他者のことばの取り入れや内面化が非常に関係していると思われます（第9章2節（2）参照）。したがって，他者認識の発達とともに，心的動詞のレパートリーにも広がりがみられてくると考えられます。

　自閉スペクトラム症の子どもでは，他動詞と自動詞の使用における混乱がよく指摘されますが，この点については，定型発達の子どもでは，動作主性や使役・移動（caused-motion），生命を持たない物が他の物に生じさせる動きの因果性などのイメージスキーマとの関係が指摘されており（Mandler, 2004a），自閉スペクトラム症の子どもにおいては，他者とのやりとりの中でこのようなイメージスキーマの形成を考えていく必要があります。

2　ADHD（注意欠如・多動症）におけることばの問題

（1）ADHDとは

　保育場面で，他の子が遊んでいる物に手を出し，取り返されると相手の子を叩いたりして，保育者を悩ます子どもの中にADHD（注意欠如・多動症）と考えられる子どもは多いように思います。ADHDの子どもは，注意・集中力における困難さ，短期記憶の問題，課題や活動を順序立てて行うことができない，衝動性，不器用さ，それとアンビヴァレント（両面的）な対人反応が特徴としてあげられます。そのようなことから，どうしても行動面で注意されることが多く，ADHDの子どもにおいては愛され，大事にされているという感覚が低

第 10 章　発達障がいの子どものことばの問題

くなっていくケースがあります。ほめることは簡単なようですが，ほめられることの大切さが強調されます。アンビヴァレントという点については，甘えてくることと反転して，攻撃的になるということが例としてあげられます。保護者も日常生活においてその点で混乱して，つい叩いたりしてしまうことがあるようです。虐待を受けている子どもの中に，発達障がいの子どもがみられるということは，このあたりが関係した「育てにくさ」を日常的に保護者が感じているからかもしれません。

　町沢（2002）は，ADHDの子どもへの対応について，以下の点を指摘しています。一日の生活の計画をきちんと作ること，その子どもを落ち着かせる特有の方法を見つけること，親の一貫した態度，落ち着き，温かさ，この行動はよろしい・この行動はよくないといった対応，うまくいった行動を見つけ誉めること，等です。

（2）ADHDの子どもの言語発達

　ADHDの子どもの言語発達については，ことばの遅れとの関連で問題にされてきました。不器用さとも関連して，語音の発達が未熟であること（会話中，年齢およびその地域のことばとして適切であると発達的に期待される音声を用いることができないことを「語音症」という），「発音が不明瞭」ということや，少しことばが遅れているということで相談に来られる保護者もみられます。そのようなケースの場合，初語の出現も遅れ，それまでのことばの発達も遅かったと言われることが多く，センテンスの発達も遅れる事例があります。コミュニケーションや微細運動の発達の遅れが，不全感などと関係し，行動面での特徴として現れているとも考えられます。英語圏では，言語発達障がいが伴うケースにおいて，動詞の時制における正確さの問題が指摘されています（Timler & White, 2015）。言語発達障がいを伴わないADHDのみの事例では，統語の遅れはみられませんが，言語発達障がいを伴う，伴わないにかかわらず，推論や会話，語りにおける語用面での困難さがよくみられることが指摘されています（Timler & White, 2015）。

言語発達の観点からは，ADHDの子どもの支援に関しては，第9章2節で述べた「行為の論理から思考の論理への移行」といったこととも関連しますが，「内言」の発達が注目されます。言語はコミュニケーションの手段であるとともに「思考の道具」でもあります。この思考の道具としてのことばの発達として注目されるのが「内言」活動です。古くは，ピアジェとヴィゴツキーとの論争がありますが，ヴィゴツキー（Vygotsky, 1986/2001）は外言から内言への移行過程にみられる現象として，独り言を位置づけました。内言は，年長児ぐらいから発達すると考えられますが，活動の動機づけ，計画化（プランニング），思考の実行，行為のコントロール・調整にかかわり，注意，記憶，情動面の機能やその賦活化にも深くかかわっています。したがって，ADHDの子どもの言語発達支援においても重要であると考えられます。すなわち，他者のことばの主体的な取り入れと意味づけが関係しています。第9章1節の図9-2のシンボル状況の中で日常のことばを交わすこと，子どものことばの意味の形成とその広がりを日常の保育場面で図っていくことが，ADHDがある子どもの言語発達支援においてはまず重要であると思われます。そして，保育者の代弁，並行語り（子どもの心情や保育者自身がその場で感じていることを言語化していく），他児や本人の情動の変化を言語化すること，絵本の読み聞かせ，日常の着替えなどの場面を通して，他者のことばの理解を高めていくことに加えて，先行する場面の内容を保持することや，ことばによって子どもが自分の思いや行動をコントロールできていくことを考えます。

　そして，実行機能の一つとしてのプランニング能力を育てていくことが，保育・教育場面では必要ではないかと思います。プランニングの発達と内言の発達とは，このような子どもの発達をみていると関連があります。

3　特異的言語発達障がい（SLI）におけることばの問題

(1) ことばの遅れをめぐる問題

　保育所・幼稚園で先生方が気づかれ，とくに心配されるのは，「ことばの遅

れ」であると思います。先生方が他の子どもに比べて，ことばが遅いように思う，音韻が未熟である，全体的に発達が遅いと感じられる子どもは意外と多いものです。2歳児では，全体的に発達の遅れを感じ，それとともにことばの遅れがみられる事例も多いように思われます。そして，そのような子どもは多いと保育者がまず理解していることが大切です。また，0歳児，1歳児のクラスでは，歩行の発達が遅れていたり，手指の操作が未熟である，バランスが悪いなど，運動発達を中心にして気づかれ，のちに発達障がいやことばの遅れもみられる事例が多いことも確かです。

　ことばの遅れの背景には，さまざまな要因が考えられます。まず，第一に疑わねばならないのが，聴力障がいです。聞こえに障がいがあると，ことばは当然遅れます。聞こえていると思われる事例であっても，かならず，念のため，乳幼児の聴力検査に経験のある機関で聴力検査を受けるよう保護者に勧めてください。とくに軽度・中等度の難聴は見落とされやすいといわれています。聞こえの程度は，「dB（デシベル）」という単位を用い聴力レベルで示します。聴力障がいの程度は，500 Hz，1,000 Hz，2,000 Hz の音に対する平均聴力レベルによって分類されています。人の話し声は，囁き声が30 dB 程度，普通会話が50-60 dB です。難聴には，外耳から中耳までの伝音系の働きの障がいによる「伝音難聴」と，内耳から第1次聴覚野に至る感音系の働きの障がいによる「感音難聴」とがあります。また，両者を併せ持つものを「混合性難聴」と呼んでいます。聞こえに障がいやその疑いが持たれる場合には，地域の難聴の診断や指導に経験のあるところに相談することが必要です。また，難聴があることがわかった場合，それらの難聴の専門機関と連絡を取りながら，園での対応についてのアドバイスを受けることが必要です。さらに必要に応じて地域の難聴幼児発達支援センターや聴覚特別支援学校（ろう学校）の教育相談，幼稚部との並行通園も考えます。

　次に，知的発達症です。知的に遅れているとことばの発達も遅れます。保育所・幼稚園では，同年齢の子どもに比べて少し知的発達がゆっくりであることによって，ことばが遅れている事例がみられます。これらの事例では，知的発

第Ⅲ部　ことばの発達の遅れと支援

達とともにことばの発達はみられてくるものですが，先述した自閉スペクトラム症などの障がいとの鑑別が難しく，養育者自身も子どもの抱えている困難さがなかなか理解できないので，巡回相談等の保育相談の機会を利用して発達の専門家と連携することが必要となります。

　一方，ことばの発達だけが遅れる，他の面では年齢相応に思われるという子どもがみられます。このようなケースの場合も聞こえの検査や発達検査は必要です。これらの事例では，自閉スペクトラム症の子どもが含まれている場合もあります。また，ADHDのケースであることもあります。

　それらの問題がなく，ことばだけが遅れるというケースが，これまでわが国では「ことばの遅れ」とか「言語発達遅滞」と呼ばれてきました。英語圏では，「発達性言語障がい」という診断名が使用されてきた経過があります。「4歳ぐらいでうちの子どもは急に話し始めた」など，以前から一般によく言われるケースにあたると思いますが，たしかにそのように一見，「個人差」のように思えるケースもあるのです。後の学習障がいなどの予兆である場合もあり，早期の鑑別診断と後の発達を考慮した支援が必要となってきます。今日では，英語圏，とくに英国では，「特異的言語発達障がい」(Specific Language Impairment: SLI) が注目されています。

（2）SLIとは

　わが国でよく聞かれる「学習障がい (Learning Disability: LD)」は，就学前の時期にはわかりにくいものです。DSM-5では，「限局性学習症 (Specific Learning Disorder)」という用語が用いられています。筆者の経験では，イギリスにおいては，これまでわが国で使用されてきた学習障がい (LD) という用語は使われていない印象を持ちました。欧米では，全般的な認識の発達の遅れはなく，2歳ぐらいまで，表出言語が遅れ，二語発話がみられない事例で就学前までに他の子どもの言語発達に追いつく (catch up) 子どもを，話しこと ば開始の遅れ（レイトトーカー：late talker）ととらえています。2歳ぐらいまでに，言語学習の基礎が形成されると考えると，その後も全般的な認識の発達

に遅れがなく，言語発達のみに困難さがみられる場合には，SLIであり，読みに困難さがあると，リーディング・ディスオーダー，書きに障がいがあるとライティング・ディスオーダーとして考えられており，行動レベル，認知レベル，生物学的レベルからどの点に特異的に障がいがあるかを考えることによって，対応がなされているように思います。言語の統語的側面や聴覚的処理，語彙獲得など言語発達に特化した障がいがあるとSLIであると考えられるわけです。レイトトーカーの事例にSLIの子どもが含まれています。

　SLIとは，非言語的能力から期待されるよりも口頭言語の技能がかなり落ちている子どもに用いられます。そして，①聴力障がいや他のわかっている原因で障がいが説明できないものであること（Hulme & Snowling, 2009）。②標準化された言語発達尺度において，低スコアであること。尺度にもよるのですが，少なくとも，平均よりも1.25〜1.5SD（標準偏差）低いこと。③出現率は3〜6％。④3歳1か月から4歳1か月では，男児のほうが多い（トムブリン（Tomblin et al., 1997）の研究では，1.33：1（男児：女児）と言われています）などの特徴が指摘されています。SLIに関しては，言語発達の遅れとの鑑別から「遅れか欠損か（delay or deficit）」ということがよく言われてきましたが，SLIの原因の究明においては，生物学的なレベルからの研究が進み，遺伝子が重要な役割を果たしているということがわかってきて，われわれの理解がこの十数年の間に進んできたといえます（Bishop et al., 2003）。たとえば，ビショップらは，センテンス（文）の開始月齢がレイトトーカーの子どもでは，30か月であるのに対し，SLIでは，37か月といった点から考えられるレイトトーカーとSLIとの連続性（図10-1）を疑問視しており，両者の質的な違いについて検討しています。

　また，生物学的要因について，一時期話題になった，その突然変異がヒトの言語に影響すると考えられてきたFOXP2に関して，SLIとの関連性についても多面的に検討されています。ビショップらは，レイトトーカーの子どもで，4歳時点において言語に困難さがみられなかった事例のうちの4分の3では言語症（言語障がい）の家族歴がみられなかったのに対し，言語，読み書きの上

第Ⅲ部　ことばの発達の遅れと支援

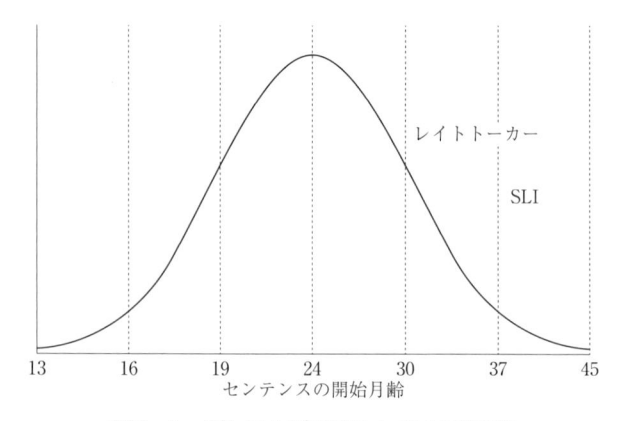

図10-1　話しことばの遅れとSLIの連続性
（出所）　Bishop et al.（2003）

での家族歴は持続する言語の問題の重要な予測因子となると指摘しています（Bishop et al., 2012）。

　近年，欧米を中心に盛んに研究が積み重ねられているSLIの認知理論は，これらの子どもが示す言語学習における困難さの基盤にあるメカニズムの問題を考えようとするものです。そこには，「全体的要因」と「特殊処理における障がい」というとらえ方があります（Hulme & Snowling, 2009）。

（3）SLIの子どもが抱える困難さ

①処理速度における制限

　一つは，事物や出来事をことばという記号と素早く対応させる「素早いマッピング（fast mapping）」と新奇語の学習における困難さです。次に語彙判断とワードモニター課題における語の再認における遅さで，これはセンテンス理解の不十分さにつながるとされています。また，「全体的スロー（slowing）仮説」（Kail, 1994）も考えられており，SLIの子どもでは，言語的・非言語的なさまざまな課題において反応時間が統制群に比して遅くなることがわかってきています。

　ハイユー-トーマスら（Hayiou-Thomas, Bishop, & Plunkett, 2004）は，6

歳のSLIの子どものシミュレーション実験を行い，通常の話しことばの速度の50％に圧縮した（つまり2倍の速度の）話しことばで提示され，センテンスが文法的かそうでないかを決定することが要求されたとき，名詞に伴う形態素は成績がよかったのですが，動詞に伴う形態素の場合は悪く，同様の結果は記憶の負荷が増したときにもみられたとしています。

②聴覚的処理における問題

SLIの子どもにおいては，素早く変化する聴覚的情報の処理に影響する時間的処理の問題が指摘されています（Tallal & Piercy, 1973）。それは，教育ソフト（*Fast ForWard*）による訓練効果からも示唆されます。この点については，言語学習上における他のリスク要因と「共働的なリスク要因」として考えられます（Bishop et al., 1999）。また，長さや強さ（韻律的特徴）などの言語の特徴についての音響的手がかりへの感受性についても検討されています。

③音韻記憶における問題

ワーキングメモリの問題は，これまでもことばの遅れのある子どもの認知的レベルでの課題として注目されてきました。音韻的な材料の短期記憶における保存は新しい語の学習の基礎になります。単語としてはない音の羅列（非単語）を聴覚呈示し，それを口頭で反復させる非単語反復課題（nonword repetition task: NWR）がSLIの子どもでは，生活年齢（CA）を統制した（水準を合わせて結果に影響しないようにした）統制群に比して，有意に困難であることが報告されています（Gathercole & Baddeley, 1990）。ビショップらは，生後20か月でのミューレン・言語学習尺度のNWRスコアーがSLIを予測するものとして注目しています（Bishop et al., 2012）。NWRスコアーはSLIの優れた行動的マーカーとなると考えられていますが，記憶における時間的・音韻的表象に関する困難さ（deficit）を示していると考えられ，この困難さは語彙の獲得に影響すると思われます。

④語学習における問題

　SLIの子どもにおいては，語彙，文法的構成素の獲得が遅く，新しい語の意味を推論するためにセンテンスのフレームを用いることにおいて（syntactic bootstraping）制限が生じ，さらには文法的関係の推論からの語の意味の学習（semantic bootstraping）においても制限が生じると言われています。SLIの子どもの言語学習における困難さは，言語による連合学習，あるいは記憶における新しい語の形態の保持の障がいに帰せられると言えます（Hulme & Snowling, 2009）。SLIの子どもにおいては動詞学習における困難さも指摘されています。

⑤非言語的能力の問い直し

　SLIの子どもについては，これまで非言語的能力には問題がないとされてきました。しかし，近年では，推論的推理や関係的推論など，SLIの子どもの非言語的能力についても注目され始めています（Newton, Roberts, & Donlan, 2010）。ニュートンらは，演繹的推論（deductive reasoning）にかかわる関係的推論について言語刺激による呈示条件と絵刺激による呈示条件によって（例：絵の条件では，コンピューターによって呈示され，本がペンの上にあるスクリーン，のりが本の上にあるスクリーン，時計がのりの上にあるスクリーン，電燈が時計の上にあるスクリーンが呈示され，時計とペンについて，時計がペンの上にあるスクリーンか時計がペンの下にあるスクリーンかのどちらかを選択する）SLIの事例で検討した結果，言語能力の水準を合わせたグループの事例に比べて，両条件において有意に正答率が低いことを示しています（Newton, Roberts, & Donlan, 2010）。そこには，系列化やワーキングメモリの問題が考えられていますが，語学習が演繹的推論を支持すると考えると（Brooks & Kempe, 2012），同じ種類の対象への語の般化的使用である拡張性（extendibility），言語による連合学習，音韻的な材料による短期記憶などに日常の保育の中で配慮することはSLIの子どもに有効であると考えられます。低年齢でのSLIの子どもの行動上の特徴についての検討が今後，必要とされています。

第11章
ことばの遅れがある子どもへの支援

1 ことばの遅れがある子どもへの支援の実際

(1) 前言語期からの他者認識に向けた支援とは──基本的信頼感の形成
①ことばの発達支援

　われわれの文化では，赤ちゃんに対して，ガラガラを振って見せるなど，いろいろおもちゃを使って，赤ちゃんにかかわっていきます。そのような過程で，子どもはガラガラという一つの物について「知識」を蓄えておもちゃとしてとらえていきます。1歳前後になると，子どもはガラガラを，ガラガラは振ると音が出るものだとか，ミニカーは，こうして押すものだというようなことがわかってきます。それは，ごく普通に子どもの遊びの中で見ることですが，そこに，今まで口に入れたりとか，舐めたりとか，放っていた子どもが，ミニカーを押すようになる，人形を抱くようになる，そういう行為の中に，子どもの認知発達が現れているわけです。

　しかし，自閉スペクトラム症の子どもで，かつ知的発達症が伴っている子どもの中には，なかなかおもちゃには関心を持ってくれない，興味が持ちにくい，あるいは，関心が広がりにくいという子どもたちがみられます。

　ことばと密接に関係しているような認知発達は，生活をともにする人，子どもにとって非常に身近な大人との相互干渉の過程で進んでいっていると考えられます。自閉スペクトラム症の子どもの場合，人との関係性の中でのことばの使用における困難さ（語用障がい）と関係する，他者の意図や他者の考えを推測することが難しいといった点も身近な大人との相互交渉の過程で変化がみら

れてきます。

　ことばが出現していても，「やって，やって」とか，「かして，かして」など，自分の要求に根ざしたことばはよくみられるけれども，人の注意を向ける，「先生ほら見て」「先生，これこうやってよ」といったことばを使うことが，少し遅れる事例がみられます。このことは他者認識の発達がゆっくりと進んでいることの現れです。他者というものをとらえて，他者の意図というものを共有して，人の行動から，人の意図，人の行為の背景にある心の動きをとらえていくことに時間を要する子どもがいます。このような他者認識は，ことばが出てくる以前の時期（前言語期）からゆっくり発達しています。

②基本的信頼感の大切さ

　他者を理解していくことの根本のところは「基本的信頼感の形成」です。赤ちゃんは，生まれて間もないころから，自分の要求とか，不快な状況を泣いたり，むずかったりして表現しますが，周囲の大人がそれに丁寧に応じていく過程で，人に対しての信頼感が生じてくるとエリクソンら（Erikson & Erikson, 1997）は述べています。泣けば，誰かが来て，慰めてくれるとか，授乳してくれるとか，最初はそういった生理的な欲求に根ざしたもので，それに「応答的」に生活をともにする人が応えてくれることによって，人に対しての信頼感，基本的な信頼感を子どもは形成していきます。

　子どもを育てていく過程で，大切にしないといけないことは，人に対しての基本的信頼感を持てるということです。こういう話をすると，たとえば，産みの親でないといけないのかという質問や，それが難しいという指摘を受けることがあります。子どもの成長過程の中で，非常に可愛がられる体験，非常に大事にされる体験というものが，意味を持ってきます。身近な人に対する基本的信頼感が育ってきて，それが「核」になっていろいろな人との関係性に広がって，知的好奇心やさまざまな学習につながっていくと言えます。

　このことは，第9章3節でふれた「情緒的調整」による，子どもにとって「通じる」という体験の大切さを示しています。子どもの思い，わがまま，要

第11章　ことばの遅れがある子どもへの支援

求を全部受け入れるといったことを言っているのではなく，子どもの側から見れば「自分の思いが，他者に通じた，わかってもらえた」という体験です。実際にほしい物があって，それを与えてもらうことが実現できなくても，自分はこれがほしかった，こうしたかったなどという「子どもの思い」が他者にわかってもらえた，そういうことの積み重ねが基本的な信頼感の形成につながると思われます。「指示が通らない」「集団の中で行動しようとしない」といったことへの対応や，ADHDの子どもの衝動性に対しても，このことはとても重要です。

③基本的信頼感を育てるには

　ここで述べたように，子どもの側に大人に対する「基本的な信頼感」が生じてくるには，まず，かかわる大人の応答性が当然大切になってきます。子どもの行為はすべて表現であって，「要求」とか「シグナル」を出しています。ことばがない段階の子どもでは，視線を向けたり直接的に手を引っ張ったり，泣いたりして子どもの伝達意図を表現します。子どものほうからシグナルを送ってきているわけですから，その子どもの「意図」を十分に読み取れなくても，子どものシグナルを受け止め，それに応答することが非常に大切です。

　保育・教育場面において，気になる行動として保育者からあげられるものには，子どものシグナルである場合が多いように思います。ただ，要求を全て理解することは，なかなか親子と言っても難しいものです。しかし，こちらが「理解しようとする態度」で接していくことが大切ではないかと思います。そして，そういう人との関係の中で，言語獲得の基盤となる子どもの認知発達が成されていきます。

（2）認知発達における困難さ――象徴化能力の発達支援

①「認知」の過程

　「認知」の過程というのは，保育・教育実践的には，主体的に子どもが知っていく過程であると筆者は考えてきました。子どもの認知的な活動に焦点を当

てることによって，ことばの発達が気がかりな子どもたちへの支援が見えてくると言っても過言ではないでしょう。発達障がい（神経発達症）といわれている子どもたちは，その認知に困難さを抱えていると考えられています。したがって，できるだけ早期からの認知レベルでの対応が大切であると筆者は考えます。とくに，自閉スペクトラム症と呼ばれる子どもたちは，行動レベルで，指さしがなかなかみられなかったり，食べるふりとか，鉛筆を飛行機に見たてるなどのふり遊び・見たて遊び，すなわち象徴遊びがなかなかみられにくかったり，みられても偏りがあると感じられたりすることが多いと思います。そういう子どもたちは，「象徴機能の発達」という観点からの支援を必要としていると考えます。ことばの発達支援においては，まず，認知発達の観点から象徴機能の発達に向けた支援を行うことがとても大切になってきます。

たとえば，自閉スペクトラム症の子どもの象徴遊びの発達から，保育者や療育者との遊びの中で他我に出会い，共存性への意識が生じてくることにより，象徴化の共有がみられ，子どもの側の象徴化能力の発達がうかがわれるようになります（小山・神土，2004；小山，2009）。子どもと保育者や療育者との共同活動としての象徴遊びの場は，そのような意味で大いに意義あるものと考えます。自閉スペクトラム症の子どもにおいては，象徴遊びの場は，彼らの認知発達の困難さとして指摘されている，多くの情報を一体化して見て意味を促進することにおける課題である「弱い全体的統合」（Frith, 2003/2009）への支援にもつながっています。日常の経験の全体性から個々の意味を抽象化し，それを他者と共有することによって，全体の中での子どもが関心を持つパーツをつないでいき，「考える」という面の発達支援となっていきます。それは，自閉スペクトラム症以外の発達障がいがある子どもにとっても大切です。

事実，筆者が発達支援を行っている発達障がいの事例では，筆者とのごっこ遊びがピークを過ぎてきたころから，助詞，接続語や心的動詞が増加し，絵をストーリーに合わせて並べることや，またそれをことばで概括して説明すること，文の読み取りにつながっていった例があります。象徴遊びの場は，言語発達において注目されている，子どもは身体的経験を背景として，前景化する言

語表現を部分の総和以上の特性を示す全体性をとらえてゲシュタルト的に認識し，同一のパターンで再現することで定着させていくというゲシュタルト的認識の大切さにつながるものと思われます（小山，2015b）。ゲシュタルト的認識は構文のスキーマにもつながると言われています。ゲシュタルト的認識の促進をわれわれとの関係性の中で他者認識の発達と絡めて進めていくことが，自閉スペクトラム症以外の ADHD などの発達障がいの子どもの言語発達支援においても，とても重要です。

②他者との表象の共有

また，SLI（第10章3節参照）の子どもにおける困難さの一つに聴覚的処理や階層的な統語的表象があげられます（Brooks & Kempe, 2012）。これらの子どもの言語発達支援においても，まずは他者との表象の共有化から考えて，関係性の中で，ことばに対する意識，文法的な表象の形成を考えていくことも一つの支援方法として可能です。保育・教育の場面では，総合的にそのような支援を行うことが可能な場がたくさんあると言えますし，さらに日常的にその安定化が図れる場であると言えます。

「象徴機能」は，人間精神の中核的な機能であると言われ，象徴機能の発達によって，子どもは言語を獲得し，未来のことを考えたり，曖昧さをとらえたりすることが可能となると考えられます（小山，2010）。このことは保育・教育の中で重要な観点になると思います。

（3）模倣遊びの発達的意義——like me 仮説

象徴化の発達につながると考えられるものの一つが模倣です。身体を通して他者と一緒に模倣遊びをすることは，とくに生活をともにする他者と身体を使った同じような動きをすることによって，象徴化の発達に寄与していると考えられます。

筆者は，模倣というものを「模倣を超えた同一視」と呼んでいます（小山，2009）。「同一視」というのは，その人のようにやってみたい，その人のように

してみたいという子どもの心理が働いてくることです。ことばが出てくる前や，ことばが増える時期には子どものこのような行為が日常的に観察されます。お父さんやお母さん，自分が基本的に信頼をおく人と同じようなことをしてみたい。そのことは，また，他者認識の基礎になっていくと考えられ，筆者は「模倣を超えた同一視」として注目しています。先に述べた特定の人への基本的な信頼感みたいなものを基礎に，その人の日常的行為をシミュレーションして，自分の中に取り入れていく。そして，自分もああいうふうにしてみたいという，「対人的表象」が精緻化されてきます。

　自閉スペクトラム症の子どもの中に動作模倣が非常に難しい子どもがいます。そういう事例に対しては，人との関係の中で，この人のようにしてみたい，この人と一緒のようにしてみたいというような，「同一視」的な心性を育んでいくことが，模倣につながっていくのではないかと思います。手遊びやリトミックなどの保育場面でみられる模倣は，ある意味では結果と言えるでしょう。

　この点については，メルツォフ（Meltzoff, A.N.）らの like me 仮説が注目されます。like me 仮説とは，「私のようだ」という子どもの気づきで，定型発達の子どもでは，生後9か月ごろにはみられ始めると言われています（Meltzoff & Gopnik, 2013）。このような気づきが他者認識の発達の契機になっていると言えます。そこを基礎にことばの発達がみられてきます。このような他者認識によって，子どもの意識化が進みます。構文スキーマの基礎としてのゲシュタルト的認識と人の動きや物の動きを「全体的」にとらえる動作模倣とは関連があるのではないかと考えられます。

（4）三項関係を超えて

　対象のもつ力動性や方向性といった対象の表現性への感受性は，象徴的意味の構成を可能にする人間の質であるとマッキューンは述べています（McCune, 2008/2013）。対象の表現的質を知る態度が他の生物に比べてはるかに優れていること（超越性）はヒトの象徴化の発達の基礎になっていると考えられます（図11-1）。

第11章　ことばの遅れがある子どもへの支援

　第9章1節で述べたように，原初的な共有状況から発達して，子どもは物を介して人と交わり，人を介して物と交わるといった関係性を楽しむようになります。一般にこのような関係性を「三項関係」と言い，ことばの獲得の基礎として注目されてきました（やまだ，1987）。このような三項関係の中で，子どもと物との関係において，たとえば，対象の表現性への感受性を大切にすることが，後に言語による表現の豊かさにつながっていくと今日の言語発達研究では注目されています（McCune, 2008/2013）。

```
┌─────────────────┐
│  表現性への感受性  │
└────────┬────────┘
         ↓
┌─────────────────────┐
│ 象徴的意味の構成を可能にする │
│ 人間の質である         │
└────────┬────────────┘
         ↓
┌─────────────────────┐
│ 外界との相互交渉はつねに動きと │
│ しばしば音声がかかわっている   │
└─────────────────────┘
```

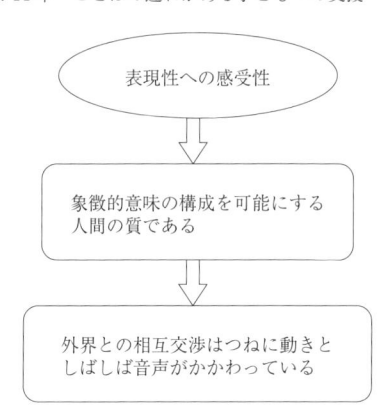

図11-1　表現性への感受性
（出所）McCune（2008/2013）より筆者が作成

　図11-2を見てください。保育・教育場面でのわれわれのかかわりの意味の問い直しのためにこの図を基にして，いかに⑥から「関係づけ」や「創造性」につながっているかを考えていくことが，子どものことばの発達支援においては参考になるかと思います。

（5）語の拡張性と遊び

①「内面化する時間」の重要性

　幼児期の場合には，やはり養育者の方は，学習，とくに知的学習，知的発達というようなことに関心を持っておられることが多いと思います。しかし，学習の結果というのは，すぐには現れません。保育所に入ったら，ことばの「刺激」が多いからことばが増えたとよく言われます。この一般によく言われることについては研究的にも整理していく必要があると思います。

　心理学では，刺激（S）があって，反応（R）（リスポンス）が出てくるというふうに考えるわけです。たとえば，絵カードを子どもに示して（刺激），子どもからの「ワンワン」とか「ニャンニャン」という発語（反応）が出てくる。われわれはすぐにその反応があることを期待しているわけです。しかし，こと

第Ⅲ部　ことばの発達の遅れと支援

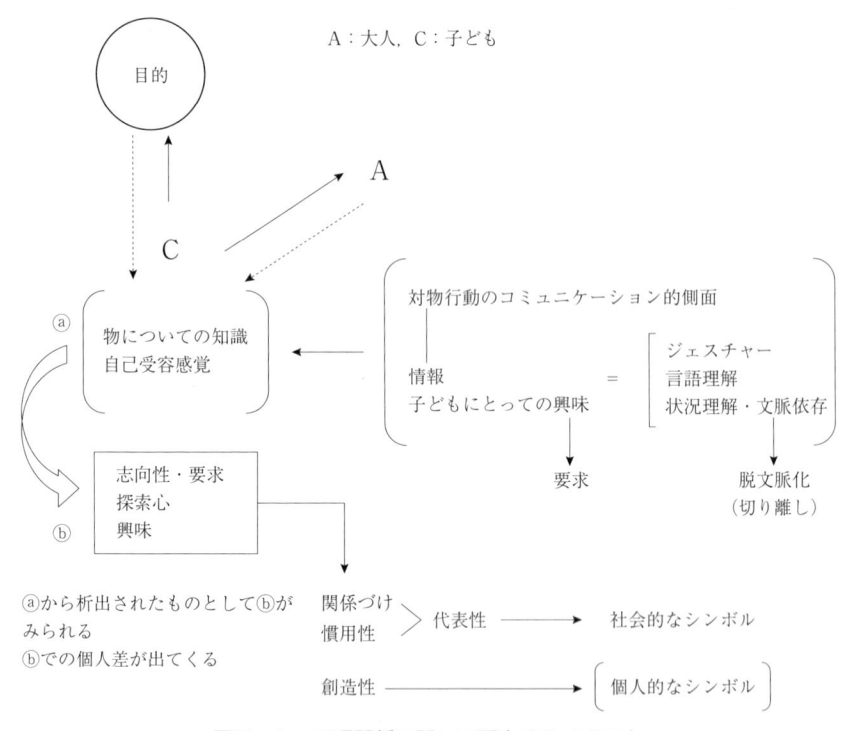

図11-2　三項関係に関して配慮するべきこと

ばの発達にはいろいろな経験，日常的な経験が大切であると筆者は養育者にお話しています。DVDやビデオの視聴が増えてきていますが，ありふれた助言ですが，実体験が大事だということを保護者にお伝えしています。そうすると，養育者の中には，「先生，東山動物園にこの前連れて行ってきました。この子は，動物を全然見ませんでした。半日かけて行ったのに，お父さんもくたくたになって行ったのに，家へ帰ってきても，『ぞう』の一言も言わないの。」って言われます。その気持ちはよく理解できます。しかし，刺激を与えたからといって，すぐに反応が出てくるわけではありません。そこに意味があると思います。すなわち，子どもの内的世界，子どもの内部を通って，対象化，表象化されてきて「ぞう」という発話につながるのです。

　近年，障がい児の療育とか特別支援教育では，言語スキル，コミュニケーシ

ョンスキルといったように、よくスキルということばが使われています。ボタンをはめられるようにするために、まずこういうふうに刺激を与えて、子どもが反応したらそれを誉めて、そのスキルを子どもが獲得していく。これは療育の中で大切なことですが、筆者は、スキルの指導の基礎には、われわれとの基本的信頼感の形成や子どもの側の他者認識の発達があると思います。とくに言語的豊かさを考えていく場合にはその点は重要であると考えていますし、保育・教育場面でのさまざまな経験が基盤になっていくものであると思います。人間の発達というのは、非常に複雑なプロセスを経て達成されていくものと思います。やはり、子どもの内的世界を通って、子どもの中でさまざまな経験がまとめられて、子どもの言語表現が出てくるわけです。学習の結果はすぐには現れません。内的世界、「内面化する時間」が必要です。だから発達には時間を要すると言えるでしょう。

②主体的な記号化

　次に、子どもは主体的に意味作用を駆使しているということです。筆者もよく相談を受けるのは、「先生、この子は犬をワンワンということをやっと言えるようになりましたけど、この子は、牛を見ても『ワンワン』と言い、猫を見ても『ワンワン』と言います。区別がついていないのと違いますかね」という質問です。初期のことばが増えてきた段階で、子どもは主体的に記号化しています。これは「ワンワン」と呼べる。これも「ワンワン」と呼べる。しかし、これは「ワンワン」と呼べない。ことばの般化と言われる現象で、子どもの主体的な記号化です（神土, 2008）。ことばというのは、ある物を別の物で表すという記号です。犬という犬の実体を「ワンワン」という音声で表す。あるいは、文字で「いぬ」と書く。漢字では「犬」と書く。そういう記号化によって、子どもは外界を整理していきます（このプロセスを「自由な概括化」と呼んでいます）。子どもは、主体的に意味作用を駆使し、概括化していきます。語の拡張性（extendibility）の原理は、このような主体的な過程ではぐくまれてくるものと思われます。

初期の言語発達支援において、遊びが重視されるということの背景の一つに、この語の拡張性につながる自由な概括化があります。遊びの中でその子どものことばの使用のプロセスをみていくことから、必要な支援が見えてくると思います。

（6）ボキャブラリースパート

　語彙発達に関して言えば、ある時期に急に子どものことばが増えてきます。ボキャブラリースパートと呼ばれる現象です。ことばの獲得にスパートがかかるのです。ことばが少しずつしか増えていかなかったのに、ある時期になったら急にことばが増え始めます。有名なヘレン・ケラーのエピソードで、サリバン先生がヘレンを井戸端に連れて行き、水を汲んでヘレンに触れさせながら『water』という文字を教えることで、その経験と記号が一致して、ヘレンはその翌日から組織的にことばを覚えていったということから、急に子どものことばが増える契機になるのは、物に名前があるということを発見する、突然の洞察であると考えられました。発達的には、さまざまな経験が内面化されてボキャブラリースパートが起こってくるのではないかと考えられます。

　筆者も療育のセッションの後で気がついたことがありますが、子どもがまだことばがない段階の言語発達支援の場で、子どもとの遊びの中で、支援者である筆者はさまざまなことばを使っています。たとえば、プラレールの場面ならば、おもちゃ電車が踏切を通ると「カンカンカン」と言ったり、あるいはトミカパーキングで、スロープで車を降ろすところが好きな子どもならば、出発点のところで「いらっしゃいませ」や「料金は800円です」と言っています。その場では、まだ子どもは、聞いていないように思われることもあります。そして、数か月して、その子どもが、プラレールでの遊びのところで、「カンカンカン」と言ったり、あるいは、トミカパーキングの遊びの中で、「いらっしゃいませ。料金はいくらです」と言ったりします。このことは、他者のことばの内面化と主体的な使用を示していると思います。このような発達は、子どもの語彙の急増と関連があるのではないかと考えられます。そこには、基本的信頼

を「核」にした他者認識の発達が基礎にあると言えます。

(7) 生活をともにする人との関係性の中で

　たとえば，生活をともにする人との関係性の中で，基本的な信頼を置く人との象徴遊びから，子どもは，楽しいプレイフルさを感じて，そこを基盤に，子ども自身が遊びを作っていってくれます。そういう遊びの中で子どもが伝えようとしていることをこちらがまずは共有していくことが，また，子どもの象徴化の発達や他者認識につながっていると考えられます。そこを基礎に，子どもの表象的世界が形成されていくと，その豊かさが，後の子どもの豊かな言語発達の基盤になっていくと，発達障がいがある子どもの発達支援の中で感じることが多いのは，生活をともにする人との関係性の中で象徴遊びが階層的になっていくことが統語的な表象の形成につながっていくからであると思います。

　また，ある程度，ことばが出てきた時期には，家庭内での対話が大切です。ここでの対話というのは，こちらが問いかけたことに答えてもらうのではなく，子どもが話しかけてきたことを丁寧に真剣に受け止めることです。こちらが子どもが話しかけてきたことについて一緒に考えてみる。「うーん」とか「そうね……」とか，よい聞き手になる。質問行動に対しても，それは子どもの知的好奇心の現れですから，やはり丁寧に答えていきます。ただ繰り返し同じことを聞いてくる子どもに関しては，これは大人から聞く情報を求めているのではなくて，大人が答えてくれるということだけで安心感を確認している場合があり，子どもが少し不安なときなども質問行動が出てきます。基本的には質問行動が出てくるというのは，知的好奇心の発達につながるわけですから，大人が真摯に答えていくことが必要であると思います。

　家庭内での対話は，読みや語りの発達に大きく影響する語彙力の発達にもつながります。語彙の増加とその意味の広がりに日常保育場面で目を向けていくことが大切です。

（8）言語学習・認知上の困難さを考える

　日本で，学習障がい（Learning Disability：LD）と言われている子どもは，学習上に何らかの困難さを示すと言われるように，読み書きの世界が押し寄せてくる学齢期に入って顕現化してくることが多いのです。学習障がいは，基本的に全般的な知的発達に遅れはないが，聞く，話す，読む，書く，計算するまたは推論する能力のうち特定のものの習得と使用に著しい困難を示すさまざまな状態をさすものであるとされています。

　これらの子どもは，認知発達上の問題，発達検査の結果等には現われない課題を抱えていると考えるとよいと思います。しかし，このようなケースでは，保育者には就学後に抱える可能性のある学習上の問題が想定されていることが少ないように思います。第10章3節で取り上げたSLIは，英語圏では幼児期以降も引き続くと言われています（Brooks & Kempe, 2012）。とくに階層的な統語表象の処理における困難さが注目されています。就学前にことばの遅れのみられる子どもに関しては，このような学校に入ってからの言語学習・認知上の困難さに対して予防的に，本節（2）（3）（4）で述べてきたような保育を進めていく必要があると思います。

2　言語発達支援における発達論的アプローチ

　「発達的視点からの言語指導」ということばを現場でよく聞くようになって久しいと思います。発達的視点に立つとはどういうことでしょうか。一つには時間的経過の中で，子どもの発達のプロセスをみて，その意味を問い直していくことではないでしょうか。また，語意味の形成と音韻発達など，行動間の相乗作用やその変化の時間的な対応などをみていくことも含まれるでしょう。

　秦野（1993）もコミュニケーション障がいをとらえる視点として，子どもの障がいを固定的にとらえるのではなく，「人は変化し続ける」という認識の下に発達像は変化するという前提を彼らの評価にあたっておさえておかねばならないと強調しています。行動レベルでは，変化があまりみられない時期こそ大

切で，「発達の潜在期」と言えますが（村井，1987），環境を豊かにしていって，保育・教育面では認知レベルから行動レベルへの変化を見ていくことが大切でしょう。また，その変化のための保育・教育内容を吟味していくことが必要になってきます。「発達の潜在期」の理論的検討が発達の理論化においても求められている課題であると筆者は考えています。

　言語発達支援を進めていくうえで，「発達的視点」という場合，まず，定型発達の子どもの発達をよく観察し，その発達についてよく知ることが必要ですが，比較ではなく，発達障がいのある個々の子ども固有の発達過程をおさえていくことが大切です。また，縦断的にみていくことも大切です。

　近年では，「発達的軌跡（developmental trajectory）」といったことばをよく目にするようになりました。フィリィッピとカーミロフ‐スミス（Filippi & Karmiloff-Smith, 2013）が指摘しているように，生物学的レベルでは同様の障がいをもっていても，環境との相互交渉で発達障がいの子どもたちの発達的軌跡は多様化してきます。発達的軌跡をみていくことによって，子どものことばの発達に向けた「支援」が見えてくると言えるでしょう。

　　　　　　　おわりに

　言語・コミュニケーションの発達についての保育者向けの書籍を書かないかとミネルヴァ書房におられた寺内一郎氏からお誘いをうけたのは7年前ごろだったと記憶しています。その後，保育者養成の大学に異動し，保育内容「言葉」の講義をする中で，理論や実証データに基づいた保育のテキストの必要性を痛感しました。

　大阪教育大学で障がい児教育に携わり，その後，奈良女子大学，京都大学で教鞭をとられた故村井潤一先生が「現代社会と子どもの発達研究会」を1990年に立ち上げられ，第2回の川崎での研究会の「今，早期教育を進めるにあたって問われるもの――理論と実践から」のワークショップで，筆者（小椋，1991）は「象徴機能の発達とそれを支えるもの」について話題提供をしました。この第2回大会にお誘いくださったのが本書の共著者である小山正氏です。このときの案内文には以下のように書かれていました。「私たちの研究会は研究者と実践者が対等に緊張関係をもちながら協力して，子どもの発達や教育の問題を考えようということで生まれた会である。そこでは，子どもの生活と発達という視点から，研究者が後生大事に考えている客観性に疑問を投げかけ，また，実践者が実践者のみが子どもを理解しうるという実践至上主義にも疑問を投げかける。……束縛の強い現代社会において，束縛を離れたとき，何か新しい視点から子どもの問題についてみえてくるものがあるのではないかと生まれた会なのである」。村井先生は研究と実践をつなげることをつねに大切にされ，保育や教育現場における現実的な現場の問題を真摯に受け止め，その解決に向けて多くの提案をなされてきました。

　本書は村井潤一先生の愛弟子である神戸学院大学の小山正氏と，小山氏が長年，実践の場としている刈谷市で保育士として長年勤務され，現在，児童発達支援センター刈谷市立しげはら園の園長である水野久美先生との共著です。研

究と実践をつなげることに貢献できることを願って本書を執筆しました。小山先生にはことばの発達の遅れと支援について，水野先生には理論や実証データから引き出されたいくつかのテーマに関する保育実践について執筆していただきました。

　本書の刊行にあたってはミネルヴァ書房編集者の吉岡昌俊氏に大変にお世話になりました。草稿を読んでいただき，丁寧なコメントをいただき，刊行にむけてご尽力をいただきました。この場をかりて心から御礼のことばを申し上げます。

　本書が保育や幼児教育を学んでいる学生，保育や教育，療育の現場で実践しておられる方々，ことばの発達や障がいについて関心をもっている方々が子どものことばの発達や障がいについて理解する一助となることを願っています。

　平成27年5月

小椋たみ子

引用・参考文献

Adamson, L. B. (1995). *Communication development during infancy.* Madison: Brown & Benchmark.（Adamson, L. B. (1999). 乳児のコミュニケーション発達（大藪　泰・田中みどり，訳）. 東京：川島書店.）

Akhtar, N., Dunham, F., & Dunham, P. (1991). Directive interactions and early vocabulary development: The role of joint attentional focus. *Journal of Child Language,* 18, 41-50.

秋田喜代美・芦田　宏・鈴木正敏・門田理世・野口隆子・箕輪潤子・小田　豊・淀川裕美. (2010). 子どもの経験から振り返る保育プロセス：明日のより良い保育のために. 千葉：幼児教育映像制作委員会.

秋田喜代美・箕輪潤子・高櫻綾子. (2007). 保育の質研究の展望と課題. 東京大学大学院教育学研究科紀要, 47, 289-305.

秋田喜代美・無藤　隆. (1996). 幼児の読み聞かせに対する母親の考えと読書環境に関する行動の検討. *教育心理学研究,* 44, 109-120.

秋田喜代美・佐川早季子. (2011). 保育の質に関する縦断研究の展望. 東京大学大学院教育学研究科紀要, 51, 217-234.

飽戸　弘・酒井　厚・菅原ますみ. (2006). 親の「テレビリテラシー」と乳児のメディアライフ：語彙の発達も含めて. 子どもに良い放送プロジェクトフォローアップ調査第三回調査報告書 (pp. 89-95). NHK放送文化研究所.

American Psychiatric Association. (2013). *Desk reference to the diagnostic criteria from DSM-5.* American Psychiatric Association.（高橋三郎・大野裕．（監訳）. (2014). DSM-5精神疾患の分類と診断の手引き. 東京：医学書院.）

Anisfeld, M. (1984). *Language development from birth to three.* Hillsdale, N. J.: Erlbaum.

浅井春夫. (2007). 保育の底力：子どもを大切にするミニマム・エッセンス. 東京：新日本出版社.

Baron-Cohen, S., Leslie, A., & Frith, U. (1985). Does autistic child has "theory of mind"? *Cognition,* 21, 37-46.

Bates, E., Bretherton, I., & Snyder, L. (1988). *From first words to grammar: Individual differences and dissociation mechanisms.* Cambridge, U. K.: Cambridge University Press.

Bates, E., Thal, D., & Janowsky, J. (1992). Early language development and its neural correlates. In S. J. Segalowitz & I. Rapin (Eds.), *Handbook of neuropsychology, Vol. 7: Child neuropsychology* (pp. 69-110). Amsterdam: Elsevier.

Bates, E., Thal, D., & Marchman, V. (1992). Symbols and syntax: A Darwinian approach language development. In N. A. Krasnegor, D. Rumbaugh, R. L. Schiefelbush & M. Studdeer-Kennedy (Eds.), *Biological and behavioral determinants of language development* (pp. 29-65). Hillsdale, NJ: Erlbaum.

Bernstein-Ratner, N., & Pye, C. (1984). Higher pitch in babytalk is not universal: Acoustic evidence from Quiche Mayan. *Journal of Child Language*, 11(3), 515-522.

Bishop, D. V. M. (1989). *Test for reception of grammar (TROG)*. London: Medical Research Council.

Bishop, D. V. M., Carlyon, R. P., Deeks, J. M., & Bishop, S. J. (1999). Auditory temporal processing impairment: Neither necessary nor sufficient for causing language impairment in children. *Journal of Speech, Language, Hearing Research*, 42, 1295-1310.

Bishop, D. V. M., Holt, G., Line, E., McDonald, D., McDonald, S., & Watt, H. (2012). Parental phonological memory contributes to prediction of outcome of late talkers from 20 month to 4 years: A longitudinal study of precursors of specific language impairment. *Journal of Neurodevelopmental Disorders*, 4, 3.

Bishop, D. V. M., Price, T. S., Dale, P. S., & Prlomin, R. (2003). Outcomes of early language delay: II. Etiology of transient and persistent language difficulties. *Journal of Speech, Language, and Hearing Research*, 46, 561-575.

Bloom, L. (1993). *The transition from infancy to language*. New York: Cambridge University Press.

Bloom, L., Rocissano, L., & Hood, L. (1976). Adult-child discourse: Developmental interaction between information processing and linguistic knowledge. *Cognitive Psychology*, 8, 521-551.

Bornstein, M. H., Tamis-LeMonda, C. S., & Haynes, O. M. (1999). First words in the second year: Continuity, stability, and models of concurrent and predictive correspondence in vocabulary and verbal responsiveness across age and context. *Infant Behavior and Development*, 22, 65-85.

Brooks, P. J., & Kempe, V. (2012). *Language development*. West Sussex: Blackwell.

Brown, R. (1973). *A first language: The early stages*. Cambridge: Harvard University Press.

Bruner, J. (1982). The formats of language acquisition. *American Journal of Semiotics*, 1(3), 1-16.

Bruner, J. (1983). *Child's talk: Learning to use language*. New York: Norton.

Buckley, B. (2003). *Children's communication skills from birth to five years*. London: Routledge. (Buckley, B. (2004). 丸野俊一 (監訳). *0歳〜5歳までのコミュニケーションスキルの発達と診断*. 京都:北大路書房.)

Burchinal, M. R., Roberts, J. E., Riggins, R., Zeisel, S. A., Neebe, E., & Bryant, D. (2000). Relating quality of center-based child care to early cognitive and language development longitudinally. *Child Development*, 71, 339-357.

Carpenter, M., Nagell, K., & Tomasello, M. (1998). Social cognition, joint attention and communicative competence from 9 to 15 months of age. *Monographs of the Society for Research in Child Development*, 63(4), 1-143.

Charman, T., Baron-Cohen, S., Swettenham, J., Baird, G., Cox, A., & Drew, A. (2000). Testing joint attention, imitation, and play as infancy precursors to language and theory of mind. *Cognitive Development*, 15(4), 481-498.

Clark, E. V. (2009). *First language acquisition* (2nd ed.) (pp. 281-305). New York: Cambridge University Press.

Culp, R. E., Watkins, R. V., Lawrence, H., Letts, D., Kelly, D. J., & Rice, M. L. (1991). Maltreated children's language and speech development: Abuse, neglected, and abused and neglected. *First language*, 11, 377-389.

Dixon, W. E. Jr., & Smith, P. H. (2000). Links between early temperament and language acquisition. *Merrill-Palmer Quarterly*, 46(3), 417-440.

Dunn, J., & Shatz, M. (1989). Becoming a conversationalist despite (or because of) having older sibling. *Child Development*, 60, 399-410.

Eimas, P. D., Siqueland, E. R., Jusczyk, P., & Vigorito, J. (1971). Speech perception in infnats. *Science*, 171, 303-306.

Elman, J. L., Bates, E. A., Johnson, M. H., Karmiloff-Smith, A., Paresi, D., & Plunkett, K. (1996). *Rethinking innateness: A connectionist perspective on development*. Cambridge, MA: MIT Press. (Elman, J. L., Bates, E. A., Johnson, M. H., Karmiloff-Smith, A., Paresi, D., & Plunkett, K. (1998). *認知発達と生得性:心はどこからくるのか* (乾 敏郎・今井むつみ・山下博志, 訳). 東京:共立出版.)

Erikson, E. H., & Erikson, J. M. (1997). *The life cycle completed: A review* (Expanded edition.). New York: Norton & Company.

Estigarribia, B., & Clark, E. (2007). Getting and maintaining attention in talk to young children. *Journal of Child Language,* 34, 799-814.

Fenson, L., Dale, P. S., Reznick, J. S., Thal, D., Bates, E., Hartung, P., Pethick, S., & Reilly, J. S. (1993). *MacArthur Communicative Development Inventories: User's guide and technical manual.* San Diego: Singular Publishing Group, Inc.

Fernald, A., & Morikawa, H. (1993). Common themes and cultural variation in Japanese and American mothers' speech to infant. *Child Development,* 64, 637-656.

Filippi, R., & Karmiloff-Smith, A. (2013). What can neurodevelopmental disorders teach us about typical development? In C. Marshall (Ed.), *Current issues in developmental disorders* (pp. 193-207). East Sussex: Psychology Press.

Frith, U. (2008). *Autism: A very short introduction.* New York: Oxford University Press.

Frith, U. (2003). *Autism: Explaining the enigma (Second edition.).* Oxford: Blackwell. (Frith, U. (2009). 新訂 自閉症の謎を解き明かす (富田真紀・清水康夫・鈴木玲子, 訳). 東京：東京書籍.)

Furrow, D., Nelson, K., & Benedict, H. (1979). Mothers' speech to children and syntactic development: Some simple relationships. *Journal of Child Language,* 6, 423-442.

Gampe, A., Liebal, K., & Tomasello, M. (2012). Eighteen-month-olds learn novel words through overhearing. *First Language,* 32, 385-397.

Gathercole, S. E., & Baddeley, A. D. (1990). Phonological memory deficits in language disordered children: Is there a causal connection? *Journal of Memory and Language,* 29, 336-360.

Gentner, D. (1982). Why nouns are learned before verbs: Linguistic relativity versus natural partioning. In S. A. Kuczaj (Ed.), *Language development, vol. 2. Language, thought, and culture* (pp. 301-334). Hillsdale, N. J.: Erlbaum.

Gentner, D., & Boroditsky, L. (2001). Individuation, relativity and early word learning. In M. Bowerman & S. Levinson (Eds.), *Language acquisition and conceptual development* (pp. 215-256). Cambridge, U. K.: Cambridge University Press.

Gershkoff-Stowe, L., Thal, D. J., Smith, L. B., & Namy, L. L. (1997). Categorization and its developmental relation to early language. *Child Development,* 68, 843-859.

Goldfield, B. A., & Snow, C. E. (1997). Individual differences: Implications for the study of language acquisition. In J. G. Berko (Ed.), *The development of lan-*

guage (pp. 317-347). MA: Allyn and Bacon.

Gopnik, A., & Meltzoff, A. (1987). The development of categorization in the second year and its relation to other cognitive and linguistic development. *Child Development,* **58**, 1523-1531.

Harms, T., Clifford, R. M., Cryer, D. (1998). *Early childhood environment rating scale.* Revised edition. New York: Teachers College Press. (Harms, T., Clifford R. M., Cryer, D. (2008). *保育環境評価スケール①幼児版〔改訳版〕*（埋橋玲子, 訳). 京都:法律文化社.

Harms, T., Cryer, D., Clifford, R. M. (2003). *Infant/toddler environment rating scale.* Revised edition. New York: Teachers College Press. (Harms, T., Cryer, D., Clifford, R. M. (2009). *保育環境評価スケール②乳児版〔改訳版〕*（埋橋玲子, 訳). 京都:法律文化社.

針生悦子. (2001). 語彙の獲得:子どもの爆発的な語彙獲得の秘密を探る. 森　敏昭（編), *おもしろ言語のラボラトリー* (pp. 173-194). 京都:北大路書房.

針生悦子・今井むつみ. (2000). 語学習のメカニズムにおける制約の役割とその生得性. 今井むつみ（編), *こころの生得性:言語・概念獲得に生得性は必要か* (pp. 131-171). 東京:共立出版.

秦野悦子. (1993). *自閉症児の発達アセスメント.* 東京:学苑社.

秦野悦子. (2001). 社会的文脈のおける語用論知識の発達. 秦野悦子（編), *ことばの発達入門* (pp. 116-143). 東京:大修館書店.

秦野悦子. (2009). D. 幼児期の言語発達. 今泉　敏（編), *言語聴覚士のための基礎知識　音声学・言語学* (pp. 226-241). 東京:医学書院.

林安紀子. (1998). 乳児期における音声知覚研究の実験的手法. *音声研究,* **2**(2), 37-45.

林安紀子. (1999). 声の知覚の発達. 桐谷　滋（編), *ことばの獲得* (pp. 37-70). 京都:ミネルヴァ書房.

林安紀子. (2008). 前言語期の音声学習から始まる言語習得への道すじ. *発達障害研究,* **30**(3), 144-152.

Hayiou-Thomas, M. E., Bishop, D. V. M., & Plunkett, K. (2004). Simulating SLI: General cognitive processing stessors can produce a specific linguistic profile. *Journal of Speech, Language, and Hearing Research,* **47**, 1347-1362.

Heimann, M., Karin, S., Lars, S., Tomas, T., Stein, E. U., & Meltzoff, A. N. (2006). Exploring the relation between memory, gestural communication, and the emergence of language in infancy: A longitudinal study. *Infant and Child De-*

velopment, 15(3), 233-249.

廣松　渉 (1989). 表情. 東京：弘文堂.

広瀬宏之・宮尾益知・木村育美・村上靖彦. (2006). 自閉症の神経科学から診断まで. 自閉症スペクトラム研究, 5, 49-58.

Hoff, E. (2014). *Language development*. Fifth Edition. CA: Wadsworth Cengage Learning.

Hoff, E., & Naigles, L. (2002). How children use input to acquire a lexicon. *Child Development*, 73, 418-433.

Hogrefe, G. J., Wimmer, H., & Perner, J. (1986). Ignorance versus false belief: A developmental lag in attribution of epistemic states. *Child Development*, 57, 567-582.

Hollich, G. J., Hirsh-Pasek, K., & Golinkoff, R. M. (2000). Breaking the language barrier: An emergentist coalition model for the origins of word learning. *Monographs of the Society for Research in Child Development*, 65(3) (Serial No. 262), 1-137.

保前文高 (2009). 言語発達脳科学の基盤構築と展開. 板倉昭二（編）. 特集「赤ちゃん研究の最前線：学際領域からの挑戦」. 心理学評論, 52(1), 75-87.

Hulme, C., & Snowling, M. J. (2009). *Developmental disorders of language learning and cognition*. West Sussex: Wiley-Blackwell.

Hurley, S., & Charter, N. (2005). *Perspectives on imitation: From neuroscience to social science. Vol. 1 Mechanisms of imitation and imitation in animals*. Cambridge, MA: MIT Press.

Huttenlocher, J., Haight, W., Bryk, A., Seltzer, M., & Lyons, T. (1991). Early vocabulary growth: Relation to language input and gender. *Developmental Psychology*, 27, 236-248.

生澤雅夫・松下　裕・中瀬　惇. (2002). 新版K式発達検査2001実施手引書. 京都：京都国際社会福祉センター.

Imai, M., Gentner, D., & Uchida, N. (1994). Children's theory of word meanings: The role of shape similarity in early acquisition. *Cognitive Development*, 9, 45-75.

石田　潤・岡　直樹・桐木建始・道田泰司. (1995). ダイアグラム心理学. 京都：北大路書房.

一色伸夫・飽戸　弘・松本聡子. (2005). テレビ・ビデオ接触の言語発達に与える影響. 子どもに良い放送プロジェクトフォローアップ調査第二回調査報告書 (pp. 50-59).

NHK 放送文化研究所.

岩崎衣里子. (2014). 絵本の読み聞かせによる母子相互行為が子どもの語い発達に及ぼす影響：子どもの社会情動的発達との関連から. 白百合女子大学文学研究科博士課程発達心理学専攻学位論文　博士論文. http://repo.shirayuri.ac.jp/opac/repository/dspace/1/?opkey=R141734070106259&idx=2（2014年12月30日閲覧）

岩立志津夫. (2005). 言語発達研究の特徴. 岩立志津夫・小椋たみ子（編）, よくわかる言語発達 (pp. 4-5). 京都：ミネルヴァ書房.

神土陽子 (2008). 子どもの初期言語獲得：ことばによる概念化と思考の発達. 小山正（編）, 言語獲得期の発達 (pp. 21-45). 京都：ナカニシヤ出版.

Kail, R. (1994). A method for studying the generalized slowing hypothesis in children with specific language development. *Journal of Speech and Hearing Research*, 37, 418-421.

Kanner, L. (1943). Autistic disturbance of affective contact. *The Nervous Child*, 2, 217-250.（Kanner, L.（1995）幼児自閉症の研究（十亀史郎・斎藤聡明・岩本　憲, 訳）. 名古屋：黎明書房.）

Karmiloff, K., & Karmiloff-Smith, A. (2001). *Pathways to language: From fetus to adolescent.* Cambridge, MA: Harvard University Press.

小林　真. (2010). 心の理論について. 尾崎康子・小林　真・水内豊和・阿部美穂子（編）, よくわかる障害児保育 (pp. 70-71). 京都：ミネルヴァ書房.

小林哲生・永田昌明. (2008). 日本語を母語とする幼児の初期語彙発達：ウェブ日誌法による早期出現語彙の特定. *日本心理学会第72回大会論文集*, 1122.

小林芳郎. (1990). 言葉の教育について①言葉の教育の目標. 村井潤一（編著）, 新・保育内容研究シリーズ4．言葉 (pp. 46-58). 大阪：ひかりのくに.

小平さち子. (2007). デジタル時代の教育とメディア②　幼稚園・保育所におけるメディア利用の現況と今後の展望：2006年度 NHK 幼児向け放送利用状況調査を中心に. *放送研究と調査* (pp. 64-79). NHK 放送文化研究所.

児玉一宏・野澤　元 (2009). 言語習得と用法基盤モデル. 山梨正明（編）, *認知言語学のフロンティア*. 東京：研究社.

小池タミ子. (1973). *幼児の劇遊び*. 東京：国土社.

近藤文里・辻元千佳子. (2006). 絵本の読み聞かせに関する基礎研究と ADHD 児への応用(1)：研究の展望と本研究の課題. *滋賀大学教育学部紀要：教育科学*, 56, 65-77.

構音臨床研究会. (2010). *新版　構音検査*. 東京：千葉テストセンター.

厚生労働省. (2008a). *保育所保育指針*. http://www.mhlw.go.jp/bunya/kodomo/

hoiku04/pdf/hoiku04a.pdf（2015年1月10日閲覧）
厚生労働省．(2008b)．*保育所保育指針解説書*．東京：フレーベル館．
小山　正．（編）(2000)．*ことばが育つ条件*．東京：培風館．
小山　正．（編）(2008)．*言語獲得期の発達*．京都：ナカニシヤ出版．
小山　正．(2009)．*言語獲得期にある子どもの象徴機能の発達とその支援*．東京：風間書房．
小山　正．(2010)．意味発達を支える象徴機能．秦野悦子（編），*生きたことばの力とコミュニケーションの回復* (pp.45-59)．東京：金子書房．
小山　正．(2012)．初期象徴遊びの発達的意義．*特殊教育学研究*，50，363-372．
小山　正．(2015a)．自閉症スペクトラムの子どもの理解語彙と表出語彙にみられる対称性と非対称性．*音声言語医学*，56，52．
小山　正．(2015b)．遊びを通したことばの発達支援：象徴遊びの過程で言語発達につながるもの．*発達*，141，12-16．
小山　正・神土陽子（編）．(2004)．*自閉症スペクトラムの子どもの言語・象徴機能の発達*．京都：ナカニシヤ出版．
鯨岡　峻．(2000)．保育者の専門性とはなにか．*発達*，83，53-60．
Laevers, F. (1994). *The Leuven Involvement Scale for young children.* Leuven: Center for Experimental Education.
Leslie, A. M. (1987). Pretence and representation: The origins of a 'theory of mind'. *Psychological Review*, 94, 412-416.
Lieven, E. V. M., Pine, J. M., & Barnes, H. D. (1992). Individual differences in early vocabulary development: Redefining the referential-expressive distinction. *Journal of Child Language*, 19, 287-310.
町沢静夫（2002）．*ADHD（注意欠陥／多動性障害）*．東京：駿河台出版社．
Mandler, J. M. (2004a). *The foundations of mind.* Oxford: Oxford University Press.
Mandler, J. M. (2004b). Thought before language. *Trends in Cognitive Sciences*, 8, 508-513.
Markman, E. M. (1989). *Categorization and naming in children: Problems of induction.* Cambridge, MA: MIT Press.
松原達哉・藤田和弘・前川久男・石隈利紀．(2003)．*田中ビネー知能検査V*．東京：財団法人田中教育研究所．
まついのりこ．(1983)．*おおきく　おおきく　おおきくなあれ*．東京：童心社．
まつおかたつひで．(2000)．*ぴょーん*．東京：ポプラ社．
McCune-Nicolich, L. (1981). Toward symbolic functioning: Structure of early pre-

tend games and potential parallels with language. *Child Development,* 52(3), 785-797.

McCune, L. (1995). A normative study of representational play at the transition to language. *Developmental Psychology,* 31(2), 198-206.

McCune, L. (2008). *How children learn to learn language.* Oxford: Oxford University Press. (McCune, L. (2013). 子どもの言語学習能力：言語獲得の基盤（小山正・坪倉美佳，訳）．東京：風間書房．

McEwen, Happé F., Bolton, P., Rijsdijk, F., Ronald, A., Dworzynski, K., & Plomin, R. (2007). Origins of individual differences in imitation: Links with language, pretend play, and socially insightful behavior in two-year-old twins. *Child Development,* 78(2), 474-492.

Meltzoff, A. N., & Gopnik, A. (2013). Learning about the mind from evidence: Children's development of intuitive theories of perception and personality. In S. Baron-Cohen, H. Tager-Flusberg & M. L. Lombardo (Eds.), *Understanding other minds: Perspectives from developmental social neuroscience* (pp. 19-34). Oxford: Oxford University Press.

Meltzoff, A. N., & Moore, M. K. (1977). Imitation of facial and manual gestures by human neonates. *Science,* 198, 75-78.

南　雅彦．(2005)．語用論的側面からみた言語発達．岩立志津夫・小椋たみ子（編）．*よくわかる言語発達*（pp. 50-53）．京都：ミネルヴァ書房．

南　雅彦．(2006)．語用の発達：ナラティヴ・ディスコース・スキルの習得過程　*心理学評論,* 49(1), 114-135.

宮田 Susanne. (2012)．日本語 MLU（平均発話長）のガイドライン：自立語 MLU および形態素 MLU の計算法．*健康医療科学研究,* 2, 1-17.

Montie, J. E., Xiang, Z., & Schweinhart, L. J. (2006). Preschool experience in 10 countries: Cognitive and language performance at age 7. *Early Childhood Research Quarterly,* 21, 313-331.

森川尋美．(2006)．孤島から文法の大陸へ：形態統語獲得の使用基盤モデルに関する理論的背景と諸研究．*心理学評論,* 49(1), 96-109.

麦谷綾子．(2008)．乳児期の母語音声・音韻知覚の発達過程．*ベビーサイエンス,* 8, 38-49.

村井潤一．(1987)．*言語と言語障害を考える*．京都：ミネルヴァ書房．

村瀬俊樹．(2006)．子どもの語の獲得における養育者のことばの役割．*心理学評論,* 49(1), 45-59.

村瀬俊樹.（2009）. 1歳半の子どもに対する絵本の読み聞かせ方および育児語の使用と母親の信念の関連性. 社会文化論集（島根大学法文学部紀要社会文学科編), 5, 1-17.

村瀬俊樹・小椋たみ子・山下由紀恵.（1998）. 育児語の研究(2) 島根大学法文学部紀要社会システム学科編, 2, 79-104.

村瀬俊樹・小椋たみ子・山下由紀恵.（2007）. 養育者における育児語使用傾向の構造と育児語使用を規定する要因. 社会文化学論叢（島根大学法文学部紀要社会文化学編), 4, 17-30.

村田孝次.（1970）. 幼児のことばと発音. 東京：培風館.

村田孝次.（1974）. 幼児の書き言葉. 東京：培風館.

村田孝次.（1984）. 日本の言語発達研究. 東京：培風館.

村田孝次.（1990）. 児童発達心理学. 東京：培風館.

永野 泉.（2008）. 児童文化財を通しての援助と関わり Ⅱ. 絵本 岡田 明（編), 子どもと言葉. 東京：萌文書林.

長崎 勤.（2001）.「心の理解」とコミュニケーションの発達. 秦野悦子（編), ことばの発達入門（pp. 146-172）. 東京：大修館書店.

中川佳子・小山高正・須賀哲夫（著）. J. COSS 研究会（編).（2010）. J. COSS 日本語理解テスト（解説・図版). 東京：風間書房.

Nakamura, K.（2002）. Pragmatic development in Japanese in monolingual children. *Studies in Language Sciences*, 2, 23-41.

成田朋子（編).（2013）. 保育実践をささえる言葉. 東京：福村出版.

NICHD Early Child Care Research Network.（2000）. The relationship of child care to cognitive and language development. *Child Development*, 71, 960-980.

Nelson, C. A. III, Furtado, E. A., Fox, N. A., & Zeanah, C. H. Jr.（2009）. The deprived human brain: Developmental deficits among institutionalized Romanian children —— and later improvements —— strengthen the case for individualized care. *American Scientist*, 97, 222-229.

Nelson, K.（1973）. Structure and strategy in learning to talk. *Monographs of the Society for Research in Child Development*, 38, 1-135.

Newton, E., Roberts, M. J., & Donlan, C.（2010）. Deductive reasoning in children with specific language impairment. *British Journal of Developmental Psychology*, 28, 71-87.

日本子ども学会（編).（2009）. 保育の質と子どもの発達：アメリカ国立小児保健・人間発達研究所の長期追跡研究から. 東京：赤ちゃんとママ社.

西村辨作．(2001)．言語発達障害総論．西村辨作（編），ことばの障害入門（pp. 3-30）．東京：大修館書店．

野口隆子．(2009)．アメリカクラスルーム評価システム（CLASS）の検討：日本版SICSとの比較．*平成21年度総括研究報告書*（pp. 128-134）．厚生労働科学研究費補助金 政策科学総合研究事業．

野口隆子・上田敏丈・秋田喜代美・無藤　隆・小田　豊・箕輪潤子・中坪史典・芦田　宏・鈴木正敏・門田理世・森　暢子．(2013)．保育の質が幼児の発達に与える影響(1)：4歳児クラスの言語発達と月齢，園差，文字意識との関連．*日本教育心理学会第55回総会発表論文集*，489．

野口隆子・上田敏丈・宇佐美慧・秋田喜代美・無藤　隆・小田　豊・箕輪潤子・中坪史典・芦田　宏・鈴木正敏・門田理世・森　暢子．(2014)．保育の質が幼児の発達に与える影響の検討(1)：4歳から5歳の言語発達に関する縦断的検討．日本発達心理学会第25回大会，ポスター発表 P1-045（京都大学）．

Ochs, E. (1982) Talking to children in Western Samoa. *Language in Society,* 11, 77-104.

小田　豊・芦田　宏（編）．(2009)．*保育内容　言葉*．京都：北大路書房．

小田　豊・芦田　宏・門田理世．(2003)．*保育内容　言葉*．京都：北大路書房．

OECD. (2006). *Starting strong II: Early childhood education and care.* OECD.

オグデン，C. K., & リチャーズ，I. A. (1967)．意味の意味（石橋幸太郎，訳）．東京：ぺりかん社．

荻野美佐子．(2001)．物語ることの発達．秦野悦子（編），ことばの発達入門（pp. 173-193）．東京：大修館書店．

小椋たみ子．(1988)．初期言語発達と事物操作の関係についての研究．*教育心理学研究*，36，19-28．

小椋たみ子（1991）．象徴機能の発達とそれを支えるもの．"現代社会と子どもの発達"研究会第二回大会資料，10-17．

小椋たみ子．(1995)．文法の出現と認知発達の関係：4児の縦断観察から．*日本心理学会第59回大会論文集*，280．

小椋たみ子．(1997) 障害児のことばの発達：初期言語発達と認知発達の関係．佐々木正人・小林春美（編），*子どもたちの言語獲得*（pp. 185-209）．東京：大修館書店．

小椋たみ子．(1999a)．*初期言語発達と認知発達の関係*．東京：風間書房．

小椋たみ子．(1999b)．語彙獲得の日米比較　桐谷　滋（編），ことばの獲得（pp. 143-194）．京都：ミネルヴァ書房．

小椋たみ子．(2001)．言語獲得と認知発達．乾　敏郎・安西祐一郎（編），*認知科学の*

新展開3：運動と言語（pp. 87-126）．東京：岩波書店．
小椋たみ子．(2005)．言語発達における生得的制約と経験の役割．波多野誼余夫・稲垣佳世子（編），発達と教育の心理的基盤（pp. 31-44）．東京：放送大学教育振興会．
小椋たみ子．(2006)．言語獲得における認知的基盤．心理学評論，49(1)，25-41．
小椋たみ子．(2007)．日本の子どもの初期の語彙発達．言語研究，132，29-53．
小椋たみ子．(2008)．シンボル機能の発達とその支援：言語発達の予測要因．発達障害研究，30(3)，164-173．
小椋たみ子．(2011)．幼児の初期語彙発達．山口真美・金沢　創（編著），心理学研究法（pp. 169-191）．東京：誠信書房．
Ogura, T., Dale, P. S., Yamashita, Y., Murase, T., & Mahieu, A. (2006). The use of nouns and verbs by Japanese children and their caregivers in book reading and toy-play contexts. *Journal of Child Language, 33*, 1-29.
小椋たみ子・中　則夫・山下由紀恵・村瀬俊樹・マユーあき．(1997)．日本語獲得児の語彙と文法の発達：Clan プログラムによる分析．神戸大学発達科学部研究紀要，4(2)，31-57．
小椋たみ子・清水益治・鶴　宏史・南　憲治．(2011)．3歳未満児の「言葉の領域」と保育活動についての保育士の信念．帝塚山大学現代生活学部紀要，7，95-116．
小椋たみ子・綿巻　徹．(2004)．日本語マッカーサー乳幼児言語発達質問紙「語と身振り」版．京都：京都国際社会福祉センター．
小椋たみ子・綿巻　徹．(2006)．日本語マッカーサー乳幼児言語発達質問紙の開発：「語と身振り」版を中心に．京都国際社会福祉センター紀要，22，3-26．
小椋たみ子・綿巻　徹．(2008)．日本の子どもの語彙発達の規準研究：日本語マッカーサー乳幼児言語発達質問紙から．京都国際社会福祉センター紀要，24，3-42．
小椋たみ子・綿巻　徹・稲葉太一．(2016)．日本語マッカーサー乳幼児言語発達質問紙の開発と研究．京都：ナカニシヤ書店．
岡本夏木．(1982)．子どもとことば．東京：岩波書店．
岡本夏木．(1985)．言葉と発達．東京：岩波書店．
岡本夏木．(1991)．児童心理．東京：岩波書店．
岡ノ谷一夫．(2006)．脳と言語．田中啓治・岡本　仁（編），脳科学の進歩：分子から心まで（pp. 247-268）．東京：放送大学教育振興会．
大久保愛．(1984)．幼児言語の研究．東京：あゆみ出版．
大村政男・高嶋正士・山内　茂・橋本泰子．(1989)．KIDS乳幼児発達スケール．東京：発達科学研究教育センター．
大伴　潔・林安紀子・橋本創一・池田一成・菅野　敦．(2005)．言語・コミュニケーシ

ョン発達スケールLC言語スケール[解説]．東京：山海堂．
大伴　潔・林安紀子・橋本創一・池田一成・菅野　敦．(2013)．言語・コミュニケーションション発達スケール (LCスケール) [増補版]．東京：学苑社．
大伴　潔・林安紀子・橋本創一・菅野　敦．(2008)．言語・コミュニケーション発達の理解と支援プログラム．東京：学苑社．
Piaget, J. (1950). *The psychology of intelligence.* London: Routledge & Kegan Paul.
Piaget, J. (1962). *Play, dreams and imitation in childhood.* New York: Norton.
Piaget, J. (1948). *La naissance de l' intelligence chez l' enfant* (2nd edition). Paris: Delachaux et Niestle.（Piaget, J. (1978). 知能の誕生（谷村　覚・浜田寿美男, 訳）．京都：ミネルヴァ書房.）
Piaget, J., & Inhelder, B. (1966). *La Psychologie de l'enfant.* Paris: Presses Universitaires de France.（Piaget, J., & Inhelder, B. (1969). 新しい児童心理学（波多野完治・須賀哲夫・周郷　博, 訳）．東京：白水社.）
Pine, J. M., & Lieven, E. V. M. (1993). Reanalyzing rote-learned phrases: Individual differences in the transition to multi-word speech. *Journal of Child Language,* **20**, 551-571.
Quinn, P. C., Eimas, P. D., & Rosenkranz, S. L. (1993). Evidence for representations of perceptually similar natural categories by 3-month-old and 4-month-old infants. *Perception,* **22**, 463-475.
Reddy, V. (1999). Prelinguistic communication. In M. Barrrett (Ed.), *The development of language.* East Sussex: Psychology Press. Taylor & Francis Group.
Rizzolatti, G., Fadiga, L., Fogassi, L., & Gallese, V. (1999). Resonance behaviors and mirror neurons. *Archives Italiennes de Biologie,* **137**, 85-100.
Rosch, E. (1978). Principles of categorization. In E. Rosch & B. B. Lloyd (Eds.), *Cognition and categorization* (pp. 28-46). Hillsdale, NJ: Erlbaum.
澤口俊之．(2009)．「学力」と「社会力」を伸ばす脳教育．東京：講談社．
重野　純（2003）．音の世界の心理学．京都：ナカニシヤ出版．
島村直巳・三神廣子．(1994)．幼児のひらがなの取得：国立国語研究所の1967年の調査との比較を通して．教育心理学研究，**42**，70-76.
Spitz, R. A. (1962). *The first year of life: A psychoanalytic study of normal and deviant development of object relations.* Madison: International University Press.（Spitz, R. (1965). 母-子関係の成り立ち（古賀行義, 訳）．東京：同文書院.）
Steinberg, D. D. (1993). *An introduction to psycholinguistics.* New York: Longman.（Steinberg, D. D. (1995). 心理言語学への招待（竹中龍範・山田　純, 訳）．東

京:大修館書店.)
Stoel-Gammon, C., & Menn, L. (1997). Phonological development: Learning sounds and sound patterns. In J. G. Berko (Ed.), *The development of language* (pp. 69-121). MA: Allyn and Bacon.
菅原ますみ.(2006).乳幼児期のテレビ・ビデオ接触の実態および社会情緒的発達との関連:0歳・1歳・2歳の3時点調査から.*子どもに良い放送プロジェクトフォローアップ調査第三回報告書*(pp.61-81).NHK放送文化研究所.
杉村伸一郎・坂田陽子(編).(2004).*実験で学ぶ発達心理学*.京都:ナカニシヤ出版.
Tager-Flusberg, H. (2007). Atypical language development: Autism and other neurodevelopmental disorders. In E. Hoff & M. Shatz (Eds.), *Blackwell handbook of language development* (pp. 432-453). West Sussex: Wiley-Blackwell.
田口恒夫・小川口宏.(1987).*ことばのテスト絵本 新訂版 言語障害児の選別検査*.東京:日本文化科学社.
高橋 登・中村知靖.(2009).適応型言語能力検査(ATLAN)の作成とその評価.*教育心理学研究,* 57, 201-211.
Tallal, P., & Piercy, M. (1973). Developmental aphasia: Impaired rate of non-verbal processing as a function of sensory modality. *Neuropsychologia,* 11, 389-398.
田中美郷.(1989).*改訂版随意運動発達検査*.東京:発達科学研究教育センター.
田中美郷・小林はるよ・進藤美津子・加我君孝.(1978).乳児の聴覚検査とその臨床および難聴早期スクリーニングへの応用.*Audiology Japan,* 21, 52-73.
田中裕美子.(2005).読み・書きの発達.岩立志津夫・小椋たみ子(編),*よくわかる言語発達*(pp.58-61).京都:ミネルヴァ書房.
立石恒雄・足立さつき・池田泰子・石津希代子・松本知子(2010)発達障害幼児に適応可能な聴力検査と発達レベルとの関係.*保健福祉実践開発研究センター年報(聖隷クリストファー大学),* 1, 16-19.
寺田清美.(2004).乳幼児の心を育む絵本との関わり.*発達,* 99, 18-22.
Timler, G. R., & White, K. E. (2015). Social communication assesment and intervention for children with attention problems. In D. A. Hwa-Froelich (Ed.), *Social communication development and disorders* (pp. 252-286). New York: Psychology Press.
とだこうしろう.(1989).*赤ちゃんにおくる絵本1*.東京:戸田デザイン研究室.
Tomasello, M. (1997). The pragmatics of word learning. *認知科学,* 4(1), 59-74.
Tomasello, M. (1999). *The cultural origins of human cognition.* Cambridge, MA: Harvard University Press. (Tomasello, M. (2006).心とことばの起源を探る:文

化と認知.（大堀壽夫・中澤恒子・西村義樹・本多　啓，訳）. 東京：勁草書房.）

Tomasello, M.（2003）. *Constructing a language: A usage-based theory of language acquisition*. Cambridge, MA: Harvard University Press.（Tomasello, M.（2008）. ことばをつくる：言語習得の認知言語学的アプローチ（辻　幸夫・野村益寛・出原健一・菅井三実・鍋島弘治朗・森吉直子，訳）. 東京：慶應義塾大学出版会.）

Tomasello, M.（2008）. *Origins of human communication*. Massachusetts: The MIT Press.（Tomasello, M.（2013）. コミュニケーションの起源を探る（松井智子・岩田彩志，訳）. 東京：勁草書房.）

Tomasello, M., & Barton, M.（1994）. Learning words in non-ostensive contexts. *Developmental Psychology,* **30**, 639-650.

Tomasello, M., & Farrar, M. J.（1986）. Joint attention and early language. *Child Development,* **57**, 1454-1463.

Tomasello, M., & Todd, J.（1983）. Joint attention and lexical acquisition style. *First Language,* **4**, 197-212.

Tomblin, J. B., Records, N. L., Buckwalter, P., Zhang, X., Smith, E., & O'Brien, M.（1997）. Prevalence of specific language impairment in kindergarten children. *Journal of Speech and Hearing Research,* **40**, 1245-1260.

Tsao, F. M., Liu, H. M., & Kuhl, P. K.（2004）. Speech perception in infancy predicts language development in the second year of life: A longitudinal study. *Child Development,* **75**(4), 1067-1084.

津守　真・稲毛数子.（1961）. 乳幼児発達診断法　0才〜3才まで. 東京：大日本図書.

津守　真・磯部景子.（1965）. 乳幼児発達診断法　3才〜7才まで. 東京：大日本図書.

鶴　宏史.（2009）. ゆたかなことばを育むための諸活動：自由記述の分析. 平成21年度児童関連サービス調査研究等事業「ゆたかなことばの発達を育む乳幼児期の保育内容の研究」報告書（研究代表者：小椋たみ子）（pp. 56-90）. 東京：子ども未来財団.

内田伸子.（1999）. 発達心理学. 東京：岩波書店.

内田伸子.（2008）. ファンタジーはどのように生成されるのか. 内田伸子（編），よくわかる乳幼児心理学（pp. 156-157）. 京都：ミネルヴァ書房.

上野一彦・名越斉子・小貫　悟.（2008）. *PVT-R絵画語い発達検査手引き*. 東京：日本文化科学社.

Vauclair, J.（2012）. 乳幼児の発達　運動・知覚・認知（明和政子，監訳，鈴木光太郎，訳）. 東京：新曜社.（Vauclair, J.（2004）. *Développment du jeune enfant Motricité, perception, cognition*. Paris: Belin.）

Vhiman, M. M., & McCune, L. (1994). When is a word a word? *Journal of Child Language, 21*, 517-542.

Vygotsky, L. S. (1986). *Thought and language*. Cambridge, MA: MIT Press. (Vygotsky, L. S. (2001). 新訳版．思考と言語（柴田義松，訳）．東京：新読書社．)

綿巻 徹．(1997)．文法バースト：一女児における初期文法化の急速な展開．*認知・体験過程研究, 6*, 27-43.

綿巻 徹．(1998)．言葉の使用からみた心の交流．丸野俊一・子安増生（編），子どもが「こころ」に気づくとき (pp. 143-170)．京都：ミネルヴァ書房．

綿巻 徹．(1999)．ダウン症児の言語発達における共通性と個人差．東京：風間書房．

綿巻 徹．(2001)．発話構造の発達．秦野悦子（編），ことばの発達入門 (pp. 82-113)．東京：大修館書店．

綿巻 徹・小椋たみ子．(2004)．*日本語マッカーサー乳幼児言語発達質問紙「語と文法」手引*．京都：京都国際社会福祉センター．

Werner, H., & Kaplan, B. (1963). *Symbol formation: An organismic-developmental approach to language and the expression of thought*. New York: Wiley. (Werner, H., & Kaplan, B. (1974)．シンボルの形成：言葉と表現への有機―発達論的アプローチ（柿崎祐一，訳）．京都：ミネルヴァ書房．)

Wilson, D., & Wharton, T. (2009). 今井邦彦（編）*最新語用論入門12章*．東京：大修館書店．

Windsor, J., Benigno, J. P., Wing, C. A., Carroll, P. J., Koga, S. F., Nelson, C. A., Fox, N. A., & Zeanah, C. H. (2011). Effect of foster care on young children's language learning. *Child Development, 82*(4), 1040-1046.

Windsor, J., Nelson, C. A. III, Fox, N. A., & Zeanah, C. H. (2012). Effect of foster care on language learning at eight years: Findings from the Bucharest Early Intervention Project. *Journal of Child Language, 23*, 1-23.

Wolf, D., & Gardner, H. (1979). Style and sequence in symbolic play. In M. Franklin & N. Smith (Eds.), *Early symbolization*. Hillsdale, NJ: Lawrence Erlbaum.

やまだようこ．(1987)．ことばの前のことば．東京：新曜社．

やまだようこ．(1998)．身のことばとしての指さし．秦野悦子・やまだようこ（編），コミュニケーションという謎 (pp. 3-31)．京都：ミネルヴァ書房．

山梨正明．(2012)．*認知意味論研究*．東京：研究社．

横山正幸．(1997)．文法の獲得〈2〉：助詞を中心に．小林春美・佐々木正人（編），*子どもたちの言語獲得* (pp. 131-151)．東京：大修館書店．

人名索引

あ 行

アイマス（Eimas, P. D.） 18
ヴィゴツキー（Vygotsky, L. S.） 204
ウィルソン（Wilson, D.） 187
ウェルナー（Werner, H.） 26, 30, 185
ウォートン（Wharton, T.） 187
エリクソン（Elikson, E. H.） 212
エルマン（Elman, J. L.） 73
オックス（Ochs, E.） 98

か 行

カーペンター（Carpenter, M.） 36
カーミロフ-スミス（Karmiloff-Smith, A.） 197
カプラン（Kaplan, B.） 26, 30, 185
グライス（Grice, H. P.） 81
ゲントナー（Gentner, D.） 47
小山正 188

さ 行

シーフェリン（Shieffelin, B.） 98
スピッツ（Spitz, R.） 8

た 行

タガー-フラスバーグ（Tager-Flusberg, H.） 202
チョムスキー（Chomsky, N.） 5
トマセロ（Tomasello, M.） 26, 72, 189

な 行

ニニオ（Ninio, A.） 146
ネルソン（Nelson, K.） 84

は 行

バーチナル（Burchinal, M. R.） 156
秦野悦子 222
バロン-コーエン（Baron-Cohen, S.） 75
ピアジェ（Piaget, J.） 6, 28, 187, 192
ピアンタ（Pianta, R. C.） 153
ビショップ（Bishop, D. V. M.） 207
ファーナルド（Fernald, A.） 97
フィリッピ（Filippi, R.） 197
ブラウン（Brown, R.） 67
フリス（Frith, U.） 189
ブルーナー（Bruner, J.） 7, 91, 146
ベイツ（Bates, E.） 73
ホリッチ（Hollich, G. J.） 56

ま 行

マークマン（Markman, E. M.） 51
マッキューン（McCune, L.） 34, 186
マンドラー（Mandler, J. M.） 40, 192
ムーア（Moore, M. K.） 35
メルツォフ（Meltzoff, A. N.） 35, 216
モンティ（Montie, J. E.） 156

ら 行

ラーバース（Laevers, F.） 154
レスリー（Leslie, A. M.） 196

事項索引

あ行

足場づくり 94
アスペルガー障がい 199
誤った信念 75
アンとサリーの課題 75
育児語 91
一次的ことば 107
意味作用 219
イメージスキーマ（image schema） 192
隠喩 193
韻律 4
エビデンスベイスド（Evidence-based）i
絵本 141
絵本の発達的意義 145
遠城寺乳幼児分析的発達検査法 114
横断法 34
応答性 95
応答的で敏感な保育 155
おうむ返し 194
オノマトペ 92
オペラント条件づけ 17
音韻 4
音韻意識 101
音韻抽出能力 102
音節分解能力 102

か行

階層的遊び 34
下位レベル 38
会話能力 77
書きことば 108
過小般用 48
過大般用 48
過程の質 151
家庭養育児 9
カテゴリー化能力 37

感音難聴 205
感覚運動期 7, 28
慣化法（馴化法） 16, 38
慣習性（conventional） 27
間主観的 23
気質 88
規準喃語 22
基礎レベル 38
基本的信頼感 212
協調の原理 81
共同注意（joint attention） 78, 94, 199
切り離し（decoupling） 196
近赤外光法（NIRS: Near infra-red spectroscopy） 20
クーイング 22
形状類似バイアス（shape bias） 52
形態素 67
形態素 MLU（活用形付属語 MLU） 119
形態論（語形規則） 59
ゲシュタルト的認識 215
原会話 24
原言語（protolanguage） 23
言語獲得援助システム（LASS） 7, 91
言語獲得装置（LAD） 5
言語・コミュニケーション発達スケール（LCスケール） 121
原叙述の指さし 25
原初的な共有状況 185
原命令の指さし 25
語意学習 94
行為障がい（Conduct Disorder: CD） 9, 11
構音 128
構音検査 128
構造の質 151
膠着型の言語 59
行動間の相乗作用 222
構文の発達 71

心の理論　75, 196
心の理論機構（Theory of Mind Mechanism: TOMM）　77
個人差　83
個人―社会語　84, 94
ことばのテストえほん　129
「言葉」の領域　133
語と文法　118
語と身振り　116
子どもに良い放送プロジェクト　146, 148
語の拡張性（extendibility）　219
コミュニケーション　23
語用能力　74
語用論　196
混合性難聴　205
コンテクスト　196

さ　行

里親児　9
サモア　99
三項関係　25, 27, 217
3歳未満児　139
恣意性（arbitrary）　3, 27
恣意的な模倣　36
指示型（referential style）　84
施設児　9
実行機能（Executive Function）　11
質問行動　221
指小辞（diminutives）　92
自動聴性脳幹反応（Automated Auditory Brainstem Response: AABR）　111
事物全体制約　51
事物操作活動（遊び）　30
自閉スペクトラム症（自閉症スペクトラム障がい）（Autism Spectrum Disorder）　185
ジャーゴン　23, 191
社会的参照（social referencing）　25, 190
社会プラグマティクアプローチ　54
縦断法　34
自由な概括化　220
順番交代　93
上位レベル　38

ショウイング　187
条件詮索反応聴力検査（COR）　113
象徴（シンボル）　186
象徴遊び　29, 73, 89, 187, 214
象徴機能（symbolic function）　7, 27, 29, 109, 185
情緒的調整　212
所記（意味されるもの）（signifié）　23, 28
職員の資質向上　160
助詞の獲得　65
助詞の誤用　63
助動詞の獲得　63
神経構成主義（neuro constructivism）　197
神経発達症（neuro developmental disorder）　197
新生児模倣　35
心的動詞（mental verbs）　202
新版K式発達検査2001　115
心理的構築物（psychological construct）　187
随意運動発達検査　130
スキルの指導　219
スマーティ課題　75
性差　50
生産性　3
生産的なことば　188
生産的二語発話　60
前言語期　15
選好聴取法　18
全体的スロー（slowing）仮説　208
相互作用　6
相互排他性　54
創発連立モデル（Emergentist Coalition Model of Word Learning: ECMモデル）　56

た　行

対応規則　105
対象の表現性　191
代名詞（pronominal）アプローチ　86
他者認識　189
脱材料化　30
脱中心化　32
脱文脈化　30

田中ビネー知能検査V　115
多様喃語　22
短期記憶　209
注意共有機構（Sharing Attention Mechanism: SAM）　77
注意欠如・多動症（Attention Deficit Hyperactivity Disorder: ADHD）　9, 202
超越性　3
聴性行動反応　111
重複喃語　22
聴力検査　111
追随凝視　25
津守・稲毛式／津守・磯部式乳幼児発達質問紙　114
テレビ番組　141
テレビ・ビデオの発達的意義　147
伝音難聴　205
統合化　32
統語結合発話　61
統語論（統語規則）　59
動作主（agency）　192
動作模倣　216
特異的言語発達障がい（Specific Language Impairment: SLI）　206, 207
特殊音節　102, 103
閉じた類（closed class）　88
ドラマティスト　89

な 行

内的なシェマ化　189
ナラティブ　81
二語発話　57
二次的ことば　107
日本語マッカーサー乳幼児言語発達質問紙（JCDIs）　58, 116, 148
乳幼児にむけて話すことば（IDS；CDS）　91
認知的制約　51
ネグレクト　12
能記（意味するもの）（signifiant）　23, 28

は 行

パーセンタイル値　119

パターナー　89
発達指数（DQ）　9
発達的軌跡（developmental trajectory）　223
発達の潜在期　223
話しことば　108
話し手と聞き手の軸　186
反抗挑戦性障がい（Oppositional Defiant Disorder: ODD）　9, 11
反復タッチング法　39
ピープショウ検査（peep show test）　113
非単語反復課題（nonword repetition task: NWR）　209
ビデオ　141
非統語結合発話　61
独り言　198
表記規則　105
表現型（expressive style）　85
標準純音聴力検査　113
表象　28
表象の共有化　215
開いた類（open class）　88
フォーマット（型，形式）　146
普遍文法（Universal Grammer）　6
振り向き反応（ヘッドターン）　17
プレイフルさ　221
文法バースト　66
分類学的カテゴリー原理（taxonomic principle）　52
平均発話長（Mean Length Utterance: MLU）　67, 93
併存症（comorbidity）　197
保育活動　139
保育環境評価スケール乳児版（改訂版）（Infant/Toddler Environmental Rating Scale-Revised: ITERS-R）　152
保育環境評価スケール幼児版（改訂版）（Early Childhood Environmental Rating Scale-Revised: ECERS-R）　152
保育士の専門性　159
保育者のあり方　158
保育者の発達の質　159
保育所保育指針　133, 165

保育所保育指針解説書　136, 161, 165
保育の過程の質　154
保育の質　150, 158
ボキャブラリースパート（語彙急増）　49, 220
ホスピタリズム　8

ま　行

マザリーズ　91
ままごと遊び　143
ままごと遊びの発達的意義　146
見たて遊び　110, 188, 214
ミラーニューロン　37
名詞（nominal）アプローチ　86
命名機能　189
メタ言語能力　101
メディア視聴　144
模倣　35
模倣を超えた同一視　215

や　行

遊戯聴力検査　113
指さし　25
養育環境　11
幼稚園教育要領　133
用法基盤モデル　72
読み聞かせ　143

ら・わ行

了解問題　194
類制約　52
ルーマニアの孤児　8
レイトトーカー（late talker）　206
レジスター　80
ワーキングメモリ　189

欧　文

ASOS（Adult Style Observation Schedule）　154
CIS（Child Involvement Scale）　154
CLASS（Classroom Assessment Scoring System）　153
J. COSS 日本語理解テスト　125
KIDS 乳幼児発達スケール　114
NHK 幼児向け番組　148
NICHD（National Institute of Child and Human Development）　155
OECD　150
overhearing　97
PVT-R 絵画語い発達検査　125
SICS（Process-oriented Self Evaluation Instrument for Care Setting）　154

《著者紹介》

小椋　たみ子（おぐら・たみこ）はじめに，第1章，第2章，第3章，第4章，第5章，第6章，第7章，おわりに
　　京都大学大学院文学研究科博士課程単位修得満期退学
　　博士（文学）（京都大学）
　　現　在　大阪総合保育大学大学院児童保育研究科 教授
　　　　　　神戸大学 名誉教授
　　主　著　『初期言語発達と認知発達の関係』風間書房，1999年
　　　　　　『言語心理学』（共著）朝倉書店，2006年
　　　　　　『新・子どもたちの言語獲得』（共著）大修館書店，2008年
　　　　　　『心理学研究法4　発達』（共著）誠信書房，2011年
　　　　　　『赤ちゃん学を学ぶ人のために』（共著）世界思想社，2012年

小山　正（こやま・ただし）第9章，第10章，第11章
　　大阪教育大学大学院修士課程障害児教育専攻障害児発達学講座修了
　　博士（学術）（神戸大学）
　　現　在　神戸学院大学人文学部人間心理学科 教授
　　主　著　『自閉症スペクトラムの子どもの言語・象徴機能の発達』（共編著）ナカニシヤ出版，2004年
　　　　　　『乳幼児臨床発達学の基礎――子どもと親への心理的サポート』（編著）培風館，2006年
　　　　　　『言語獲得期の発達』（編著）ナカニシヤ出版，2008年
　　　　　　『言語獲得期にある子どもの象徴機能の発達とその支援』風間書房，2009年
　　　　　　『子どもの言語学習能力――言語獲得の基盤』（共訳）風間書房，2013年

水野　久美（みずの・くみ）第8章
　　岡崎女子短期大学幼児教育学科卒
　　現　在　刈谷市立慈友保育園 園長
　　　　　　（市内の公立保育園の保育士，公立幼稚園・保育園の主任，児童発達支援センターの園長を経て現在に至る）

乳幼児期のことばの発達とその遅れ
――保育・発達を学ぶ人のための基礎知識――

2015年10月10日	初版第1刷発行	〈検印省略〉
2018年 2 月15日	初版第2刷発行	

定価はカバーに
表示しています

	小椋 たみ子
著 者	小山 正
	水野 久美
発行者	杉田 啓三
印刷者	江戸 孝典

発行所　株式会社　ミネルヴァ書房
607-8494 京都市山科区日ノ岡堤谷町1
電話代表　(075)581-5191
振替口座　01020-0-8076

©小椋・小山・水野, 2015　　共同印刷工業・藤沢製本

ISBN978-4-623-07456-3
Printed in Japan

よくわかる言語発達［改訂新版］　　　　　　　　B 5 判　218頁
岩立志津夫・小椋たみ子 編　　　　　　　　　　本　体　2400円

講座・臨床発達心理学⑤　　　　　　　　　　　　A 5 判　348頁
言語発達とその支援　　　　　　　　　　　　　　本　体　2800円
秦野悦子・高橋　登 編著

よくわかる乳幼児心理学　　　　　　　　　　　　B 5 判　216頁
内田伸子 編　　　　　　　　　　　　　　　　　本　体　2400円

知能の誕生　　　　　　　　　　　　　　　　　　A 5 判　560頁
J. ピアジェ 著　谷村　覚・浜田寿美男 訳　　　　本　体　6000円

発達心理学の基本を学ぶ　　　　　　　　　　　　A 5 判　360頁
　　――人間発達の生物学的・文化的基盤　　　　本　体　3800円
ジョージ・バターワース／マーガレット・ハリス 著
村井潤一 監訳　小山　正・神土陽子・松下　淑 訳

自閉症とコミュニケーション　　　　　　　　　　四六判　260頁
　　――心とことば　　　　　　　　　　　　　　本　体　2200円
西村章次 著

自閉症とことばの成り立ち　　　　　　　　　　　A 5 判　236頁
　　――関係発達臨床からみた原初的コミュニケーションの世界　本　体　2800円
小林隆児 著

子どもとことばの世界　　　　　　　　　　　　　四六判　248頁
　　――実践から捉えた乳幼児のことばと自我の育ち　本　体　1800円
今井和子 著

季刊誌　発達
1・4・7・10月　各25日発売
B 5 判／120頁　本体 1500円
乳幼児期の子どもの発達や，それを支える営みについて，幅広い視点から
最新の知見をお届け！

ミネルヴァ書房
http://www.minervashobo.co.jp/